엄마 달려

엄마 달려

박경민 | 산문집

하나로선
사상과문학사

contents

작가의 말 ⋯⋯ 25
추천사 ⋯⋯ 28
격려사 ⋯⋯ 29
축사 ⋯⋯ 31

chapter 1

엄마 달려 1 ⋯⋯ 35
엄마 달려 2 ⋯⋯ 42
엄마 달려 3 ⋯⋯ 49
엄마 달려 4 ⋯⋯ 52
엄마 달려 5 ⋯⋯ 56
엄마 달려 6 ⋯⋯ 61
피아노 치는 딸 ⋯⋯ 67
그리움 ⋯⋯ 71
양구 이야기 ⋯⋯ 76
할머니의 새벽 종소리 ⋯⋯ 81
산 1 ⋯⋯ 86
산 2 ⋯⋯ 92
양구사과 ⋯⋯ 95
아버지와 세 딸 ⋯⋯ 100
서울 작은엄마와 피아노 ⋯⋯ 105

| 박 경 민 | 산문집

chapter 2

No mask story ······ 117

작가 이야기 ······ 123

바람 ······ 125

마스크와 나 ······ 127

펜 1호님 ······ 134

언덕 ······ 136

동반자 ······ 140

사월의 여운 ······ 147

나는 그저 당신의 도구일 뿐입니다
주여 나를 당신의 도구로 써주시옵소서 ······ 148

인고, 모란 동백 ······ 154

평화 ······ 156

크리스마스 선물 ······ 158

chapter 3

모란의 향연 ······ 163
2021 수능 전날 ······ 165
2021 아듀 ······ 168
개법 ······ 171
개밥 ······ 176
큰 딸 ······ 181
단국대 법대 ······ 188
여고 시절 1 ······ 195
여고 시절 2 ······ 203
여고 동창 ······ 209
경수기 ······ 216
빵 이야기 ······ 221
쇄골 미인 ······ 226
위문편지 ······ 230
아리스토텔레스 이야기 ······ 236
겨울 여자 ······ 241

| 박 경 민 | 산문집

chapter 4

양구초등학교 동창 ······ 251
기적 ······ 259
미녀가수 ······ 265
오만과 편견 ······ 268
양구군수 서흥원 이야기 ······ 272
이상한 집 ······ 280
이상한 변호사 우영우 이야기 ······ 288
빙상선수 배기태 ······ 294
양구 명동하숙 외동딸 영수기 ······ 302
나의 꿈 ······ 308
6여 전도회 ······ 315
내 동생 서비 ······ 320
통영가는 길 ······ 327

chapter 5

축하의 글 ······ 335

피아노 치는 딸

그리움

모란의 꿈

모란의 눈물

바람

모란의 눈물

환희

인고

평화

기다림

희망

고독을 외침

너에게로

모란을 피우기까지

질주

또 다른 나를 향하여

백합에 빠지다

빛을 바라며

환희

꿈을 피우라

꿈꾸는 모란

환희

유혹의 빛

자목련을 보면서

꿈을 품은 모란

밤의 요정

나만 바라본 그대

모란의 향연

꽃들의 잔치

눈, 바람 그리고 평온

양구 가는 길

작가의 말

　내가 글을 쓰게 된 동기는 그림을 전시하면서였다.
　2회 개인전을 인사동 경인미술관에서 펼치고 있는데 작은아버지께서 나의 그림들을 묵묵히 보시더니 그림에 메시지가 숨겨져 있다면서 글을 써 보라고 하셨다.
　나의 작품 모란의 눈물 앞에서 눈물을 훔치시더니 하신 말씀이셨다.
　그 말끝에 "제가 무슨 글을 써요. 배운게 없는데"했더니 작은아버지께서 하시는 말씀이 "원래 화가들이 글을 잘 쓴다"면서 저보고 꼭 글을 써 보라고 하길래 대답만 철석같이 해 놓고 잊어버렸다.

　문득 그림을 그리는데 글이 막 떠올랐다.
　그래서 낙서하듯 미친듯이 써내려갔다.
　난 나의 작은아버지가 시인이고 목사고 교수셨고 교육학 박사시고 철학박사 이신 건 알았지만 "하나로 선 사상과 문학"의 발행인이신 건 알지도 못했다.
　사상과 문학이란 계간지의 존재 자체도 모르고 삶에 지쳐 살기 바빴다.

내가 그림에 몰두하게 된 건 버스를 끌면서부터다.

두 딸을 지켜야겠기에 난 무엇이든 해야만 했다.

그래서 시작한 게 버스 운전이었다.

수백 명의 버스 운전자인 남자들 틈바구니에서 살아남으려고 발버둥치다가 난 나의 슬픔의 한계에 지쳐 나를 버렸다.

아파트 화단에 핀 모란의 꽃망울이 막 피어오르는 순간 바람에 꽃잎들이 이리저리 밟혀 떨어진 모습이 꼭 나를 닮았기에 나를 모란에 비유하면서 그림을 그리게 되었다.

작은아버지의 말 한 마디가 나의 삶 전체를 바꿔 버렸다.

화가에서 수필가로 등단하면서 난 많은 글을 쓰기 바빴다.

걸어가다가도 잠을 자다가도 버스를 끌고 가다가도 그림을 그리다가도 글이 막 떠오르기에 난 글을 쓰기 바빴다.

한 순간을 놓쳐서 글 맥을 놓친 경우가 왕왕 생겼다.

작은아버지께서는 문맥이 떠오르면 항시 메모하는 습관을 가지라고 코치까지 해주셨다.

내가 이렇게 책을 출판할 수 있었던 건 작은아버지의 말 한마디였다. 사람이 살면서 인생에 동반자를 만날 수 있는 건 행운이다.

자식이든 부모든 이웃이든 형제든 누구든 간에 우린 다 멘토가 될 수 있기에 거듭날 수 있는 것이다.

뒤늦게 작은아버지의 외침이 오늘의 내가 되질 않았나 돌아본다.

미숙하나마 첫 출간을 할 수 있음에 모든 분께 감사를 드린다.

"엄마 달려" 처녀작을 내놓으면서 많이 떨리고 부끄럽고 쑥스러울 뿐이다.

끝으로 책 출간에 앞서 제 스승이신 경희대 교육대학원 주임 교수님 그리고 춘천 양구 국회의원이신 허영 의원님, 양구군수 서홍원 군수님을 비롯해 감사드립니다.

  그 외 많은 분들이 격려와 축하의 글을 써주셨기에 뒤편에 별도의 공간을 마련했습니다. 모두 감사드립니다.

2023. 새 봄을 맞으면서
박 경 민

추천사

《 유승우 박사 》

　박경민 님의 수필 작품을 읽으면서 몰아의 경지에 빠졌다. 그만큼 흡인력이 강한 글이다. 시와 수필을 가리켜 주관적 문학이라고 한다. 시는 '자연과의 대화'가 내용이지만, 수필은 '사회적 존재'의 드러냄이 내용이다.

　창세기 1장 27절, "하나님이 자기 형상 곧 하나님의 형상대로 사람을 창조하시되 남자와 여자를 창조하시고"에서부터 '사회적 존재'가 시작된다. 박경민의 「그리움」은 "남편은 두 아이를 사랑했고, 나를 사랑했다. 그리고 산을 많이 사랑했다."로 시작된다. 그런데 "그런 남편이 우리 세 여자를 끝까지 책임도 못 지고 눈보라에 바람과 함께 산이 되어버렸다."

　박경민은 두 아이를 키우기 위해 "내가 여성 운전자로서는 최초의 중앙차로를 탔다고 봐도 과언이 아니다."에서 보듯, 버스 운전까지 하며, "밤하늘의 별을 보면서 남편한테 소리쳤다. 내가 두 아이 잘 키웠으니 이걸로 퉁치자…~"와 같은 시적인 재치를 보이고, "이렇게 하여~~ /1호. "그리움"이란 그림이 탄생되었다."로 마무리한다. 시적이면서도 리얼한 서술이 수필의 예술적 차원을 높이는 글이다. 기쁜 마음으로 추천하는 까닭이다.

격려사

《 경희대 교육대학원 주임교수 김영철 》

꾀 많은 토끼는 껑충껑충 뛰다시피 올라가 그늘에서 낮잠을 취합니다. 아직 거북이가 당도하려면 해가 넘어가야 할 것 같아서지요.
거북인 긴긴해가 다 가도록 산 허리도 못 올랐지요.
엉금엉금 언제나 오르려나?
토끼와 거북이의 이솝 이야기에 나오는 이야기입니다.
박경민 선생님을 경희대 교육대학원 유화 수채화 반을 지도하는 주임교수로 처음 만났습니다.

박 선생은 토끼처럼 꾀가 많아 보였기에 껑충껑충 진도를 따라왔지요.
그래서 칭찬을 했더니 수도꼭지에서 물이 흐르듯 눈물을 흘리길래 깜짝 놀랐습니다.
또 어느 날은 꾀없는 거북이처럼 못 따라오더라고요.
그래서 더 열심히 하라고 채찍을 가했더니 또 수돗물처럼 눈물을 주르륵 흘리길래 또 깜짝 놀랐지요.

알고 봤더니 20년 가까이 버스 운전기사라고 하길래 또 깜짝 놀랐습니다.

자그마한 체격으로 봐서는 여느 보통 주부들과 다를 바가 없어 보였기에 정말 깜짝 놀랐습니다.
　두 딸을 혼자서 키웠으니 눈물이 마를 날이 없었겠다 하는 생각이 들었습니다.
　두 딸이 상상 이상으로 잘 자라서 또 깜짝 놀랐습니다.
　그런데 이번에 책을 출간한다고 해서 또 깜짝 놀랐습니다.
　"엄마 달려" 글을 봤습니다.
　마음에 와닿았길래 박 선생을 가르쳤던 주임 교수로서 격려글을 써봤습니다.
　앞으로도 계속 깜짝 놀랄 일이 무궁무진하길 바라오며 책 출간을 축하드립니다.

축사

춘천, 철원, 화천, 양구갑 국회의원 허영입니다.
박경민 작가님의 『엄마 달려』 출간을 진심으로 축하드립니다.
저와 작가님은 고향인 양구로 이어진 인연입니다.
혼자서 두 아이를 키워낸 가장으로서의 고단한 삶 속에서도 희망을 잃지 않고 언제나 웃는 얼굴로 서울 102번 버스를 운행해 오신 작가님을 보며, 저도 고향의 푸근함에 위로받는 듯한 기분을 느꼈습니다.
그렇게 스무 해 가까이 천만 시민의 발이 되어 희로애락을 함께 해 온 '엄마 기사'께서 삶의 애환을 그림으로, 그리고 이제는 글로 풀어내어 희망으로 승화시켜 나가는 모습을 보면서 다시 한번 진한 감동을 받습니다.
박경민 작가님의 이야기가 모란꽃처럼 많은 사람들의 사랑을 받게 되길 기대합니다.

《 춘천·철원·화천·양구갑 국회의원 허영 》

우리의 삶을 각색하지 않고 있는 그대로 엄마의 삶과 자녀들을 위한 조건 없는 희생을 당연시한 인생을 그린 수필로서 박경민 작가의 소박한 스토리가 공감되는 우리들의 삶을 담았기에 작가님의 고향 강원도 양구군수가 자신 있게 추천을 드립니다.
수필집 출판을 거듭 축하드리며, 새해 복 많이 받으세요.

《 양구군수 서흥원 올림 》

제10대 서울시의회 의원 송명화입니다.

박경민 선배님의 "엄마 달려" 출간을 진심으로 축하드립니다.

양구여고 선배님이신 박경민 작가님을 뵙게 된 건 10여 년 전 제가 강동구의회 의원으로 재직 시 재경 양구사랑회 체육대회에서였습니다.

작은 체구에 여려 보이시는데 서울 시내버스를 운행하신다고 하시며, 저에게 양구여고 출신이 강동구의회 의원으로 일하고 있는 것이 너무나 자랑스럽다며 격려해 주셨습니다.

시간이 지나며 선배님은 화가로 활발히 활동하시는 모습을 담아 가끔 안부 인사를 주시곤 했습니다.

그런데 이번에는 이렇게 수필집을 출간하시네요.

선배님의 끊임없는 열정과 도전에 존경스러운 마음뿐입니다.

남편 분을 히말라야 눈보라에 떠나보내고 두 딸을 키우기 위해 시내버스 기사가 되어 온갖 시련과 고통을 이겨내며 오늘에 이르셨다고 들었습니다.

선배님의 이러한 삶이 고스란히 녹아있는 "엄마 달려" 출간을 다시 한번 축하드리며, 많은 독자들에게 감동과 사랑, 따뜻한 격려로 다가가길 바랍니다.

《 제10대 서울시의회 의원 송명화 》

chapter 1

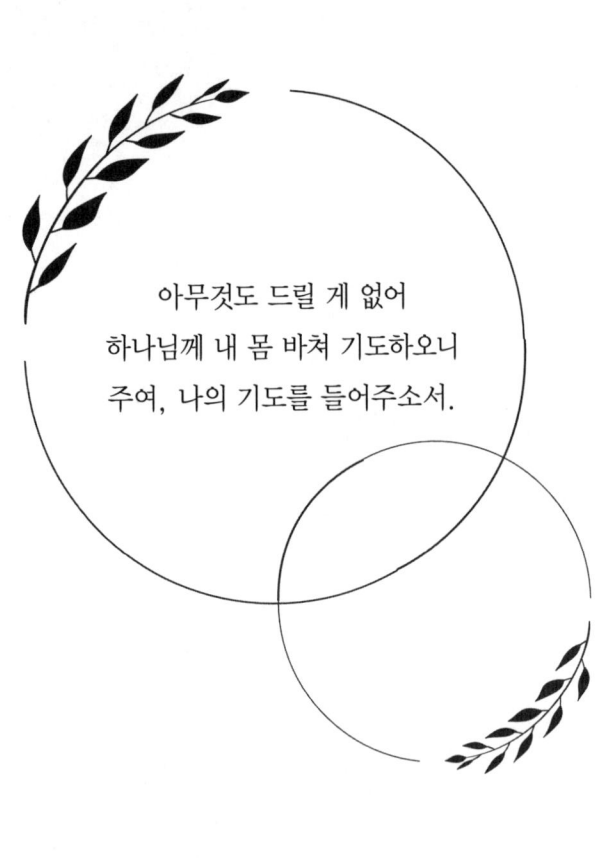

아무것도 드릴 게 없어
하나님께 내 몸 바쳐 기도하오니
주여, 나의 기도를 들어주소서.

엄마 달려 1

벨이 울린다.
어젯밤 일찍이 잠자리에 들면서 새벽 4시에 맞춰 놓은 핸드폰 벨소리다. 잽싸게 벨을 끄고는 벌떡 일어났다.
회사까진 10분 남짓거리 어두운 새벽길 세수는 눈곱만 떼고 양치는 어차피 출근해 밥 먹고 하면 되고 아까운 새벽 시간 10분이라도 더 자고픈 나의 일과다.

큰딸 쑤우는 수능을 앞두고 이제 막 잠이든 모양이다. 코피 흘려가며 새벽 2~3시까지 공부하는 요샛말로 착한 범생이다.
큰딸 깰까 살금살금 옷을 주워 입고 어깨에 출근 가방을 둘러메고 새벽이슬을 맞으며 뛰다시피 잰걸음으로 회사에 도착했다.

출근부에 날인하고 오늘 벌어올 돈통을 달고 버스 내부, 외부 찬찬히 살피는 게 하루 일과 시작이다.
어떤 때는 버스 외부 상처 난 것도 확인 안 하고 끌고 나가 불이익을 당한 적도 있다.
초보와 고수의 차이가 나는 시점이다.

난 이젠 고수에 속한다.

딸아이가 수능을 보는지 대학에 합격하는지 난 오로지 새벽이슬 맞으며 버스에 몸을 싣고 "오늘도 무사히"라는 다짐 아래 승객을 맞는다.
새벽 첫탕 손님들은 도시락 배낭을 짊어진 건물 청소원들, 아파트 경비원들 대충 나이가 지긋한 분들로 버스 안은 어느새 콩나물시루처럼 빽빽하니 인산인해를 이룬다.

'난 도로의 파일럿이다'라고 속으로 외치며 어르신들 일터에 지각하지 않게 달리고 달려 목적지까지 안전하게 승하차시킨다.
그렇게 안전하게 목적을 달성하고 개선장군이 된 거 마냥 팡파르를 울리며 종점을 향해 달려온다.

어둠이 짙게 깔린 이른 새벽녘 하늘은 어느새 동이 트는지 빌딩 숲 사이로 붉은 이빨을 드러내며 서서히 어둠이 물러가는 기이한 풍경도 맛본다.

아침은 꿀맛이다.
땀 흘려 일한 후 먹는 밥이야말로 그 어떤 황후의 밥상보다 더 훌륭하다.
허리도 펴고 얼굴에 선크림을 덕지덕지 아침 화장을 대충 끝내고 출근탕 전쟁터에 총칼 대신 집채만 한 버스를 끌고 나간다.

손님에 치여 간격이 벌어지면 점점 더 벌어지는 게 시내버스다.

첫 탕이 60~70대 승객이면 두 번째 탕은 넥타이, 하이힐 부대가 총출동하는 시간이다.

아이를 맡기려고 우유병 기저귀 가방에 핸드백을 들고 어설프게 아이를 메고 버스에 오르는 초보 엄마를 향해 "아기 엄마 자리 좀 양보해 주세요"라고 소리를 친다.~ 어마어마한 서비스를 한 거처럼 내 만족에 어깨가 들썩인다.

한바탕 넥타이 하이힐 부대가 쏟아져 나가면 앞머리에 롤을 말고 교복 치마를 매만지며 중고생들이 우르르 밀물처럼 몰려온다.
거울을 보며 허벅지까지 올라오는 교복 치마를 입고 재잘대는 모습에 공부하러 학교에 가는 건지 모델 공부를 하러 가는지 내 학창 시절이 떠올라 비시시 입가에 웃음이 지나간다.

그렇게 한바탕 출근 전쟁을 치르고 나면 온몸은 땀 범벅이 되고 만다. 땀이 마르고 와이셔츠 속은 쉰내가 펄펄 난다. 일과가 끝나면 교대자와 교대하고는 집으로 향한다. 뿌듯했다. 오늘 하루를 무사히 잘 치렀다는 감사의 마음이 절로 든다.

내가 서울 시내버스 기사가 될 거라곤 정말이지 꿈에서조차 생각지도 않았다.
82학번인 나는 80년대 중반 병설 유치원 교사를 하면서 같은 학교에 근무하시는 중년 선생님 권유로 자동차 면허를 따게 되었다.
그 당시 스틱 면허라 학교 운동장에다 T자, S자 선을 그어놓고 날이 어둑어둑해질 때까지 우리 여교사 몇몇이 주행 연습을 해서 2종 보통 면허를 취득하게 되었다.

연하인 산악인 남편을 만난 것도 그 무렵이었다.
왜? 내 눈에만 남편의 모습이 백마 탄 왕자님으로 보였을까?
나이가 꽉 찬 난 서른을 넘길까 무서워? 노처녀 신세를 면해야겠다는 일념으로 줄기차게 주말이면 남편을 만나러 산에 올랐다.

설악산 적벽에 붙어있는 남편의 모습에 반해 2살 연상인 나는 획기적으로 연하의 남편을 맞이했다.
주말이면 나보다 더 큰 배낭을 짊어지고 비 오면 비바크해가며 눈이 펄펄 내리면 눈을 맞아가며 그렇게 그는 산으로 향하는 산 사나이였다.

난 어느새 두 딸의 엄마가 되어 병설 유치원 근무도 눈치가 보였다. 허니문 베이비를 결혼과 함께 만든 것도 모자라 큰아이 돌 전에 작은 아기 씨앗이 또 내 배 속에 자리하고 있었다. 연달아 아이를 출산하여 학교 근무가 소홀해지니 교장의 눈빛이 하늘을 찔렀다.

남의 아이들 잘 가르치는 것도 중요하지만 우선 내 아이들부터 키워놓고 보자는 마음에 사표를 던졌다.
지금 같으면 아이만 낳아도 대접받는 시절 아닌가?
그렇게 내 인생은 전업주부로 시작이 된 것이다.

산에 미쳐 다니는 남편이 원망스러워 나를 자책하기도 했다.
그렇게 두 아이의 엄마로 자리매김하면서 40의 불혹이 되어 있었다.
어느 날 10년 무사고 운전자라면서 녹색면허증을 1종으로 받게 되었다.
 이것이 내 밥줄이 될 줄은 정말 꿈에도 생각 못 했다.

 히말라야 눈보라에 남편을 묻고 난 서울 시내버스 기사가 되었다.
 두 딸의 눈망울을 보면서 죽기 살기로 1종 대형면허를 거머쥐고는 집 가까운 버스회사로 달려가 두 딸을 가르쳐야 한다는 일념으로 견습을 타게 되었고 어렵게 견습을 끝내고 2달여 만에 난 서울 시내버스 기사로 거듭나게 되었다.

 이 악물고 준공영제 서울 시내버스에 몸을 실었다.
 무섭고 겁도 났지만, 두 딸의 얼굴이 동시에 스크린처럼 지나갔다. 그래 난 엄마니까 뭐든 할 수 있는 건 다 해보는 거야. 하다 안되면 할 수 없지만, 해보지도 않고 무섭다고 포기하는 건 엄마가 아니지…
 그 당시 여성 촉탁 근무자인 선배 언니가 타 노선에 있었고 버스 전용차로를 타는 첫 여성 운전자가 되었다.

 출근 시간 신호 하나라도 놓치게 되면 어마어마한 승객들에 치여 계속해서 신호를 놓치게 되고 결국 버스는 안전을 위해 포기하고 서행할 수밖에 없다.
 내가 2달간 고참 기사께 견습 받은 메뉴얼이다.
 그러다 보니 자연스레 뒤차는 졸졸 따라오고 앞차는 벌써 기점을 돌아 회차 중이다.
 시내버스는 출퇴근이 강권이다.
 어떻게 운 좋아 신호를 따박따박 받게 될 때는 그야말로 금상첨화 뛰어오는 손님까지 서비스 차원에서 여유 있게 기다려도 준다.
그러면 그 승객은 고맙다고 연실 굽신거린다.

어떤 때는 신호를 채고 넘어가야 하는 상황에서는 코앞까지 뛰어온 승객 나 몰라라 냅다 도망가기도 한다.
버스 기사의 마음가짐에 따라서 그날 일정에 따라 승객은 탈 수도 못 탈 수도 있다.
서울 시내버스는 간격이 팩트다.
출퇴근 시간대는 7분 간격으로 출발하면 한가한 시간대는 10분 간격으로 배차를 조정한다
우리 운전자들 밥시간을 줘야 하기 때문이다.

그래도 운행하다 보면 도로 사정에 따라 신호 한두 개를 채다 보면 앞차를 3분~5분으로 따라붙을 때도 있고, 그러면 뒤차는 자동 벌어진다.
12분~14분 점점 간격이 뜨다 보니 승객이 점점 늘어 혹 신호를 채다 대형 사고로 이어지기도 한다.
혹은 어떤 승객 중 왜 차가 이제 오냐고 한마디 하면서 차에 오르면 우리 버스 기사의 꼴통 곤조가 발동한다.
받을 수 있는 신호도 일부러 안 받는다.
야~그렇게 바쁘면 택시 타라 혼자 말로 되새기며 점점 안 간다.
그러니 뒤차는 자연스레 그 뒤차까지 붙게 되고 사람들은 왜 버스가 기차놀이 하냐며 화를 벌컥 내면서도 앞에선 콩나물시루 버스에만 죽기 살기로 매달린다.
2~3분 후 도착하는 버스는 널널한데도 사람 심리가 참 이상하다.

그렇게 꼴통 곤조를 부린 기사님은 도로에 시간을 다 소비하고 손님을 잔뜩 태우고 들어오니 시간에 쫓겨 다음 탕은 신호를 다 채고 넘어가 앞차를 덜커덕 붙어 바람만 싣고 회심의 미소를 띠며 달린다. 이게 우리 버스 기사들의 꼴통 곤조 근성이다.

나도 가끔은 꼴통 곤조를 부릴 때가 있다. 어떤 승객이 버스를 자기 발 앞에 정차 안 했다고 투덜거리며 승차하면 나도 받을 신호 무시하고 가지 않는다.
정류장 팻말 좌우 10m 이내는 다 정류장이다.
한두 걸음 걷기 싫어 한마디 하면 내가 누구인가?
서울 시내버스 17년 차 베테랑 운전자 아닌가?
처음처럼 그 모습, 그 각오는 온데간데없다.

엄마 달려 2

석탄을 캐는 탄광촌을 막장이라고 한다.
우리 버스 운전자들이 모인 곳을 오죽하면 막장이라고 표현할까? 우리 운전자들의 대화는 들어보면 가관이다.

왜 밀고 오느냐?
내 엉덩이에 껌 붙여놨느냐?
왜 붙냐?
왜 벌리냐? 일부러 벌린 거지?
옆으로 박아라,
뒤로 박아라,
좌로 가서 박아라 등등
날로 먹느냐?
꼴통 부리지 마라.

처음 입사해서는 정말 이해하기 힘든 언어가 불쑥불쑥 나올 때마다 얼굴이 붉어지기도 하고 이해도 하기 어려웠다.

입사 1년, 2년, 10년 세월이 흐르다 보니 나 역시 그들과 똑같은 언어를 쓰고 있었다. 그런 나 자신에 놀랐다.

성희롱 발언은 또 어떤가?

조합 간부라는 자는 한 후배에게 저년 확 눌러 놓으라고까지 했다. 유서라도 써 놓고 죽고 싶었다.

가슴이 담벼락이니,

오른쪽 엉덩이가 더 흔들린다는 둥,

체격이 안성맞춤이라는둥,

정말 난 내 뒤통수가 따가워 잰걸음으로 더 빨리 무리 앞을 쏜살같이 지나간다. 그런 어느 날 내 뒤통수에다 떠들어 대는 소리에 더는 참기 힘들어 걸어가다가 멈추고는 뒤돌아서서 소리쳤다.

어떤 개새끼가 아가리를 함부로 놀려?

너야, 너야, 누구야, 하고 째려보니 하나둘 슬금슬금 뒷걸음질 치며 사라진다. 난 사실 가슴이 쿵쿵거리고 무서웠다.

그런데 막장 속 무리가 흩어지는 꼴을 보면서 더 소리쳤다.

야, 이 병신새끼들아, 한 번만 더 떠들어 대면 너네 다 고발 조치할 테니 명심해.

그러고는 화장실로 들어가 가슴을 쓸어내렸다.

그렇게 하여 언제부턴가 난 마녀로 불리게 되었다.

막장 속 무리는 화장실을 코앞에 두고도 버스 타이어에 소변을 본다.

입에서 나오는 소리는 욕으로 시작해 욕으로 끝나는 그런 무리 속에서 어느 날 햇빛을 피해 버스 사이로 걸어가는데 볼일 보는 놈과 딱 마주쳤다.

내가 뒤돌아 설 줄 알았지만, 난 가던 길 멈추지 않고 계속 직진해 들어갔다.

　그러자 으악 하며, 지퍼도 미처 올리지 못하고 달음질쳐 도망가는 모습을 향해 난 큰 소리로 외쳤다.
　한 번만 더 내 눈앞에서 지퍼 내리면 잘라버릴 테니 명심해~

　그렇게 하여 자연스레 못된 버릇들이 하나둘 고쳐지기 시작하면서 내 모습이 보이면 야! 저기 규율부장 온다. 딱따구리 마녀 온다.
　모두 흩어져.
　그러면서 나는 어느덧 입사 10년, 15년 차, 17년 차 세월이 흘러 왕고참 대열에 서 있다.
　자판기 앞에 모여 있던 후배들은 깍듯이 누님 커피 한잔하세요. 하면서 예를 갖춘다.

　홍일점인 나는 수백 명의 남자 틈에서 화장실도 세면대 이용하기도 여간 불편하지 않았다.
　그런 무리 속에서 언제부턴가 우울증이 오기 시작했다. 두 아이 키우려고 이 악물고 버티고 버텼지만 나 자신의 한계에 도달했다.
　우울증도 사치다 하면서 난 나를 달래며 그때부터 그림을 끄적거리게 되었다.

　하루 일을 마치면 집에 와서 아이들 옷 챙겨놓고 빨래 돌리고 청소하고 반찬 만들고 그림을 그렸다.
　모란을 그리자,
　왜?
　모란은 꽃 중의 여왕이라 일컫는다.

그래, 이왕이면 여왕의 꽃을 그리자.
부와 명예와 재물을 가져다준다고 하지 않았나,

난 길가에 핀 모란을 앞으로, 뒤로, 옆으로 이 모습, 저 모습 갖가지 모습을 카메라에 담았다.
그리고 집에 와서는 그대로 그리기 시작했다.
1년, 2년, 그렇게 세월이 흘러 10년이 넘게 모란을 그렸다.

어떤 때는 인터넷을 뒤져 찾아보기도 하면서 다른 화가들의 그림도 훔쳐보면서, 내 것으로 만들었다.
그렇게 나만의 세계에 빠지게 되었다.

처음 입사해 배차가 들어갔을 때는 두 아이가 뛸듯이 기뻐하며 박수를 치며 "와, ~ ~ 우리 엄마 버스 기사 됐다" 하고 환호성을 쳤다. 서울시민의 발이 되어 멋진 도로 위의 파일럿이 되자고 다짐했지만,
우리 버스 기사들의 패턴을 서서히 알아가면서, 이해하면서, 나 또한 그 무리 속 한 일원으로서 자부심, 긍지는 다 어디로 가버리고, 누구에게도 저는 서울 시내버스 기사예요 하고 떳떳하게 말하지 못했다.
왜?
나 자신이 막장 속 무리와 다를 바가 없었기에 난 살기 위해 버텼지만 슬프고 우울했다. 그렇게 하여 난 그림을 그리게 되었다.
작은 딸아이의 피아노 치는 모습,
나의 기도하는 모습,

아무것도 드릴 게 없어
하나님께 내 몸 바쳐 기도하오니
주여, 나의 기도를 들어주소서.

큰아이 취업 시험을 놓고 난 목이 터져라 기도했다.
"하나님! 제 큰딸아이 코피 터져 가며 공부한 아이 제발 꼭 좀 합격시켜 주세요." 울며 부르짖었다.

그것도 부족해 별이 총총한 밤하늘을 바라보며,
하늘에 있는 남편을 향해
"야! 이 나쁜 놈아, 너만 편히 있지 말고~ 시험감독관을 혼미하게 해서라도 네 딸 합격시켜"라고 목이 터져라 외쳤다.

그랬더니 정말 내 아이가 덜커덕 여의도 모회사에 입사가 된 게 아닌가?
난 엉엉 울며 "하나님 감사합니다"를 외쳤다.

세월은 흘러 입사 17년 차,
난 그동안 모아둔 그림들을 주섬주섬 차에 싣고 인사동으로 향했다. 화가들만 모여드는 그야말로 말로만 듣든 눈으로만 봐왔든 인사동 갤러리에 내 그림을 걸게 되었다.

천지도 모르고 무식이 용감이라 했던가?
그해 1월 몹시 추웠다.
그림을 걸고 사람들이 올까? 하는 불안감에 커피를 끓여놓고 다과도 준비했다.
 그런데 이게 웬일인가?
 아이들 겨울방학이 되면서 전국 각처에서 내 갤러리에 모여들기 시작했다. 아이, 어른 할 거 없이 갤러리 안은 인산인해였다.
 그렇게 성황리에 갤러리 막이 내리자, 코로나19가 터졌다.

 난 네이버 검색창에 올라가 있었다.
 "특별한 엄마 박경민"
 "그림 그리는 버스 기사 박경민"
 정말 그야말로 놀랠 "노" 자다.
 《크리스천 신문》, 《개혁공보》라는 일간지에 대서특필로 한 면을 가득 메운 게 아닌가?

 난 그렇게 하여,
 "원주 한얼 국제미술대전"에서 "모란의 눈물"이 금상을 타고 "한국 국토해양대전"에서 "바람"이 "서울시장 상 대상"을 받게 되었다.
 그 바람에 난 맥을 이어 "나혜석 대전"에서 "우주프로젝트"가 우수상을, 모든 화가의 열망인 "대한민국 미술대전"에서 "꿈꾸는 모란"이 특선에 올랐다.
 연이어 수채화 화가들의 자존심인 "한국 수채화 공모전"에서 "꿈을 품은 모란"이 특별상에 올랐다.
 난 이로써 우리나라 3대 대전에서 그야말로 싹쓸이하게 되었다. 이 모든 건 다 하나님이 함께하셨기에 이룰 수 있었다.
 내 힘으론 난다 긴다 해도 어림도 없는 일이다.

난 더 열심히 모란을 팔 것이다.
우리나라 제일의 모란 여왕으로 우뚝 설 것이다.
더~더~더~ 열심히 캔버스를 노려볼 것이다.

엄마 달려 3

겨울이 되면 난 가슴이 콩알만 해진다.
펑펑 눈이 내리기 때문이다.
초보 엄마를 걱정하느라 내 두 아이는 눈을 반기지도 못한다. 수업 시간 내내 초조와 불안으로 일과를 마치고 집으로 온다.
친구들은 눈을 맞으며 교정을 뛰어다니는데 내 두 아이는 눈을 바라보며 버스 끄는 엄마를 걱정하고 있다.

나 역시 교대자와 교대를 하고 집으로 오면 내 아이들은 엄마 괜찮았어? 한다.
그럼 괜찮아요. 엄마가 이래 봬도 베스트 드라이버예요. 그까짓 눈, 눈도 깜짝 안 해요. 라고 큰소리를 치곤 했다.
엄마 걱정말고 열공해요.

60~70년대 나의 어린 시절은 어땠나!
방한복도 없던 시절.
휴전선 최전방에서 지긋지긋하게 눈을 즐겼다.
11월 중순부터 눈이 내리기 시작하면 이듬해 3~4월까지 눈이

날리는 그런 추운 강원도 산골에서 태어났다.

대문밖에 어른들이 골목 안 눈을 쓸어모아 놓으면 내 동생과 나는 눈더미에 올라가 꽝꽝 뛰어서 다져지면 굴을 파 이글루를 만들어 가마니를 깔고 그 안에 들어가 엄마 놀이, 선생님 놀이를 하면서 놀았다.

또 여중·고 시절은 어땠나?
학교가 산 중턱에 있어 서천을 건너가야 한다.
얼음이 둥둥 떠가는 서천 다리 밑에 내려가 얼음을 갈아 타가며 얼음 배 놀이를 했다.
그러다 미처 갈아타지 못해 얼음이 갈라져 그 추운 겨울바람에 물에 빠진 새앙쥐가 되어 살금살금 학교 교실로 들어가 장작을 훔쳐다 난로에 불을 지펴 저걱저걱 소리 나는 교복 치마를 말리면 김이 나면서 물이 뚝뚝 떨어진다.
얼었던 시뻘건 종아리가 녹으면서 가려워 벅벅 긁어 피가 툭툭 터지기도 했다.

난 그렇게 천방지축 유소년 시절을 보냈다.
내 아이들은 철이 일찍 들었다.
아빠를 졸지에 잃은 두 아이는 엄마마저 어떻게 될까 봐 초보 엄마 보호자 노릇을 톡톡히 했다.

촛불 집회로, 태극기 집회로 종로, 대학로 방향으로 통행이 불가다.

버스 기사는 이럴 때 화장실이 큰일이다.

승객들은 지쳐 내려 달라고 한다.

지하철이든 도보가 훨씬 빠르다는 생각이 들었기에 난 승객들 편의를 위해 하차해주곤 했다. 도로는 아예 주차장이다.

일부러 촛불집회 구경을 못 오니 눈요기라도 두리번거리며 할 수 있어, 그렇게 나쁘진 않았다.

그런 어느 날 내가 어느덧 15년 차, 왕고참으로 올라와 있었다.

앞에 꼴통 선배가 총대를 메든, 내가 메든, 둘 중 한 명이 메기로 하고는 주차장인 도로에 그냥 서 있었다.

뒤차 신입에게 총대를 메게 할 순 없다.

도로에서 시간을 다 보내니 앞차가 나가든,

내가 막차로 나가든 운행은 종료가 된다.

그리하여 뒤차들은 편히 들어와 귀가한다.

즉 다시 말해 탕 수가 까진 거다.

간혹 이런 날도 있다. 탕 수를 깼다는 희열감에 들어오는 데로 삼삼오오 모여 막걸리 한 잔씩 쭈욱 들이킨다.

근무한 시간은 길에서 다 소비해 힘든 건 매 마찬가지라도 탕 수를 깼다는 희열감에 환호성을 지르며 야, 너 오늘 날로 먹었으니 한 잔 쏴라~ 그렇게 하여 우리 운전자들은 들어오는 데로 종점에 차를 박아 놓고는 근처 식당으로 모였다.

난 하루 근무를 마치면 "오늘도 무사히"라는 사무엘의 기도로 일과를 마친다.

엄마 달려 4

서울 시내버스들은 밥시간이 되면 엄청나게 빨라진다.
교대 시간도 마찬가지다.
1분이라도 빨리 종점 들어가 버스에서 내려야 밥도 먹고 허리도 쭉 펴고, 교대자에게 운전대도 넘겨주고 퇴근해야 하니, 너나 할 거 없이 빨라진다.

나도 신입 시절…
s.p 시절, 하루살이 인생 시절, 앞에 고수들이 밥시간에 바람만 싣고 다 당겨버리는 바람에 수시로 밥을 걸렀다. 종점에 들어오면 화장실 다녀오기 바쁘게 또 끌고 나가야 했기 때문이다.
초보 시절 잔뜩 벌어져 들어오니 밥시간을 길에다 다 소비했기 때문에 쉴 시간도 밥 먹을 시간도 나한테는 주어지지 않았다.
막장 소굴이 달래 막장인가? 자신만 안전빵으로 다녀오면 끝이다. 뒤에서 오든 말든 밥을 굶든 동료 의식은 눈을 씻고 찾아봐도 없다.
그렇게 초보 시절 당했지만, 식당 개 3년이면 라면을 끓인다고 하지 않나?

허구한 날 벌어져 다니다 보니 나도 요령을 터득했다.

한번은 들어와서 5분 남짓 남아 그냥 허리 펴고 밥은 굶고 자판기 커피를 뽑아 들었다.

영업소 수장인 부장님께서 보시더니, 밥은 먹었냐고 물으셨다?

5분으로는 밥을 못 먹어요 했더니,

왜 못 먹느냐고 되물으시길래.

남자들은 군대에서 식습관이 되어 3분에도 먹지만,

여자들은 화장실도 가야하고 거울도 봐야 하고 해서 최소 17분 정도는 필요하다고 했더니,

엄명이 떨어졌다.

앞으로 밥시간 때는 박경민만 붙어 들어오는 걸 허락한다.

나머지 운짱들은 8분 간격, 10분 간격 맞춰서 들어와야지 붙어 들어오면 엄벌에 처한다는 명이 붙었다.

그리하여 난 밥시간 때는 앞차 범퍼 밀고 들어와서 앞차 꼴통과 나란히 회심의 미소를 띠며 밥을 먹는다.

그렇게 밥시간 때, 교대 시간 때 3~4대 붙다 보면 누구 한대는 벌어지고 그 뒤는 또 다닥다닥 붙어 들어오는 이 기이한 상황을 일반 사람들이 어찌 이해하겠는가, 나도 일반인일 때 이해를 못하지 않았나?

간혹 도로 사정으로 3~4대 붙다 보면 그 뒤 누군가는 승객에 치여 신호를 계속 놓치게 되어, 또 벌어진다.

또 어쩌다, 운행 중 차가 퍼져(고장) 길 가장자리로 안전하게 정차 후 승객을 뒤차에 인계하다 보면 고장 난 차로 인하여 승객을 인

수한 차는 또 20분 가까이 벌어진다.

그러나 그것도 다 옛날얘기다.
지금은 어림도 없다. 서울시에서 우리 버스에다 각종 시스템을 장착해 놔서 붙을 수도 벌릴 수도 없다.
개인별 점수를 체크하기 때문이다.

그리고 주 52시간이 실시되면서 밥시간도 쉬는 시간도 널널해졌다. 쉬는 날도 배차가 들어가 제대로 쉬지 못해 대형버스 운전자가 과로로 큰 사고가 터지자 노선별로 운행 횟수 조정도 들어갔다.

그야말로 운전자들의 지상낙원이 펼쳐졌다.
물론 그렇다고 날로 먹는 건 아니다.
모든 관리 감독 운행 질서 등등 서울시가 주관한다.

앞 뒤차 간격, 에코 점수, 연비 등등 개인 점수가 쫙 뽑아져 나오기 때문에 우리 버스들은 이제 다들 천천히 다닌다.
어쩌다 신호 채려고 급히 출발하다 보면 에코 점수는 확 떨어진다.
그래서 다들 간격 맞춰 천천히 출발하다 보니 안전사고도 줄고 연비도 향상되고 빈번하게 일어나는 사고도 확 줄었다.

견습할 때는 배차만 받으면 모든 걱정은 사라지겠지 했지만 배차 받고 하루살이 인생처럼 하루하루가 정말 지치고 힘들었다.

그래도 여기까지 온 게 대단하고 장해서 눈물을 펑펑 쏟으며 두 아이만 생각했다.
어느새 서울 시내버스 17년 차 경력자가 되었다.
초보 시절 내 모습이 떠올라 비시시 쓴웃음을 짓는다.

엄마 달려 5

난 버스를 끌면서 수많은 인파 속에 "오늘 하루도 무사히"를 외치며 "사무엘"의 기도를 떠올린다.
어느 해 수능 날이었다.
비행기 이착륙도 금지가 된다.
직장인들은 9시 이후로 출근 시간이 늦춰지고,
수능장 근처는 수험생을 태운 승용차로 도로가 마비될 정도다.

난 많은 수험생을 태우고 수능장으로 씽씽 달렸다.
요리조리 집채만 한 버스를 미꾸라지처럼 잘도 빠져 갔다.
이 아이들을 시험장에 늦지 않게 데려다줘야지 하면서…

정작 딸의 수능은 마음뿐 새벽같이 일어나서,
전날 사다 놓은 전복죽을 데워 보온병에 담아 놓고는 작은 메모지에 "딸 화이팅! 미안해 최선을 다하면 돼요, 사랑해"~라고 써놓았다.
언제 한번은 창경궁으로 어린 꼬마 유치원 아이들이 견학을 가느라 내 차를 탔다.

선생님보다 내가 더 아이들을 잘 챙겼다.
다 태우고 자리에 앉아 잡는 거까지 일일이 다 살핀 후 버스는 창경궁을 향해 달려갔다.
내가 누구인가! 왕년에 유치원 교사 출신이 아닌가!
난 버스를 끌면서 세상에 수많은 사람을 싣고 다닌다.
학생부터, 아줌마, 아저씨, 어르신, 의사, 장사하시는 분 등등 각양각색의 승객들과 만나지만 전교 1등을 놓치지 않고 열심히 공부한 훌륭한 의사는 어떤가!
매일 아픈 사람만 만난다.
또 판검사는 어떤가!
우리나라 최고 법대를 나온 엘리트 중 엘리트 아닌가!
매일 죄인들만 만나 판결을 때리질 않나!
그러고 보면 내 직업이 훨씬 멋지지 않나!
서울시민 만족도에 내 이름이 떴다.
난 그것도 모르고 열심히 버스를 끌고 나갔다가 다른 회사 기사님께 전해 들었다.
난 얼굴이 빨개졌다. 노인분의 보따리를 챙겨 내려 드린 게 서울시 친절 만족도에 올라온 것이다.
어느 날은 갑자기 비가 쏟아졌다.
승객들도 우산 준비 없이 버스를 탔는데 하차하려니 난감해한다. 난 재빨리 "우산 살이 부러지긴 했어도 임시 피할 순 있으니 쓰고 가세요" 하면서 내주었다.

난 차내에서 간혹 우산을 놓고 내리는 승객들 우산을 차곡차곡 의자 등받이에 보관해 놓았다.

이럴 때 요긴하게 쓰려고,
여학생한테 제일 먼저 우산을 내주고 어린이, 할머니 순으로 드리고 나면 남자분들은 차례가 가지 않는다.

난 어릴 적 비료 부대를 쓰고 학교에 갔다.
우산이 귀해 큰언니 오빠가 교복 입고 중고교를 일찍 가서 나는 비료 부대를 쓰고 갈 수밖에 없었다.
그래서 비 오는 날은 새벽같이 일어나 밥도 안 먹고 언니들이 쓸 우산을 냅다 쓰고 도망치듯 학교를 간 적도 있었다.

한번은 비료 부대를 쓰고 학교에 가는데, 친구들이 놀려서 길가에 팽개쳐 버리고 물에 빠진 생쥐처럼 교실 복도에 서서 물이 뚝뚝 떨어진 채 서 있었다.
그래서 난 우산에 목숨을 건다.
내 두 아이에게도 비가 안 와도 꼭 우산 챙겨서 학교 가지고 가라고 한다.
다른 아이들처럼 비가 갑자기 쏟아지면 엄마들이 제각기 우산을 들고 학교로 향하지만, 난 그럴 수 없기 때문이다.

모 대학병원 장례식장 앞에서 구멍가게를 하시는 할머니는 오고 갈 때 간혹 운 좋게 내 차를 타신다.
그럴 때면 박카스를 주시며 피곤한데 마시라고 하신다.
내 차를 못 만나면 다른 남자 기사분들께 내 안부를 물으며 잘 있냐고 물어보신다.
어떤 승객은 우산을 받아 쓰고 갔는데 버스는 종점을 돌아 기점을 찍고 되돌아온다.

그곳에서 우산을 받아 쓴 승객이 기다렸다가 나한테 초콜릿을 내밀기도 한다.

난 그럴 때 서울시민의 발이 되어 도로 위의 파일럿이 된 게 자랑스럽고 어깨가 으쓱해진다.

한번은 밤이 늦었는데 여학생이 버스를 탔다.

신경이 쓰여 룸미러로 쳐다보니 피곤한지 졸고 있었다.

신호대기 중 그 여학생에게 어디 내릴 거냐고 물었다.

학생이 깜짝 놀라 지났다고 하자 난 어두운 정류장이 아닌 횡단보도 상가 앞에 차를 세우고 얼른 반대편으로 건너가라고 했다. 막차가 곧 도착하니 마주 오는 버스를 탈 수 있다고 안전하게 내려주었다.

언제인가 하루는 농아인이 버스를 탔다.

손으로 머라 머라 하는데 내가 수화로 표현하자 농아인이 고맙다고 감사하다고 환하게 웃으며 농아인과 수화로 간단한 대화를 했다.

내가 전업주부였을 때 어느 농아선교회에서 수화도 배우며 봉사를 잠깐 했었다.

그때 배운 수화를 기억하고는 요긴하게 사용했다.

새벽 4시면 서울 시내버스는 첫차 운행이 시작된다.

정류장에는 승객들도 있지만 미화원 아저씨들도 있다.

항상 그 자리에서 만나니 반갑고 해서 서로 눈인사로 안부를 묻는다.

한번은 미화원 아저씨가 청소하다가 내 차가 오자 손을 흔들며 "안전운행하세요" 하면서 큰소리로 힘차게 말을 건넨다.

나도 "네 감사합니다. 좋은 하루 보내세요" 하고는

다음 정거장으로 씽씽 달려갔다.

이렇게 다양하게 오고 가는 수많은 사람과 인사를 나누며 거리의 풍경도 살피면서 달린다.

어느 한 해는 극심한 가뭄으로 진짜 비가 한방울도 안 내린 적도 있었다.

기후가 급상승해 무더위가 지속되었다.

그런데 버스정류장에 심어진 가로수에 물주머니가 하나씩 채워져 있다.

나무도 지쳐 잎이 축 처져 있는 모습이 정말 안타까웠다.

병실에 환자가 링거 주사를 맞는 것처럼 나무들도 죄다 링거를 꽂고 있었다.

축 처진 잎들이 이젠 살았구나 하고 이파리들이 손을 흔들며 환호성을 치는 소리가 귓가에 들려 온다.

엄마 달려 6

우리 버스 운전자들은 백번 천번 잘하는 건 지극히 당연한 거다.

정말 운수 사나워 재수가 없어, 한번 실수로 인생을 망치는 경우가 허다하다.

그래서 "운수업"이라고 한다는 것도 입사하고 알았다.

"풍전등화"라는 말이 딱맞다.

대부분 정년퇴직으로 회사를 떠나지만 바람 앞에 등불처럼 사라지는 운전자도 더러 있다.

파리 목숨처럼 하루살이 인생이다.

운행하다 보면 접촉도 일어나고 승객 안전사고도 비일비재 일어난다. 모든 책임은 우리 운전자들 몫이다.

자리에 앉은 어른이 간혹 버스가 출발하는 시점에 다른 자리로 이동하려고 일어나면서 넘어지는 경우도 우리 운전자 책임이다.

모든 차내 사고는 다 운전자에게 덮어씌운다. 이런 개 같은 법으로 우리 버스 종사자는 버스 끄는 게 무슨 큰 죄인이 된 거처럼 주눅 들어있다.

그리하여 차내, 외부에, 서울시에서 CCTV를 장착했다.

일부러 넘어지는 척하다가 적발되는 상습범도 가려내어 우리 운전자의 억울함을 덜었다. 회사는 이때다 하고 징계위원회에 회부해 승무 정지를 시킨다. 짧게는 3~4일, 많게는 한 달, 보름도 배차에서 배제한다.

그러면 우리 운전자들은 그래 ~ 엎어진 김에 쉬어 간다고, 이참에 며칠 쉬면서 머리도 식히고 가고 싶었던 곳도 한번 다녀오자면서도 막상 월급이 삭감되기 때문에 맘 놓고 어디 여행도 못 간다.

한 달 벌어 그달 사는데 승무 정지를 당하면, 다음 달까지 영향을 미치기 때문이다.

우리 운전자들은 만근 수당이 있다. 만근을 해야 월급도 제대로 받고 상여금도 제대로 탄다.

그런데 만근이 깨지면, 무사고 수당도 깨지고, 상여금도 줄고, 월급도 줄어 버린다. 거기다 더 나아가서는 퇴직금까지 영향을 미친다. 서울시에서는 우리 운전자들 한 달 월급이 계산되어 회사로 정산이 된다. 그런데 승무 정지로 월급이 삭감되면 다친 승객, 자동차 보험처리 해 주니 회사도 손해를 본다고 우리에게 승무 정지를 때려 버린다.

우리가 일을 잘해 돈을 벌어다 줘야 회사도 왕왕 돌아가고 사무실 간부들, 직원들 하다못해 청소원 직원, 식당 직원 등등 월급이 지급된다.

난 우리 운전자를 일개미로 표현했다.

죽기 살기로 먹잇감을 물고 낑낑 언덕을 넘어 가시밭길을 기어 다니며 먹이를 나른다. 그리하여 여왕개미는 일개미가 모아온 먹잇감으로 추운 겨울을 난다.

수개미는 회사 간부, 직원들이라고 표현했다.

운수가 사나워 징계위원회에 통보받고 참석하면, 우리 운전자들을 벌레만도 못한 존재로 취급한다.

나이 어린 사무실 여직원들도 공손하게 인사하는 꼴을 한 번도 못 본다.

난 초보 때 백미러도 깨 먹고, 우회전하면서 시선을 끝까지 봐야 하는데 찰나에 놓쳐, 뒤 범퍼가 찌그러지기도 하고 긁히기도 했다. 정류장 들어 가면서 승객들 편리를 위해 승객 앞에 차를 바짝 세우다 백미러에 승객 이마가 닿아 징계처분을 받고 일주일 가까이 승무 정지를 당한 적도 있다.

그 이후론 승객들이 한 걸음 다가오게 앞쪽이든 한발 뒤쪽에 정차한다. 또 초보 적에는 내 부모 생각해서 노인들이 올 때까지 기다렸다가 모시고 태워 갔다.

그런데 고마움도 모른 채 차에 부딪혀 오히려 치료비를 물어 줘야 하는 황당한 경우도 당했다.

그래서 그 옛날 버스 운전자들이 노인들이 오는 걸 보고도 냅다 도망가는구나!

나도 그리하여 나 살기 위해 노인들이 오는 거 못 본 척 출발해 버리기도 한다.

그렇기 때문에 어떻게 하든 사고는 없어야 하고 혹 간단한 사고는 개인 사비로 처리하는 일이 왕왕 있다.

왜?

징계위원회에 끌려가면 듣기 싫은 소리도 들어야 하고 승무 정지가 되니 만근수당도, 무사고 수당도 다 깨지니 차라리 자비로 합의금 조로 내주고 없던 일로 처리한다.

나라고 17년 근무 동안 왜 아무 일이 없었겠나?

운이 따라야 하고, 운수가 좋아야 그날그날 버스 끌고 나가 운 좋게 들어온다. 나도 두 애들 학비에 생활비에 등등 많은 지출이 필요한데 1건, 2건 터진 거 해결하면 그달 월급은 꽝이다.

그런 초보 시절을 보냈다.

버스가 차선 변경으로 선 진입 하더라도 차선을 물었기에 100% 깨진다. 즉 가해 차량이 된다. 이런 개 같은 법 때문에 버스가 차선 변경하려는 낌새만 차려도 쏜살같이 달려오는 게 우리나라 택시, 승용차 아닌가?

외국 어느 나라는 버스의 진행을 막는 차에 벌금을 매긴다고 한다. 국민을 실어 나르는 교통수단이 우선이기 때문이다.

그래도 그중 착한 운전자들은 버스가 나오면 더러 서행해 준다.

다 나쁘면 이 나라가 돌아가겠나?

좋은 사람이 훨씬 많으니 좋은 나라 아닌가?

왕초보 시절엔 차선 변경 나가려면 가슴부터 쿵쿵거린다.

다행히 서 주는 차가 있어 비상등 켜고 나가지만 저 멀리 있어도 더 빨리 달려와 버스 앞을 치고 나가는 차들로 난 가슴이 벌벌 떨려 벌어져도 안전하게 가자 하고 한 템포 늦춰 다니다 보니 허구한 날 벌어져 밥도 굶었다.

이젠 고수다. 재빨리 운전대를 잡아 돌려 순발력으로 꺾어 나가면서 비상등은 물론 손까지 들어주는 여유마저 부린다.

후배 운전자가 징계위원회에 갔다 와서는 사표 쓰라고 해서 죄인 아닌 죄인처럼, 죄송하단 말만 연실 되풀이하고 왔다고 한다. 우리 운전자가 돈을 벌어 오는 데도 대우도 못 받는다.

나도 여러 가지 일로 사무실 간부가 겁박했다. 난 따다다닥 딱따구리가 되어 당돌하게 말했다.

입사 후 얼마 안 돼 난 따다닥 따지는 성격에 어느 날부터 딱따구리란 별명이 붙었다.

"내 사표는 내가 쓰고 싶을 때 씁니다. 우리가 땀 뻘뻘 흘려가며 연비도 아낀다며 에어컨도 끄고 다니는데 당신들 시원한 사무실서 누구 더러 사표 써라 겁박하십니까? 인권위 노동청에 고발 조치할 테니 그리 아세요" 했더니, 그 이후론 사표는 언급 안 한다.

사실 따지고 보면 우리 운전자가 갑이어야 한다. 그럼에도 불구하고 대접을 못 받는 건 우리 스스로가 주먹질에, 막말에, 동료애는 눈을 씻고 봐도 찾아볼 수도 없다.

개인 이기주의로 이간질에 고자질을 일삼는 우리 운전직 근로자 스스로가 자처했으니 버러지 취급 받는 건 당연하다.

거기다 장기 집권을 한 노조위원장은 어용 조합장이 되어, 우리 노동자들의 피와 땀으로 노조비를 받아 쓰면서도 침묵하면서 1년씩 재계약하는 촉탁직 운전자의 막강한 권력으로 근무 조건상 아부 근성으로 살아야 했고, 나 역시도 두 아이를 키워야 했기에 함구하고 여기까지 온 거 아닌가?

갑 임에도 불구하고 우리 스스로가 개, 돼지를 자초한 결과다.

모 운수회사 오너는 운전자를 높이 떠받든다고 한다. 돈 벌어 오니 먹는 거 입는 거까지 손수 지휘한다고 한다.

앙드레김이 살아 있을 때는 앙드레김이 디자인한 슈트랑 코트를 입혔다고 한다.

흰 와이셔츠에 넥타이까지 매고 흰 장갑 끼고 선글라스까지 올려 쓰면 어머나 ~ 멋지세요. 하면서 승객마다 한마디씩 하면서 승차한다. 그러나 허울만 멋지다.

　나 역시 "도로 위의 파일럿이다"라고 자만하고 싶지만, 어쩌다 부주의로 승객과 마찰이라도 일어나면 승객들은 벌 떼같이 달려든다. 그래서 난 이럴 때 자괴감이 든다.

　난 오늘도 어느 유명 여가수의 노래를 중얼거리며 버스를 끈다.

　"사측 앞에만 서면 나는 왜 ~ 작아지는가

　사측 등 뒤에 서면 내 눈은 젖어 드는데

　사측 때문에 침묵해야 할 나는 사측의 노조

　그리고 추억이 있는 한 사측은 나의 갑이여"

　주 52시간 근무 체계가 잡히면서 젊고 똑똑한 후배들이 많이 들어왔다. 여기저기서 굵직굵직한 메시지를 내놓는다.

　또한 야당 쪽 우리 운전자들이 하나둘씩 나서면서 목소리가 커진다. 이제는 바꿔야 한다며,

　"고인 물은 오래되면 썩는다."~ 하면서

　처우 개선 공약을 내놓기도 한다.

　세상이 진짜 바뀌려나?

피아노 치는 딸

작은 딸아이가 "엄마 큰일 났어요" 한다.
"뭐가 큰일이야?" 했더니,
"우리 반 아무개가 전학갔어요" 한다.
"근데 그게 왜 큰일이야?"
그 애가 전학 가는 바람에 내가 꼴등이 됐다며 둘째 딸아이가 시무룩해한다.

그랬다.
내 딸은 수업 시간 내내 잠만 잔다.
그러니 꼴등이 될 수밖에 없다.
난 열흘이 멀다 하고 학교에 불려 다녔다.
가서 빌고 또 빌고 빌다 교감 선생님과 담판을 졌다.

버스를 끌고 나면 또 학교로 달려가 담임께 빌고 안되면 교감한테 빌고 또 빌었다.
결국 수업 분위기를 망치는 아이로 낙인찍혔다.
들어오는 과목 선생님마다 아이를 벌주고 때리고 했다.

하루는 버스 운행을 마치고 난 또 학교로 달려갔다.
운동장 한편에서 그 뙤약볕에 풀을 뽑고 있는 딸아이가 눈에 들어왔다.
난 미친 듯이 달려가 딸 앞에 섰다.
어. 엄마! 아이가 깜짝 놀라 날 올려다본다.
아이는 손이 흙투성이가 되어 고개를 떨구고 있었다.
계속 잔다고 벌 받는 중이야.

난 아이를 그늘로 보내고 미친 듯이 학교 운동장에 난 풀을 뽑아치웠다. 아이가 1시간, 2시간 걸려 할 걸 난 10분 만에 다 해치우고는 툭툭 털고 교무실로 달려갔다.
그러고는 퍼부었다.
피아노 치는 아이, 피아노 치게 해달라는데 풀을 뽑으라니요~

내 아이는 밤새 연습실서 피아노를 친다.
잠도 안 자고 밥도 안 먹고 학교 수업을 마치면 바로 연습실로 달려가 밤을 새워 피아노를 치니 수업 시간에 조는 건 당연하다.
그러니 꼴등은 맡아놓고 할 수밖에 없었다.

엄마! 난 손가락에서 피가 날 정도로 피아노를 치고 싶은데…
엄마 나 한 번만 밀어주면 안 될까?
우리 형편에 먼 피아노를 쳐요?
여군 가서 군악대에 들어가든가 아니면 태권도 3단 따놨으니 4단 따서 체대나 가라고 했다.
그런 딸아이를 대신해 풀을 뽑고 학교를 뒤집어 놨다.

어느 정도 정상 참작이 되어 그나마 오전 수업만 하는 거로 결판을 내고 딸아이는 맘 편히 피아노를 칠 수 있었다.
그리고 그때 음악 선생님이신 엄마 선생님께 늦게나마 감사를 드린다.
아무 때고 와서 피아노를 치라고 음악실 열쇠를 슬그머니 건네주셨던 선생님 감사합니다.
선생님 덕분에 제 딸아이가 피아노를 칠 수 있었습니다.
평생 감사한 마음 잊지 않겠습니다.

난 하나님께 기도했다. 내 아이를 위해서…
엄마의 기도
주여! 내 이 한 몸 주께 바치오니…
나의 기도를 들어 주시옵소서…
내 몸밖에 드릴 게 없어
이 몸 바쳐 드리오니…
주여! 나의 기도를 들어 주소서…

그렇게 피아노를 쳐댄 딸아이는 일류대학 피아노 작곡과에 덜커덕 합격하였고 학기 중에는 문체부에 공모한 곡이 우수상을 타면서 2천 5백만 원이라는 엄청난 상금을 거머쥐었다.
돌아가신 내 아버지께서는 그 당시 우리 아이가 일등 한 거나 마찬가지라고 하셨다.
1등은 6명이 합작이었고 상금은 5천만 원이었지만 내 아이는 혼자서 2등 상을 받았다.
거기다 해오름극장에서 막이 오른 우리나라 최초의 뮤지컬 "태백산맥"을 작곡하면서 피아노 연주까지 했다.
 또한 대구문화재단에서 개최한 뮤지컬 "사랑은"이란 곡이 최우수상을 타면서 상금 또한 어마어마했다.

 그런 딸아이가 어느 날 상금을 탄 거로 엄마 나 상 안 탔다고 생각하면 엄마 안 드려도 안 서운하지?
 편지를 써놓고는 유럽으로 날아갔다.
 "나 유럽의 음악을 배우고 올테니 걱정하지 마!
 달랑 한 줄 써놓고…
 이젠 대학에서 강의도 맡아 나간다.
 현재 이화여대 대학원에서 공연예술 석박사 과정을 밟고 있다.
 낭만의 거리 대학로에서는 이따금 딸아이가 작곡한 뮤지컬이 들려오기도 한다.

 그리하여…
 박경민 작품「피아노 치는 딸」과
「엄마의 기도」가 탄생하였다.

그리움

남편은 두 아이를 사랑했고, 나를 사랑했다.
그리고 산을 많이 사랑했다.
난 산에 미쳐 다니는 남편을 미워했다.
아주 많이…

남편의 배낭 속은 항상 쓰레기로 가득 찼다.
하산 시간이 2시간 걸리면 쓰레기 줍느라 20~30분은 더 늦어진다. 발 앞에 떨어진 쓰레기는 당연지사고 시야에 포착된 쓰레기는 나무 숲속을 헤집고라도 성큼성큼 들어가 끄집어내야 직성이 풀린다. 그러니 일행들보다 하산 시간이 더 걸릴 수밖에…
산행중 다친 사람을 보면 구조해서 끝까지 책임을 다하는 그런 사람이었다.
그렇게 산을 아끼고 사랑한, 남편은 어느 날 해외 원정길에 올랐다. 대원들을 이끌고 눈이 그득 쌓인 흔히 말하는 히말라야라는 그런 어마어마한 산에 올랐다. 산에 능숙한 사람이라 당연히 무사히 오리라 했지, 난 한 번도 위험에 처할 거라곤 상상도 안 했다.
그런 남편이 우리 세 여자를 끝까지 책임도 못 지고 눈보라에 바람과 함께 산이 되어 버렸다.

　두 아이가 아빠 성품을 닮아 착하게 잘 컸다.

　난, 남편한테 미안한 게 참 많다. 그래서 더 이 악물고 조금이라도 덜 미안하려고, 두 아이를 열심히 키웠는지도 모른다. 내 몸이 부서지고 가시고기가 될지언정 내 두 딸 만큼은 누구에게도 뒤지지 않게 죽기 살기로 뒷바라지했다.

　난 하나님께 위험에 처할 때마다 부르짖어 기도했다.

　식당 알바, 마트 알바 이런 거 말고 당당하게 일할 수 있는 그런 일을 달라고 눈물로 기도했다.

　그래야 두 딸을 키울 수 있을 테니까…

　그런데 신기한 일이 일어났다.

　웬 여성 운전자가 버스를 끌고 가는 모습이 눈에 "확" 들어왔다.

　아~ 저거다.

　난 처녀 시절 2종 스틱 면허를 따두었다.

　80년대는 다 스틱 면허였다.

　병설 유치원 교사로 근무하면서 학교 운동장에다 금을 그어놓고 운전 연습을 해서 2종 면허증을 땄다.

　결혼 후 세월이 흘러 2종 스틱 면허는 장롱 면허증이 되었고, 어느 날 10년 무사고 운전자라며 녹색 1종 면허증으로 교체되어 보관하고 있었다. 까마득히 잊어먹고 살았다.

　1종 면허증이 있어야 대형면허시험을 볼 수 있다는 것도 그때 알았다. 난 그 즉시로 대형면허시험을 보고, 대형면허증을 거머쥐고 버스회사로 달려갔다. 하지만 경력이 없다고, 경력을 쌓아 다시 오라고 했다.

난 그럴 수가 없었다.

어디를 가도 다~ 경력을 쌓아서 다시 오라고 할 텐데, 제가 어딜 가서 경력을 쌓겠습니까?

여기서 경력 쌓게 도와주세요.

이렇게 해서 난 지금의 회사에 어렵게 취직이 되었다. 그렇지만 산 넘어, 또 산이 떡 버티고 있었다.

월급은 배차가 들어가야 나오는 거고, 능숙해질 때까지 난 견습을 해야만 했다. 나보다 늦게 들어온 사람들은 경력자라 1주일 정도 노선만 익히면 바로바로 배차가 들어갔다.

난, 열흘, 보름이 지나도 한 달이 가고 두 달이 다 가도록 배차가 들어갈 수가 없었다. 왜냐면, 앞뒤, 좌우, 룸미러, 백미러, 앞문, 뒷문 아무것도 볼 수가 없기 때문이었다. 아무리 노력해도 난 앞을 보는 것만으로도 벅차고 가슴이 두근두근 떨렸다. 운전석에 앉기만 해도 두 다리가 사시나무 떨듯 덜덜 떨려 버스를 끌 엄두도 나지 않았다.

결국 난 두 달이 다 가도록 배차는커녕 쫓겨날까 봐 가슴을 졸이고 다녀야만 했다.

그래서 또 부르짖으며 기도했다.

하나님 여기까지 어떻게 왔는데,

이제와서 절 버리시려고 하나요?

볼 수 있게 해달라고 울며불며 기도했다.

그런데 어느 날 나도 모르는 사이에 앞문, 뒷문이 동시에 보이더니, 좌우 백미러, 룸미러까지 한눈에 다~ 들어오는 게 아닌가!

난 내 눈을 의심했다.

정말 신기했다.

날 견습시키는 베테랑 기사님은 가르쳐도 안 되니까, 노래방 도우미나 하라며 힘든 버스 운전을 왜 하려고 하느냐? 얼굴도 반반하니, 쉽게 돈 벌 수 있는 일을 하라고 했다.

그런데, 내 눈에 기적 같은 일이 벌어졌다.

"아저씨~ 나, 다 보여요.

나, 할 수 있어요" 하며

엉엉 소리 내 울면서, 버스를 끌고 달렸다. 그렇게 하여 난 베테랑 여성 운전자가 되었다. 날 견습시키라며, 기다려준 전무님이 안 계셨다면, 오늘날 난 없다. 지금은 연세가 많아 회사를 떠나셨지만 그래도 내겐 이모처럼, 큰 언니 같은 그런 분이셨다.

전무님, 어디서든 늘 건강하시길 기원합니다.

배차가 들어간 날, 난 뛸 듯이 기뻐 펑펑 울었다.

내 두 아이는 엄마가 정식 버스 기사가 되었다는 말에 박수를 치며 엄마 만세를 외쳤다.

수백 명의 남자들 틈에서 난, 슬플 때도, 우울할 때도, 괴로울 때도 많았지만 내 두 아이 눈망울을 생각하면,

"다 ~ 사치다"라고 되새기면서, 버스를 끌고 나면 집으로 달려가 아이들이 벗어놓은 빨래며 반찬거리를 만들어 놓고는 다음 날 새벽 근무라 일찍 잠들 곤 했다.

화장실을 갈 때나 식당에서 밥을 먹을 때면 갖은 성 비하 이야기가 쏟아졌다. 난 고개도 못 들고 밥만 억지로 쑤셔 넣고는 후다닥 식당을 나오곤 했다. 그렇게 성적 수치심, 성희롱이 내 뒤통수를 자극했지만 난 당당하게 내 딸들을 위해 눈물로 세월을 참았다.

서울 시내버스 중앙차로가 생기면서, 내가 여성 운전자로서는 최

초의 중앙차로를 탔다고 봐도 과언이 아니다.
　난 애들 아빠한테 미안한 게 많다.
　산에 가는 것도 미워했고 밥도 일부러 안 해주고 문도 안 열어주곤 했다.
　교회에서 부부성가대가 난 최고로 부러웠다.
　남편은 부부성가대는 나 혼자 하라며 산으로 내빼갔다. 결국 그렇게 남편을 떠나보내고 난 우울증에 괴로워했다.
　아이들이 반듯하게 잘 자라줘서 나는 모든 걸 극복할 수 있었다. 밤하늘의 별을 보면서 남편한테 소리쳤다.
　내가 두 아이 잘 키웠으니 이걸로 퉁치자.
　이렇게 하여~~
　1호, 「그리움」이란 그림이 탄생하였다.

양구 이야기

　　종로3가역 지하철 1호선 승강장 앞에는 양구를 자랑하는 전광판이 환하게 비추고 있다.
　　인사동을 오고 가면서 보게 됐다.
　　난 양구서 태어났고 양구서 3개 학교를 졸업했다.
　　양구초, 양구여중, 양구여고를 나왔다.

　　휴전선 코앞에서 자라면서 낮이고 밤이고 울려 퍼지는 대남, 대북 방송을 귀가 닳도록 찢어지도록 들었다.
　　양구가 지겨웠는데 직장마저 양구다.
　　아~
　　나는 언제나 이 지긋지긋한 양구를 벗어날 수 있을까?

　　친구들은 서울서 직장도 다니고 더러는 장사도 하고 너무나 부러웠다.
　　양구 관내 초등학교에서 근무할 때다.
　　병설 유치원 교사로 있었고, 어느 군인 장교의 눈에 띄어 뻔질나게 학교로 전화가 오곤 했다.

교무실 방송 마이크로 "유치원 박 선생 전화 와 있습니다."라는 방송이 울리면 난 마루로 된 긴 복도를 삐그덕 소리가 들리도록 슬리퍼를 질질 끌고 달려가서 받곤 했다.

군인이어서 싫었다.

군인을 태어날 때부터 보고 또 보고 지켜왔다.

같이 근무하던 여선생도 내 동창들도 더러 군인 장교와 결혼하기도 했다.

내 친한 소꿉친구도 군인 장교와 결혼해 아들딸 낳고 손주까지 봤다.

사실 난 젖떼기일 때 내 동생은 막 뛰어다녀도 난 걷지도 못하고 누워만 있었다고 한다.

이불에 둘둘 말아놓고 엄만 내 동생을 업고 밭에 나갔다 저녁 늦게 해 질 무렵 집에 들어와 이불을 들춰보면 헉헉거리고 숨만 간신히 쉬고 있어 엄마는 얼른 밥을 지어 밥물을 떠먹였다고 한다.

젖 빨 힘이 없어 늘 축 늘어져 곧 죽을 것 같아 이불속에 둘둘 말아 놓고는 밭에 갔다 오면 또 헉헉거리며 숨이 붙어있어 밥물을 떠먹이면 제대로 삼키지도 못했다고 한다.

우리 집에 하숙하고 있던 군의관 군인이 어느 날 나를 보여 달라고 했다. 날 보고는 부대에서 원기소라는 약을 한 병 갖다주면서 하루에 2~3번 먹이라고 했다.

난 꾀가 멀쩡해 도리도리하며 고개를 저으며 안 먹는다고 했고 언니, 오빠들이 먹자 나도 따라 먹었다고 한다.

맛이 고소하여 하루 종일 원기소 병을 붙잡고 살았다고 한다. 그리하여 그 군의관 군인이 또 한 병을 갖다주어서 두 병을 먹고 원기회복이 되어 벌떡 일어나 걷고 뛰었다고 한다.

동생을 일찍 봐서 제대로 발육이 안 돼 아마도 영양실조였던 거 같다. 그 이후로 엄만 노루 뼈도 고아서 먹이고 누가 멧돼지를 잡아오면 멧돼지 열도 얻어다 먹였다고 했다.

그리하여 난 지금껏 병원 한번 안 가고 씩씩하게 컸다.

엄마는 첫아들을 낳고 기쁨도 잠시 딸 셋을 내리 낳았으니 면목이 없어 부리나케 낳고 보니 아들이라 난 등한시 되었는지도 모른다. 다행히도 난 순둥이라 미움 안 받고 남동생을 달고나와 그런대로 귀여움도 받았던 거 같다.

큰언니는 착해 빠지고 이뻐서 이쁜이였고, 작은언니는 한번 울음보가 터졌다면 온 동네가 떠나갈 듯 하루 종일 울어 심술퉁이였다.

딸 많다고 구박받는 시절 그나마 순해서 살아남았던 게 아닌가 한다. 내가 그 예쁘기로 소문난 선도 안 본다는 셋째딸 아닌가!

그런데 우리 세 딸 중 내가 제일 못생겼다.

난 언니들 옷을 물려받아 입고 동생은 아들이라 맏이인 오빠랑 나이 차이가 많아 항상 새 옷을 사다 입혔다.

난 무릎이 해진 바지도 엉덩이가 다 나와도 팔꿈치가 보여도 한번도 옷 투정을 안 했다.

새 옷 입어 보는 게 소원이었지만 그냥 아무 말 없이 입고 다녔다. 그땐 왜 그렇게 먹을 것도 입을 것도 귀했는지 모르겠다.

양구는 우리나라 군 소재지 중 가장 작은 군이라 한다.

어릴 적 외가댁 앞마당에서 놀던 마을은 소양댐으로 수몰이 되었다. 지금의 배꼽 마을 도촌을 지나 사격장이 있는 지름길로 봉화산을 넘으면 남면 하수내리가 나타난다. 외가댁이다.

산을 가로질러 오르면서 씁쓸한 찔레꽃 줄기도 꺾어 먹고 아카시아꽃도 따 먹었다.

이따금 총소리도 빵빵 들리곤 했다.

외가엔 먹을 게 많았다. 엿도 만들어 광에 넓적하게 광주리 위에 올려져 있었고 게장도 항아리에 가득했다.

아버지가 선거에 한 번 떨어질 때마다 엄마는 동생을 업고 나를 걸려서 도촌 사격장을 지름길로 올라가 하수내리에 계시는 외할아버지댁에 갔다.

외할아버지는 어미랑 애들 닭 한 마리 잡아서 먹이라고 하고는 속상하신지 동네 한 바퀴 돌고 들어오신다.

그러고는 엄마 손에 소 한 마리를 줄에 매여 건네주셨다.

엄만 소를 끌고 동생을 업고 나를 걸려 또 산을 넘어 도촌 지금의 양구 국토 정중앙 배꼽 마을로 가로질러 내려온다.

집에 오면 날이 어두웠다.

양구 장날 엄마는 소를 팔러 나가셨다.

엄마 나이 서른도 안 된 앳된 나이였다.

아버지가 최연소 30대에 국회의원에 나왔었다.

몇 해 전 42년 만의 가뭄으로 소양댐 바닥이 드러나면서 서낭당 나무가 나타났다. 외가가 한눈에 그려졌다.

양구군수, 국회의원은 양구 사람이 아니었다.

중앙에서 갖다 꽂으면 군수고 국회의원이다.

부와 권력이 다였던 시절 양구를 위해 일한 게 아니고 오로지 군부독재를 위해 이런 산골짜기까지 손을 뻗었다.

아버진 양구가 수몰되면 고립이 되어 안된다고 반대했지만 먹히지 않았다.

당시 야당 정치인은 다 빨갱이 취급을 받았기 때문이다.

그런 양구가 서울 종로 한복판에 명품 양구로 번쩍이고 있었다.

난 서울살이하면서 고향이 어디냐고 물으면 처음엔 양구라고 자신만만하게 말했더니 다들 잘 모른다고 해서 아예 양구 소리를 달고 살았다.

그런데 언제부턴가 내가 양구라고 했더니 다들 "어머나, 좋은 곳에서 태어났네요" 한다. 이젠 양구가 좋은 동네다.

청정 양구는 GTX 철도가 착공되었다.

머잖아 씽씽 서울서 철길을 달려 양구로 속초로 신나게 넘어 다닐 것이다.

양구는 하얀 민들레의 고장이다.

아버진 논에 물을 대고 들어오시면서 길 언저리 논둑에 자란 민들레를 낫으로 썩 베어서는 한 움큼 가져오면 엄만 살짝 데쳐 새콤달콤 무치고는 나머지는 쌈 대용으로 먹었다.

양구는 민들레 마을로, 시래기 마을로, 곰취 마을로 유명세를 더하고 있다.

내가 태어난 양구가 서울 종로 한복판에 버젓이 자리를 차지하게 될 줄은 아무도 까맣게 몰랐을 거다.

이젠 어디를 가도 자랑스럽게 "나 양구 사람이에요" 한다.

금강산 가는 길 최고 지름길이 양구 아닌가!

어서 빨리 통일이 되어 지름길로 금강산을 오르길 희망해본다.

할머니의 새벽 종소리

　난 초저녁잠이 많은 아이였다.
　학교 갔다 뛰어놀곤 어둑어둑 해가 넘어가면 방 한쪽 구석에 이불을 똘똘 말고 잠이 든다.
　허구한 날 저녁을 굶고 잔적이 손가락으로 셀 수도 없이 많다.
　그리곤 밤12시쯤 배가 고파 눈이 떠지면 살금살금 부엌으로 들어가 부뚜막에 걸터앉아 가마솥 뚜껑을 열면 숭늉과 함께 밥주발에 밥이 들어있었다. 저녁에 불을 때서 부뚜막이 미지근했다.
　엄만 내가 저녁밥도 못 먹고 자니 으레 내 밥을 남겨 놓으셨다.
　난 커다란 양푼에 밥을 쏟아붓고는 고추장 두어 숟가락에 들기름을 덜어 부뚜막에 흘려가며 잔뜩 비벼 꿀맛처럼 밥을 퍼먹었다.
　조용히 살금살금 식구들 깰까 조심하면 소리가 더 요란하고 커다란 양푼을 바닥에 떨어뜨려 땡그랑 소리에 도둑이 들었나 하고 부엌으로 달려 나온 식구들한테 욕을 바가지로 먹기도 하고 들기름병이 미끄러져 바닥에 깨뜨려 엄마한테 부지깽이로 등짝을 얻어맞기도 했다.
　그렇게 배불리 먹고는 이불을 머리까지 뒤집어 쓰고는 여기저기서 빌려온 책을 약속한 날에 돌려줘야 해서 눈이 빠져라 책장을 넘기며 독서삼매경에 빠졌다.

드르륵 안방 문소리에 아버지의 기침 소리와 함께 내 방문이 열리면 불을 밤새 켜놓고 잔다며 일장 연설을 하시며 끄고 나가신다.

난 아버지 발소리가 멀어지면 이불을 망토처럼 끌고 일어나 문 옆에 붙어있는 스위치를 다시 켜고는 냅다 책을 읽곤 했다.

그러고 나면 새벽 종소리가 들려오기 시작한다.

종소리는 땡그랑 크게 울려 퍼지는 듯 점점 작아지며 여운을 남기자 또다시 땡그랑 소리가 커졌다 작아지곤 했다. 할머니의 새벽 종소리다.

할머니의 새벽 종소리를 들으며 날이 밝아오니 나의 책 넘기는 속도는 더 빨라진다.

곧 아침이 밝아오면 또 학교에 가야 하기 때문이다. 지각하지 않으려면 부뚜막에 김치 깔고 담아놓은 도시락만 냉큼 가방에 쑤셔 넣고는 아침도 못 먹고 달려간다. 벌써 교문 앞엔 규율부장과 학생과장 호랑이가 떡 버티고 있다.

30cm 자를 귀에다 갖다 대며 귀밑 3cm가 넘는다고 내 머리를 가위로 자르려고 들이대곤 했다. 난 기겁하고 내일 자르고 올게요 하고는 냅다 운동장을 가로질러 교실로 달려갔다.

어느 날은 새벽 5시가 넘어가려고 한다.

할머니의 새벽 종소리가 울리지 않았다.

1초, 2초, 3초, 조마조마하는 순간 할머니의 새벽 종소리가 울려 퍼지기 시작했다.

난 안심이 되어 한숨을 푹 쉬고는 잠이 들어 버렸다.

그런데 종소리가 여느 날과는 달랐다.

난 벌떡 일어나 부엌으로 달려가 엄마 할머니 어디 아파? 하고 물으니 엄만 "네 할미가 소도 때려잡는데 아프긴 어디가 아파"하신다. 그래서 난 할머니 아프신 거 같은데 했더니 개소리 작작 하고 들어가 이불이나 개키고 상이나 피라고 하신다.

난 내가 멍멍 개새끼야 개소리라고 하게 대답질하고는 쏜살같이 방으로 들어왔다.

그날 학교를 갔다 오니 할머니가 편찮으시다고 다들 큰집으로 모였다. 난 그때 이후로 나도 모르게 할머니의 새벽 종소리를 들으면서 할머니의 건강 상태를 파악하게 되었다.

간혹 할머니의 새벽 종소리를 못 듣고 잔적도 있다.

그런 날은 괜히 불안해 학교 끝나면 바로 큰집으로 달려가기도 했다.

내 엄마 말대로 할머니는 여장부가 맞다.

서른의 앳된 나이에 할아버지를 떠나보내고 아들만 4형제를 데리고 이북에서 이남으로 피란을 오셨다.

아들 넷을 키우며 안 해본 장사가 없을 정도로 닥치는 대로 머리에 이고 지고 다니며 장사를 하셨다.

거기다 머루 다래가 익어가면 가시덤불을 헤치고 해가 지고 껌껌해질 때까지 바구니 가득 따서는 술을 담가 이고 다니며 팔기도 하셨다.

그렇게 억척스럽게 벌어 양구에 교회를 설립하시곤 할머니 몸보다 교회를 더 아끼며 새벽마다 제단을 쌓으시면서 분단된 민족을 위해 기도를 하셨다.

그래서 그런지 큰집이 5남매 중 4남매는 몽땅 목사고 사모다. 큰아버지 또한 양구성결교회 최초의 장로셨다. 큰집은 5남매가 다 교회를 다녔지만, 우리 집에선 유독 나만 교회를 다녔다.

난 교회를 가면 성탄절 이브날 촛불을 들고 고요한 밤 거룩한 밤 율동도 하고 과자봉지 선물도 받고 해서 학교는 아프다고 안 가도 교회는 꼭 가서 개근상을 탔다. 크면서 학생회 청년부 활동을 하며 주일학교 교사로 봉사했다.

결혼해서는 집사 직분을 받고서는 여전도회장도 하면서 봉사했지만 불혹에 애들 아빠를 떠나보내고는 목구멍이 포도청이라 버스를 끌면서는 하나님 직분을 감당 못 해 권사 직분을 마다하고 만년 집사로 있다.

내 언니들도 학창 시절 어쩌다 교회는 다녔어도 현재는 우리 형제 중 나와 내 두 아이만 끈질기게 교회에 다니고 있다.

서른 살 갓 넘은 앳된 할머니는 홀로 긴 여정을 여장부처럼 살아오셨다.

교회를 붙들며 온몸을 바쳐 새벽 제단을 쌓으며 분단된 조국을 위하여 목 놓아 기도하는 할머니의 울부짖는 기도 소리는 새벽 종소리가 되어 울려 퍼져나갔다.

언제부턴가 할머니의 새벽 종소리를 듣게 되면서 새벽 종소리의 강한 울림이 좀 약하게 느껴지면 할머니가 어디 아프신지 나름 감지하게 되었다.

내가 알고 있는 할머니의 장사 품목은 계절에 따라 바뀌었다.

어떤 때는 코를 찌르는 향이 짙은 더덕과 허연 백도라지를 시꺼먼 자루에 잔뜩 담아 이고 지고 팔러 다니셨고 어떤 때는 국수를 만들어 파셨다.
　또 어떤 날은 눈이 푹푹 쌓인 눈길을 코고무신에 버선발로 가가호호 다니며 인삼을 걸머지고 다니며 파셨다.
　팔고 남은 찌꺼기는 당신 입에 넣는 것도 아까워 펄펄 끓여 큰아버지와 내 아버지께 한 사발씩 마시게 하시곤 했다.
　나도 몰래 국자로 떠먹어봤다.
　눈송이 같은 솜도 가득 쌓아놓고 파시고 이불이며 포목이며 그렇게 여장부처럼 장사하셨다.
　그러니 내 엄마가 소도 때려잡는다고 하시지 않으셨을까?
　할머닌 내가 결혼한다고 하자 좋아하시며 동대문에 장사하던 옛 단골집에 가서서 도매로 이불을 사주셨다.
　내가 남편을 잃고 두 애들과 삶에 지쳐 거울 앞에 서니 어느덧 이순이 코앞에 닥쳤다.
　그리하여 난 할머니의 기나긴 삶의 흔적들이 보이기 시작했다.
　얼마나 지치고 힘들고 외로웠을까? 고단하고 길고도 긴 할머니의 여정이 눈에 들어왔다.
　난 할머니의 새벽 종소리를 들으면서 그렇게 성장했다.
　언제부턴가 소음도 공해라 이제는 양구 어디서든 교회 종소리를 들을 수가 없다.
　여자이셨던 당신은 여자이기를 거부하고 험한 세상 홀로 헤쳐오신 내 할머니께 손뼉을 쳐 드리고 싶다.
　길고도 고된 긴 여정을 장하게 헤쳐나온 할머니의 영정 앞에 고개를 숙여본다.

산 1

난 산 이야기가 너무 많다. 산악회 이름이 "산 이야기"다.
"산 이야기"라는 산악회에 가입했다. 난생처음이라 얼떨떨했다.
관광버스에 올랐다. 얼굴도 이름도 모르는 낯선 사람들과 가득 차에 실려 과자며 커피며 나눠 먹는 설렘도 나름 짜릿하고 흥미로웠다. 난 항상 버스를 끌고 다니느라 늘 피곤했다. 그래서 나의 좌석은 맨 뒤 창가 옆에 자리를 잡고 미리 준비한 무릎담요를 머리끝까지 덮고는 차가 출발과 동시에 잠을 청했다. 한 주간 힘겹게 일하고 떠나는 즐거움, 무거운 어깨를 내려놓고 누가 끌고 가는 버스에 올라타 보는 게 얼마 만인가?

내가 50대 중반에 산 이야기를 만나 등산하리라곤 정말 꿈에도 몰랐다. 산에 다니는 남편이 미워 산을 덩달아 싫어했다. 그리고 난 산골에서 어릴 때부터 이리저리 뛰어다니며 메뚜기도 잡고 머루도 다래도 따 먹느라 산으로 들로 뛰어다녔다.

꽃 피는 봄이면 6·25 전사자들의 추모공원이 있는 비봉산 양지쪽 비탈에 올라 진달래꽃을 따 먹으며 놀았고 좀 지나면 아카시아

꽃을 따러 또 산으로 들로 헤매고 다녔다. 산딸기를 딴다고 딸기 줄기에 돋친 가시에 팔이며 종아리가 긁혀 피가 툭툭 터져나기도 했다. 그래도 쓰리고 아픈 것도 모르고 뛰어다니며 딸기 따는 욕심에 그렇게 숲을 헤치며 다녔다. 오디가 검붉게 익어가면 오디나무에 기어올라 입안 한가득 따서 먹고는 쭈르륵 나무 타고 내려오면 입가엔 보랏빛으로 물들어 있어 서로 쳐다보며 웃곤 했었다.

그런 어린 시절을 보낸 삶이 쓰라려 난 산을 별로 안 좋아했다.

서울살이를 하면서 너 나 할 거 없이 주말이면 산을 가는 사람들을 보면서 이해를 못 했다.

무슨 저렇게 산을 갈까?

난 서울이 궁금해 아이들을 데리고 고궁으로 놀이동산으로 향했고 주일이면 두 아이 양손을 잡고 교회를 갔다.

서울이 신기해 경복궁이며 창경궁, 창덕궁으로 대학로 소극장에서 아이들 연극도 보여주면서 그렇게 서울을 만끽했다.

주말이면 산으로 떠나는 남편을 미워했다.

설악산 적벽에 붙어있던 남편을 처음 본건 내 나이 28살 초여름이었다. 6월 6일 현충일 휴일이라 난 내가 근무하는 초등학교 여교사들과 설악산 비선대에 놀러 갔다.

각 외지에서 온 처녀 선생님들이라 설악산에 가고 싶어 해서 내가 안내했다. 설악산 근처 양구서 태어나 지겹도록 설악산을 봐왔다. 그곳 비선대 앞에 하늘을 찌를 듯이 떡 펼쳐진 적벽은 붉은색을 띠고 있었다.

적벽이란 이름도 그때 남편한테 들었다.

산 사람들한테는 적벽 암벽타기가 그리 만만한 게 아니라고 했다. 고수들만 타는 그런 암벽이었지만 남편은 암벽의 고수였다. 적벽에 붙어있던 한 남자에 반해 그들 무리에 합석하면서 난 사랑의 꿈을 키웠다. 그리하여 난 가까스로 서른 전 29살, 결혼에 골인하게 되었다.

그 당시엔 늦은 결혼이었다.

남편은 작은아이 앞에 걸머메고 큰아이 배낭 위에 짊어지고는 매주 북한산 백운대에 올랐다.

백운산장은 등산객들로 인산인해였다.

도토리가 널려있는 백운산장 지붕 위에 우리 세 모녀를 위해 돗자리를 깔아 주고는 두부며 국수를 잔뜩 시켜 주고는 인수봉 벽에 붙어있는 남편의 모습과 저녁노을을 바라보면서 도토리 요를 삼아 누워서 하루를 보내곤 했다.

비가 오면 비바크를 하며 비 바위를 오르고, 밤이면 야바위를 오르면서 밤하늘의 쏟아지는 수많은 별을 바라보면서 남편은 그렇게 인수봉에 매달려 있었다.

후배들 암벽등반 강사로 아예 인수봉에 매달려 살다시피 했다.

백운산장에서 오랫동안 콩을 직접 갈아 두부를 만들어 등산객에게 좋은 먹거리를 제공하여 주신 노부부 두 분을 남편은 형님 형수님이라 깍듯이 모셨고 우리 아이들도 큰엄마 큰아빠라고 불렀다.

더러는 짐꾼처럼 짐도 짊어지고 깔딱고개를 수도 없이 오르내리며 짐을 나르곤 했다.

남편이 먼저 세상을 떠났을 때 백운산장 큰아빠는 조문을 오셔서는 한없이 우셨다. 이젠 백운산장 큰아빠도 세상을 떠나셨고, 몇 해 전 백운대에 올라 큰엄마를 뵈었었다.

백운산장은 이제는 추억 속으로 남겨졌다.

북한산 중턱 무당골에는 산악인의 넋을 기리는 추모비가 세워졌고 애들 아빠도 이곳에 이름 석 자가 새겨져 있다.

그렇게 세월이 흐르고 난 버스를 끌면서 내 몸이 지쳐가는 걸 감지했다. 그래서 난 쉬는 날 집 근처 불암산 수락산에 올랐다.

땀이 흐르고 나니 상쾌하고 힘이 솟는 듯했다. 어느 날 무서움을 확 느꼈다. 그러던 중 노원구에서 봉사활동을 하는 회장님을 만나 산 이야기 산악회를 가게 되었다.

"노원마을 돌봄" "노원마을 숲 가꾸기" "노원 포럼" "지리 선생 김재창 선생의 팔도유람" 등 많은 좋은 일을 하셔서 더 신뢰가 갔다. 산을 그토록 싫어한 내가 산악회를 따라 등산을 가리라곤 꿈에도 생각 못 했다.

땀을 뻘뻘 흘리며 정상을 찍었을 때의 짜릿함은 이루 말할 수가 없었다. 아무도 모르는 사람들 틈에 소속감이 있어 두려움 무서움이 일단 사라져 산행하는데 너무 좋았다.

서로 배려해주고 가져온 음식을 나눠 먹으면서 익숙해져 가는 나의 모습에 뿌듯해지곤 했다.

산 이야기 회장님은 70대라곤 아무도 믿지 않을 만큼 젊고 건강이 넘쳐 보였다.

회원들 대부분이 60대 중후반에서 70대 어른들로 구성되어 있었다. 50대 중반이었던 나는 내 나이가 많다고 생각했다. 그런데 다들 젊다고 난리다.

회장님은 산에 노련한 멋진 분이셨다. 30년 넘게 전국의 산을 두 번 세 번 많게는 네다섯 번을 오르며 또 올라도 오를 때마다 다 다른 느낌이라고 했다. 나도 사실 아이들 어릴 때 북한산을 남편과 수도 없이 올랐었다.

그땐 잘 몰랐는데 산에 오르다 보니 생각도 마음가짐도 미처 보지 못했던 광경을 보곤 했었다.

북한산은 삼각산이란 또 다른 이름이 있다. 백운, 인수, 만경 세 봉우리로 이루어져 삼각산이라고도 불린다고 한다. 북한산은 일제 강점기 잔재로 생각되어지긴 해도 조선 시대 때도 북한산으로 기재되어 기록이 남아 있다고 한다. 우리가 흔히 아는 진흥왕의 순수비 또한 북한산 진흥왕 순수비로 불리기도 한다고 한다.

산 이야기 산악회 회장님은 후미에 처진 어른들을 다 챙겨서 정상까지 이끌고 오시는 책임감 또한 막중하셨다.

나 역시 처음 산행이라 자꾸 뒤처졌지만 나이 드신 분들의 힘찬 발걸음에 용기를 얻어 씩씩하게 산에 올랐다. 정상 고지는 갈 때마다 꼭 찍었다. 그렇게 날아갈 듯 매주 산에 올랐다.

회장님은 나날이 발전하는 나의 모습에 칭찬을 아끼지 않으셨다. 난 더 으쓱해 선두 그룹에서 뒤처지지 않으려고 갖은 애를 쓰며 따라잡았다. 그렇게 산행을 하다 보니 사람들과도 친해지기 시작했다. 나이 든 언니들과도 서로 싸 온 간식도 나누어 먹고 같이 산에 올라 사진도 찍었다.

돌아오는 차 안은 그야말로 시끌시끌했다. 막걸리 한 잔씩 돌려가며 마시고는 음악에 맞춰 춤도 추었다. 나도 자꾸 잡아끌어 억지로 뿌리치고는 맨 뒷좌석에 자리 잡고 담요를 머리까지 덮고는 자는 체했다.

사실 난 여고 시절 수학여행길에 이미 다 해본 장단이었다. 이젠 코로나로 먼 옛날얘기가 되어버렸다. 코로나가 얼른 잡혀 다시 관광버스 타고 산악회에 가기를 소망해본다.

하산 후 이른 저녁 길. 소소하게 작은 식당에서 맛있는 찌개랑 밥을 게 눈 감추듯 퍼먹고 집으로 달려와 다음날 운행에 차질이 없게 집안을 치우고는 일찍 잠자리에 들었다. 꿀잠이었다.

그렇게 산 이야기 산악회를 따라다니다 보니 나의 몸도 어느새 어릴 적 뛰어놀 때처럼 가뿐해졌다. 산이 나에게 주는 교훈이 너무나 고마워 정상에 올라 꺼이꺼이 목놓아 울었다.

산 이야기 산악회 이름에 무심코 명상이 번쩍 떠올랐다.

그때 이후로 나의 모든 이야기는 "이야기"가 제목이 되었다.

나의 두 번째 갤러리 제목도 "엄마의 이야기"로 전개가 되었다.

푸른 하늘이 손에 닿을 듯 가까이 와 있다.

난 하늘을 향해 소리쳤다.

"나 보고 있어? 나도 이제 당신처럼 산에 올라서 나를 보려고 해. 미안해 설악산도 한라산도 함께 가자고 한 거 뿌리치고 안 간 거 진짜 미안해. 이다음에 천상에서 다시 만나면 그땐 꼭 설악산도 한라산도 같이 갈게. 그때까지 기다려"라고 남편을 향해 힘껏 외쳤다.

산 2

　산 이야기 산악회를 열심히 다니다 보니 토요일 둘째 주는 로체 산악회를 가게 되었다.
　일단 산악회 소속이 되면 서로서로 품앗이라고 여기저기서 참석해 달라고 콜이 들어온다.
　로체산악회 회장은 산악회 자랑을 하면서 꼭 와달라고 신신당부 했고 총무는 이름과 전화번호를 기록한다. 그리하여 난 어느 해 7월에 첫 로체산악회에 갔다.
　산악회 회장님은 목에 넓적한 부목을 대고는 숙이지도 못하는 고개를 억지로 굽히며 날 반갑게 맞아주셨다.
　목 수술을 해야 하는데 책임감 때문에 회원들 인솔을 하고 온 거다. 그런데 그날 하산길에 한 식당에서 7월 생일인 회원들 생일파티가 열렸다.
　로체는 매달 생일인 회원 생일파티를 해준다고 한다. 하필 내가 7월생 아닌가? 그리하여 준비한 케익을 자르며 많은 낯선 사람들 앞에서 생일 축하를 받았다. 너무나 감격했다. 눈물이 핑 돌았다. 좋아도 슬퍼도 나의 눈가엔 그렁그렁 눈물이 맺힌다.
　그리하여 난 매주 둘째 주는 로체산악회 등산을 하게 되었다.

"로체" 이름이 예뻐 사실은 참석했는데 집행부 마음 씀씀이가 더 예뻤다. 그라시아 총무님의 센스는 9단이 넘는다.

히말라야 남벽의 이름이 로체다.

처음 산행은 삼척에 위치한 육백산 정상을 찍고 무건리 이끼 계곡을 경유해 하산하는 거였다. 육백산 정상은 나름 재미있게 즐기며 올랐다. 산도 예쁘고 숲도 7월이라 한껏 푸르렀다. 정상에서 서로 가져온 음식을 나눠 먹으면서 육백산 팻말 앞에서 포즈도 취했다. 하지만 하산길이 난제였다. 다리는 후들거리고 가도 가도 끝도 없이 내려갔다. 선두대에서 일행을 이끌던 산대장은 곧 뒤따라와 줄줄 알았는데 올 낌새가 안보이니 다시 되돌아와서는 우리를 이끌고 갔다.

무건리 이끼 계곡을 내려오면서는 소달초등학교가 1922년에 설립되었지만, 지금은 폐교가 되어 옛 자리만 남아있는 모습을 보면서 지나왔다. 중간중간 줄기 딸기도 따 먹으면서 개망초 꽃길도 걸었다.

기진맥진 엉금엉금 기다시피 내려오니 물소리가 요란했다.

이끼 계곡은 그야말로 장관을 이루고 있었다. 우린 묵직한 등산화를 벗어던지고 무릎까지 차오르는 물속에 두 다리를 담갔다.

7월 복더위 한여름인데도 불구하고 물속은 얼음보다 더 차디찼다. 그래도 난 발이 떨어져 나갈 정도로 물속에 두 다리를 숨기고는 나의 인내를 시험했다. 발이 꽁꽁 얼어붙는 듯했다.

또 하나 배운 건 아무리 힘들고 빡쎄게 걸었어도 두 다리를 첨벙 물속에 담그면 모든 피로가 싹 사라진다는 사실.

쩔뚝쩔뚝. 아이고 내 다리야~

내 다리 어디 갔니~ 하고 질질 끌고 내려왔지만, 물에 담근 그

순간 근육통이 통째로 사라졌다. 정말 신기했다.
 그렇게 긴 산행은 해가 뉘엿뉘엿 땅거미가 질 때 끝났다.
 조그마한 식당에서 푸짐한 매운탕을 땀을 뻘뻘 흘리며 한 사발을 후딱 비웠다. 케익도 한 조각씩 나눠 먹었다.
 몸이 고될거라 생각했지만 오히려 몸은 가뿐하니, 마음이 풍요로웠다. 늘 무언가 허전하듯 비어있던 내 가슴속이 설렘, 환희로 꽉 들어찼다.

 푸른 잎으로…
 푸른 풀냄새로…
 푸르른 물소리로…
 나는 어느새 푸릇푸릇 잠이 스르르 들었다.
 돌아오는 버스 안은 산행의 고됨을 예고한 듯 모두 꿀잠에 빠져들었다.

 노원구의 회장님은 전에 없던 기이한 현상이라며 이렇게 늦게 산행이 끝난 예가 없었다고 한다.
 난 산행 첫날 아주 빡세게 신고식을 단단히 했다.

양구사과

사과는 대구의 고유 명사이다.
대구 하면 사과, 사과하면 대구이기 때문이다.
교과서에 실릴 정도로 대구는 사과로 유명한 고장이다.
지역마다 특산품이 있다.
울릉도는 호박엿, 배는 나주, 보성엔 녹차다.
인삼은 금산이고, 오징어는 동해안 속초고, 돌산갓은 여수다.
내가 태어나서 살았던 양구는 아무런 특산품은커녕 존재 가치가 없었다. 그래서 난 양구가 싫었고 슬펐다.

설 명절이 되면 귀한 사과 아가씨를 맛볼 수 있었다.
차례상에 올라온 사과는 요염하니 새색시 볼처럼 발그레한 모습으로 수줍은 듯이 그 자체만으로도 단아하게 빛이 났다.
사과 아가씨 옆에는 항상 배 장군이 배를 쑥 내밀고는 떡 버티고 앉아있다. 늠름하고 씩씩한 배 장군이 두툼한 황금색 갑옷을 차려입고 사과 아가씨 옆을 지키고 있기에 사과 아가씨가 더 매력적으로 돋보였다.
장로님이신 큰아버지의 지루한 설교와 권사님이신 할머니의 길고 긴 기도가 끝이 나야 드디어 만둣국으로 조식을 마친다. 한 사발씩 뚝딱 먹어 치워야 한 해를 거뜬하게 잘 보낼 수 있었다.

차례상이 나가고 다과상이 들어오면 사과 아가씨와 배 장군이 예쁘게 겉옷을 벗어 버리고는 하얀 속살을 머금고 가지런하게 커다란 접시에 담긴다.

할머니, 큰아버지, 내 아버지, 조치원 작은아버지, 서울 작은아버지, 작은어머니, 큰집 5남매, 우리 집 5남매 식구가 엄청난 대식구라 사과 한쪽 차지하기란 하늘의 별 따기였다.

그리하여 난 부엌으로 숨어들어 도마 위에 벗겨진 사과껍질을 훑어먹다 성에 안 차면 껍질을 돌돌 말아 질겅질겅 씹어 먹곤 했다.

다과상이 한쪽으로 밀려나고 용돈을 두둑이 벌 절호의 기회 세배가 이어진다.

일렬로 할머니부터 차례로 세배를 올리면 손자는 2천 원, 손녀는 천 원 빳빳한 지폐가 쥐어진다. 가부장 시대의 끝장에서 자란 나는 남녀 차별에 대해 으레 그러려니 하고 자랐다. 직계가족으로부터 차별을 받고 자랐다.

새 옷도 아들 먼저, 생선 가운데 토막도 아들 먼저 좋은 건 다 아들 차지였다. 서울 작은아버지를 끝으로 세배가 끝이 난다.

두둑한 세뱃돈에 세상을 다 얻은 거 마냥 입이 귀에 걸린다.

용돈이란 자체가 없었다. 오로지 설날 세뱃돈이 유일한 용돈이었다. 혹여라도 조치원 작은아버지나 서울 작은아버지가 못 오시는 날이면 세뱃돈은 확 줄어든다.

1년에 한두 번 먹어볼 정도로 귀한 사과는 어쩌다 사과 한 알을 손에 쥐기라도 하는 날에는 무르팍에 반질반질하게 윤이 나도록 닦아서는 아까워 먹지도 못하고 요리조리 사과의 자태를 뽐내며 뿜어져 나온 빛을 바라보면서 품격 있는 사과를 흠모하다가 떨어뜨려 꺼먼 멍이라도 들어야 멍든 부분을 먼저 한입 깨어 물고는 아껴가면서 돌려가며 베먹곤 했다.

사과는 그 어떤 보석보다도 우아하고 탐스러웠다.

이른 봄이면 동네 어귀나 담장 너머로 복숭아꽃, 살구꽃, 사과꽃이 만발하게 피어오른다. 얼핏 보면 다 비슷비슷해 보이지만 사과꽃은 하얀 면사포를 쓴 듯 수줍은 듯이 분홍빛을 띠고 있다.

금세 터질듯한 꽃망울은 어린 내 눈에도 뭔가 독특해 보였다.

사과를 달고 나온 사과꽃은 복숭아꽃 살구꽃보다는 좀 더 크고 앙증맞게 과일의 여왕다운 면모를 갖추고 태어난듯했다.

사과가 주렁주렁 열리면 시퍼렇게 벌레 먹은 거 마냥 탐스럽지도 먹음직하지도 않았다. 개사과였기 때문이다.

살구도 개살구, 복숭아도 개복숭아였다.

그래도 개사과가 익기를 고대해 보지만 익기도 전에 병들어 땅에 떨어져 나뒹굴었고 그나마 달린 개사과는 떨떠름하니, 시큼하기만 했다. 무엇하나 간식거리도 없던 시절 칡뿌리 캐 먹는 게 유일한 낙이었다. 칡을 캐서 질겅질겅 씹으면 단물이 나온다.

논두렁 밭두렁으로 뛰어다니며 이리저리 사방으로 튀는 메뚜기를 잡아서 구워 먹는 게 다였던 양구는 그야말로 두메산골이었다.

따듯한 봄 햇살이 가득 하늘가에 퍼지면 양지바른 언덕이 분홍빛으로 물든다.

너도 나도 진달래꽃을 따먹으러 올라가다 미끄러지고 솜사탕처럼 매달려 있는 향기 짙은 아카시아꽃은 나뭇가지를 덮어 사나운 가시에 팔다리가 긁혀 피가 툭툭 불거져 나와도 아픈 것도 쓰린 것도 잊은 채 따서 입에 넣기 바빴다.

한 겨울이면 유일한 간식거리인 옥수수 강냉이를 뻥 튀겨 긴긴밤 이불속에서 부스럭거리며 먹곤 했다.

사과 아가씨 선발대회는 대구만의 자랑이고 특권이었다. 대구는 일찌감치 사과 아가씨를 선발해 대구를 알리는 데 주력했다. 그런데 아무리 봐도 우리 양구 아가씨만큼은 안 예뻤다.

남남북녀라고 하지 않았나!

난 어서 빨리 커서 어른이 되면 꼭 대구에 가서 탐스러운 사과를 따 오겠다고 마음먹었다.

그런 양구가 세월이 변해 대구 사과를 앞질러 버렸다. 양구 사과가 유명세를 타기 시작했다. 이젠 양구 하면 사과, 사과하면 양구다. 양구 사과는 크고 한입 베어 물면 식감도 아삭하니 수분이 가득해 정말 꿀맛이다. 껍질째 먹는 양구 사과는 기가 막힐 정도로 달고 먹어도 먹어도 감칠맛이 더했다. 기후 온난화로 양구는 사과 마을이 되었다. 사과가 귀한 양구에 사과 과수원들이 빽빽이 들어섰다. 너도나도 밭을 갈아엎어 사과나무를 심었다.

양구 사과가 양구의 품격으로 다시 태어났다.

양구 사과는 양구 사람도 사 먹기 바쁘게 전국으로 팔려나갔다.

대구 사과보다도 훨씬 비싸게 팔렸다.

요염한 자태와 품격을 더해 양구 사과는 황후처럼 빛을 발하고 있다. 양구 사과를 황후 사과라 일컬어야겠다.

이제 양구도 사과 아가씨를 선발해 글로벌 시대에 발맞춰 양구를 전 세계에 널리 알려야 할 것이다.

   대구 아가씨보다 양구 아가씨가 훨씬 자연미인이기 때문이다.

   양구는 사과뿐 아니라 수박으로도 유명세를 더해 가고 있다. 양구 수박은 여름이 끝나갈 무렵 말복이 다가오면 한창 출하가 시작된다. 아래 지역 수박이 초복도 되기 전에 올라와 가게마다 산더미처럼 쌓여있다.

   아래 지역 수박이 다 떨어지면 이때다 하고 양구 수박은 금수박으로 둔갑해 값도 타 지역 수박에 비해 3배가량 비싸게 팔린다.

   비싼 양구 수박은 양구 사람도 사 먹기 바쁘게 팔려나간다.

   이제 양구는 그 옛날 두메산골 양구가 아니다.

   하얀 민들레의 고장이고 파란 곰취가 돋아나는 고장이다.

   거기다 양구 멜론은 말이 필요 없다.

   달달하니 입에 넣는 순간 혀끝에 와닿는 부드러움은 완전 환상이다.

   이렇게 양구가 사과로, 수박으로, 멜론으로 유명세를 탈 줄은 아무도 몰랐다.

   내 고향 양구가 촌스러워 양구를 지겨워했는데 이젠 양구가 그리워진다.

아버지와 세 딸

셋째 딸인 나는 선도 안 보고 데려간다고 하는 말을 귀가 닳도록 달고 살았다. 그런데 정작 난 셋째 딸치곤 인물이 꽝이었다.

아버지를 빼닮아 코볼은 툭 붉어지고 이마는 운동장 반만 하고 키는 짜리몽땅하고 아무리 봐도 선도 안 보고 데려갈 것 같지 않았다.

살림 밑천이라고 하는 맏딸인 큰언니는 별명이 이쁜이였다.

그 당시 김자옥을 뺨칠 만큼 인물이 훤했다. 양구군에는 2개 사단이 있었다. 큰언니가 쫙 빼입고 양구 시내를 걸어가면 군인 장교들, 병사들이 힐끔힐끔 쳐다보기가 일쑤였다.

어떤 군인 장교는 우리 집 대문 앞까지 큰언니를 따라왔다가 아버지의 호통 소리에 꽁지가 빠져라 내빼 가기도 했다.

작은언니는 한번 울음보가 터졌다 하면 날이 어두워져야 끝이 나곤 했다. 그래서 작은언니 별명은 심술보였다.

무엇이든 자기 맘에 안 들면 울어 젖혔다. 그래서인지 작은언니는 목소리가 꾀꼬리였다.

민혜경을 닮았다며 양구 시내가 들썩거렸다.

난 아무것도 할 줄 아는 게 없었다.

덤벙거리기 일쑤고 걸레 가져오라고 시키면 빗자루를 들고 가고 아버지가 재떨이를 가져오라면 부엌에 가서 성냥갑을 들고 나와 가져가곤 했다.

큰언니는 살림 밑천답게 나와 내 동생을 살뜰히 챙겼다.

초등학교 10살 남짓 나이였음에도 불구하고 큰언니는 학교 갔다오기 바쁘게 흙 강아지처럼 땀범벅인 나와 내 동생을 펌프 물을 퍼서 길어다 가마솥에 붓고 아궁이에 불을 때어서는 물을 데워 우물가에다 커다란 함지박에 물을 퍼다 담아놓고는 나와 내 동생을 씻기곤 밥을 지어 먹였다.

아버진 여느 아버지처럼 우리 세 딸에게 다정한 아버지는 아녔다. 난 막내딸임에도 불구하고 귀여움도 못 받고 컸다.

딸 많은 집이라 구박덩어리였다.

장남인 오빠는 장남이라 귀히 여겼고 내 남동생은 막내라 새 옷을 입었다. 큰언니는 맏딸이라 옷도 맞춰 입었다.

둘째 언니는 큰언니랑 엇비슷해 서로 먼저 입고 나가면 장땡이었고 난 언니들이 입고 난 헌 옷만 주워 입었다. 남동생을 달고 나와 그나마 순둥이라 구박을 면했다.

지금의 난 억척이다.

나한테 정말 순둥이란 별명이 붙었었는지가 아리송하다.

우리 회사에서 난 마녀고 딱따구리다.

따다다닥 따지고 후벼파야 직성이 풀린다.

그런 내가 순둥이였다는 게 나도 믿기지 않았다.

난 어려서 무엇이든 동생한테 양보했다.

그래야만 하는 줄 알았다.

숙제도 동생 거 먼저 다 해놓고 내 숙제했다.

먹을게 어쩌다 생겨도 내 동생 거 먼저 감춰두고 난 먹는 시늉만 했다.

우리 언니 둘은 스물 중반이 되면서 다 출가를 했다.

난 결혼에 관심도 없었고 그저 양구 촌구석에서 양구를 벗어나야겠다는 생각으로 살았다.

아버진 법대를 나온 수재였지만 박정희와 대립해 판검사의 길이 막히자 정치판에 끼어들어 민주 투쟁에 앞장섰다.

5남매의 생계를 책임져야 할 의무를 저버린 아버지가 미워 엄만 아버지 대신 생계를 꾸리려 각 지방 오일장터로 나다니면서 장사를 하셨었다. 난 어린 시절 엄마 아빠의 기억이 별로 없다.

큰언니가 엄마처럼 엄마 역할을 했고 나 또한 어렸어도 내 동생을 끔찍이도 챙겼다.

소풍날에도 난 내 동생을 찾아서 나무 그늘에 쭈그리고 앉아 계란프라이 한 개 없은 도시락을 내 동생 먼저 먹이곤 했다.

그랬던 순둥이가 이젠 악바리로 버스를 끌면서 하루를 달리곤 한다.

아버지가 양구서 4번의 국회의원 선거를 치렀다.

민주주의는 그 당시 다 빨갱이 취급을 받았고 양구종고 1회 졸업생인 아버지에게 동창생들은 물론 양구 사람들도 표를 주지 않았다. 그래서 난 양구가 싫었다. 죽을 만치 양구가 싫었다.

난 절대로 양구는 발길질도 안 할 거라고 이를 악물었었다.

난 어릴 적 꿈이 변호사나 평범한 교사가 되길 원했었다.

그러나 그것도 꿈에 불과했다. 내 동생과 같이 학교를 다녔기에 우리 둘 다 대학을 갈 수는 없었다.

엄만, 기지배가 먼 대학이냐고 했고 아들인 내 동생만 대학을 보낸다고 했다. 난 그때 이후로 공부와는 담을 쌓았다.
주야장창 책만 읽었다.
스물여덟 노처녀 딱지를 떼고 산악인 남편을 만나 드디어 양구를 벗어났다.
난 서울이 그리웠다. 서울만 가면 모든 게 다 이루어질 거라는 생각에 상상만 해도 가슴이 부풀어 올랐다.
하지만 서울은 눈뜨고 코 베어 간다는 말이 사실이었다.
노원에 미도파백화점 오픈을 한다고 옆집 새댁 따라갔다가 아장아장 걷는 큰딸의 손을 놓쳐 잃어버릴뻔한 사건 이후로는 서울에 그만 정이 뚝 떨어져 버렸다.

양구가 그리웠다.
하지만 양구를 다시 갈 수는 없었다.
박영석 아버지의 막내딸로 다시 가려면 뭔가 번듯해져서 귀향을 해야 되지 않겠나!
그런데 난 아무것도 내보일 게 없었다.
돈도 없지, 인물도 없지, 배움도 없지, 뭐 하나 내놓을 게 하나도 없었다. 자존심에 이렇게 양구를 갈 수는 없었다.
남편을 히말라야 눈보라에 묻고 버스를 끌면서 난 죽고 싶었다.

막장, 막장 개막장 속에서 숱한 남자들 무리 속에서 난 꺽꺽 목 놓아 울었다. 40대에 버스를 끌면서 이렇게 버스만 끌다 죽는다면 내 인생이 너무나 허무할 수가 없었다.
그래서 난 나를 비우려고 하얀 캔버스에 나를 그렸다.

하늘을 보면 하늘에다, 바다를 보면 바다에다 나만의 캔버스를 담고 나를 파냈다.

내가 화가가 될 거라곤 1도 생각한 적 없었다.

거기다 난 수필가로 등단했다. 정말 생각지도 못한 일들이 전개되었다. 나를 이기고 나를 버리면서 난 붓을 들었다.

이젠 아버지의 딸로서 양구에 가려고 한다.

아무것도 가진 것도 든 것도 없이 나를 품었기에 가고자 한다.

내가 아닌 박영석의 딸로 가려고 한다. 가서 내 아버지의 삶을 내가 지켜드리려고 한다.

내 아버진 내가 화가가 된 것도 글을 쓰는 작가가 된 것도 모르고 세상을 떠나셨다.

몇 해 전 그림을 그렸다고 보여드렸더니 아버지께서 네까짓 게 먼 그림을 그리냐고 하셨었다.

서울 작은엄마와 피아노

처녀 때 서울 작은집에 놀러 갔다.
서울이 그리워 노래만 부르다가 여고 졸업 후 서울 구경을 한 것이다. 작은집은 그 당시 신촌 로터리 부근이었다.
양구 깡촌에서 자라 서울을 가보니, 볼 것도 구경할 것도 부지기수였다. 난 눈이 휘둥그레 여기저기 빼곡히 높은 빌딩을 쳐다보느라 정신이 없었다.
막내 작은아버지는 1남 2녀를 두고 다복하지만 아주 바쁘게 사셨다. 어린 사촌들이 피아노 위에 올라앉아 띠로롱똥 피아노를 치는데 너무 부러웠다.
이렇게 웅장하고 멋진 소리가 나는 피아노를 난 처음 봤다.
난 초등학교 병설 유치원 교사로 근무하면서 풍금을 치면서 아이들에게 동요를 가르쳤다.
서울 작은집은 늘 많은 사람으로 북적거렸다.
막내 작은아버지는 잘은 모르지만, CCC 간사로 교회 활동에, 대학 강의에 눈코 뜰 새 없이 바쁘셨던 걸로 기억한다.
우린 막내 작은아버지를 서울 삼촌이라 불렀다.
잠깐 서울 삼촌은 대학을 졸업 후 양구의 한 고등학교에서 학생들을 가르치셨다.

여학생들에게 인기가 말도 못 했다. 외모가 완전 귀공자 타입이었다. 양구 여자들이 삼촌의 외모에 빠져 짝사랑에 가슴앓이를 했다.

서울 작은엄만 참하고 조용하고 단아한 성품을 지니셨다.

서울 삼촌이 총각 때 CCC 간사로 활동하면서 강원도 삼척의 한 교회에서 우렁찬 하나님의 말씀을 전했다.

서울 삼촌의 메시지는 가슴팍을 후벼 파는, 그야말로 머리에 꽂히는 명품 연설이었다.

그 옛날 서울 삼촌께서 "엑스폴로 74"란 어마어마한 프로젝트를 기획하면서 쩌렁쩌렁한 하나님의 메시지를 전파하셨다. 여의도 광장엔 구름떼처럼 사람들로 가득 차고도 넘치는 역사가 일어났고 전 세계 매스컴이 주목할 정도로 엄청난 이슈였다.

그런 서울 삼촌을 본 삼척의 한 교회 장로님 부부가 총각이라는 사실 하나만으로 양구 산골짜기를 굽이굽이 눈길에 버스를 갈아타고 물어물어 찾아와 할머니의 동태를 살피고 가셨다고 한다.

할머니는 30대에 젊은 미망인으로 4형제를 데리고 이북에서 피난을 오셔서는 억척으로 사시면서 교회를 건립하셨었다.

내 엄마는 할머니가 소도 때려잡을 정도로 여장부라고 하셨다.

할머니의 첫째 아들인 큰아버지는 교회 일이 우선인 장로가 되었고 둘째 아들인 내 아버지는 법대를 나온 수재였다.

셋째 작은아버지인 셋째 아들은 농사일을 도맡았고 서울 삼촌인 막내아들은 역시 천재인 게 분명했다.

서울 삼촌은 중앙대, 동 대학원 국문학을 전공하셨고, 교육학 박사시며 대학 총장을 지내셨고, 시인이시며 목사시며 기독교 총연합 총무로 재임하셨다.
　내가 아는 것 이상으로 서울 삼촌의 스펙은 차고도 넘쳤다.
　서울 작은엄마의 친정아버지는 수려한 외모에 박력이 넘치는 명품설교에 하늘을 찌를듯한 기세에 넋이 나가 고이 키운 맏딸을 막내삼촌께 시집을 보내 서울 삼촌은 사돈네 맏사위가 되었다.
　서울 작은엄마는 내가 10살 무렵 갓 스물을 넘긴 앳된 신부였다.
　신촌 로터리에서 신혼살림을 차린 서울 작은엄마는 정말 가녀린 신부였다.
　큰아버지네 자녀들은 서울 작은집에서 학교도 다니고 직장도 다녔지만, 작은엄마는 지금껏 생색 한번 내신 적이 없었다.
　신혼의 단꿈도 못 누리고 드세 빠진 큰집 조카들의 시집살이 아닌 쌩시집살이를 하셨다.
　큰아버지의 큰딸인 언니도 작은 집에서 직장을 다녔다. 현재는 충청도의 한 자그마한 마을에 목사님으로 계시고, 둘째 오빠도 고등학교를 서울 작은집에서 다니면서 신학교를 나와 강원도 화천에서 목사로 재직하고 있다. 둘째 딸도 작은집에서 은행을 다니다가 결혼해 경북의 한 마을에 목사 사모로 있으면서 현재는 목사가 되었다.
　이제 와 생각하니 참 신기하다. 서울 작은엄마가 해준 밥을 먹고 다닌 작은 아버지를 비롯해 큰집 사촌들 3명은 모두 목사가 되었다. 아, 나도 이럴 줄 알았으면 진작에 날 잡아 잡수세요 하면서 작은집에 눌러 있었을걸, 그랬다면 분명 나도 지금쯤 목사가 되어있지 않았을까 하는 아쉬움이 생겼다.

　내가 결혼을 하고 두 아이를 출산하면서 꿈에 부풀어 서울살이를 시작했다.
 작은집 3남매는 어느덧 성년이 되었고 내 두 딸은 5~6살이 되었다. 작은엄마께 전화가 왔다.
 당신 자녀들이 치던 피아노가 이젠 자리만 차지하고 있으니 가져가 애들 피아노를 가르치라고 하셨다. 난 내 귀를 의심했다.
 그 옛날 처녀 때 작은집 거실에 웅장하게 서 있던 그 피아노를 잊은 적이 없었다.
 난 너무나 꿈만 같아 한걸음에 달려가 피아노를 싣고 왔다.
 작은집 피아노는 크고 값비싼 외제 피아노였다.
 내 두 아이는 자나 깨나 피아노 위에 앉아 피아노를 쳐댔다.
 어느 날 피아노 원장이 날 불렀다.
 큰딸 지우는 탁월한 청음을 갖고 태어나 다른 애들보다 월등하다면서 음대를 보내면 분명 성공한다고 했다.
 그러면서 둘째인 유림이도 청음이 발달해 언니보단 좀 떨어지긴 해도 둘 다 절대 음각을 갖고 있다고 했다.
 정말 믿기지 않았다.
 난 음악에 음자도 모르는데 어찌 내 두 딸이 절대 음각을 갖고 태어났는지 알 수가 없었다.
 병설 유치원 교사로 근무하면서 두 아이를 출산하기까지 늘 풍금을 쳐서 그런가!
 난 마음속으로 큰딸은 음대를 보내야 했고, 작은딸은 아들 대신으로 덩치도 크고 키가 커서 태권도를 열심히 가르쳤다.

 어느 날 저녁에 다 같이 둘러앉아 밥을 먹는데 TV에서 은은한 피아노 소리가 흘러나왔다.

큰아이가 밥을 먹다 말고 벌떡 일어나 피아노 앞에 앉더니 방금 들은 곡을 냅다 쳐대는 게 아닌가? 난 깜짝 놀라 학원에서 배웠냐고 했더니 안 배웠는데 저절로 쳐진다고 했다.

난 정말 깜짝 놀랐다.

둘째 딸도 덩달아 엄마 나도 쳐볼게 하길래 대꾸도 안 하고 설거지만 해치웠다.

전국 콩쿨대회가 세종문화회관에서 개최되었다. 난 큰딸에게 입힐 드레스를 남대문 시장을 다 뒤져 최고로 이쁘고 우아한 드레스를 사다 입혔다.

세상 그 어떤 동화 속 공주보다도 훨씬 예뻤다.

피아노를 치는데 난 심장이 멈추는 줄 알았다.

초등학교 5학년 짜리 내 아이가 전국에서 난다 긴다 하는 중·고생을 다 제치고 최우수상을 탔다.

그리하고는 애들 아빠가 세상을 떠나면서 큰아이는 피아노를 접고 코피 흘려가며 공부에 전념했다.

그런 큰딸은 여의도에 입성해 한 금융권 회사에 조신하게 다니고 있다.

어느 날 둘째 딸이 엄마, 나 피아노 치면 안 될까? 엄마 나 피아노 치게 해주라 한다.

난 대꾸도 안 하다가 태권도나 다녀서 체대나 가야지 우리 형편에 먼 피아노냐고 했다.

둘째 아이는 손가락에서 피가 날 정도로 피아노가 치고 싶다면서 울었다.

작은아이 일기장을 뒤적이다가 난 나의 가슴을 주먹으로 마구

쳤다. 피아노가 치고 싶어 죽고 싶다고 했다.
난 둘째 딸아이의 재능을 인정하기 싫었다.
아니 인정할 수가 없었다.
그래서 가슴이 아파 꺽꺽 울었다.
버스를 끌고 하루하루를 가슴 철렁이면서 수도 없이 방어운전에 1일이 여삼추처럼 하루가 정말 길어 힘든 하루를 살얼음판 걷듯 버스를 끌고 다니는 내가 너무 힘들고 지쳐 둘째 딸의 피아노 실력을 인정하기 싫었다.
그래서 미안했다. 둘째의 재능을 무지한 엄마인 내가 막을 뻔했기 때문이었다.
그런 아이가 명문대에 입학해 뮤지컬을 작곡해 문체부에서 주최한 우수상을 타고 수천만 원의 상금을 거머쥐고, 대구 문화재단에서 최우수상에 상금 8백만 원을 탔다. 조정래 작가의 태백산맥을 최초로 뮤지컬로 작곡해 남산 해오름극장에 막이 오르고, 박정희 정권 시절 경부고속도로 공사 중 사망한 인부들의 넋을 위로하고자 "77인의 영웅"이란 뮤지컬에 음악감독으로 발탁되어 활약했다.
현재 이대 대학원 공연예술학과 석사를 따고 박사과정을 밟으며 백석예술대학교에서 강의를 맡아한다.
서울 작은 엄마의 피아노가 나의 딸들을 돋보이게 했다.
서울 작은 엄마의 피아노가 없었다면 오늘날 내 딸들의 발전은 없었다. 내 두 딸의 빛은 모두 서울 작은 엄마의 피아노 덕분이었다.
당신 자식들이 치던 피아노를 내 딸들에게 내어주신 작은엄마께 다시금 감사의 고개를 숙여본다.
서울 작은엄만 피 한 방울 안 섞인 내가 큰딸을 출산했을 때도

근 한 달여 동안 산후조리를 해주셨었다.

내가 나를 지키려고 나를 위해 그림을 그려서 인사동에서 개인전을 했다. 작은아버지께 전화를 드렸다.

우리 아버지 4형제 중 그 많은 피붙이 중 서울에는 유독 내 가족만 서울살이를 하고 있었다.

애들 아빠가 세상을 떠나고부터는 작은집에 일절 안부 전화도 안 드렸다. 어렵게 사는 내가 전화를 드리면 작은아버지, 엄마께 부담을 드릴 것 같아 아예 작은집 근처는 얼씬도 안 했다.

명색이 개인전을 조카가 하는데 작은아버지가 오셔서 축하를 해주셔야 폼이 날 것 같았다.

서울 작은아버지와 작은엄마가 오셨다.

네가 먼 그림을 그렸겠냐 하시면서 조카의 전화를 묵살할 수가 없어 가벼운 마음으로 들리셨다.

작은아버지는 나의 전시된 그림을 보시고는 눈물을 흘리셨다.

집안에 어른이 되어서 도와주지 못해 정말 미안하시다면서 크리스천 신문, 기독교신문 기자를 불러 나를 기사화해주셨다.

이쯤 되면 처녀 때 작은집에 눌러앉아 목사가 안 되길 얼마나 천만다행 아닌가!

그 이후로 나의 그림은 여기저기 눈물의 모란 작가로 수상을 하게 되었다.

난 박영률 내 작은아버지가 "하나로 선 사상과 문학" 편집인, 발행인인 것도 몰랐다.

어느 날 나의 그림이, 나의 글이 심사위원들의 가슴을 후벼 파는 몰아의 경지에 이르는 그런 박경민 작가로 평을 받았다.

신인상 수상식에서 문학 박사시고 평론가이신 원로작가님께서 작가는 자기만의 색깔, 즉 18번 작이 있어야 한다며 축사를 이어가셨다. 김소월 하면 진달래꽃으로 유명하듯이, 서정주 하면 국화 옆에서, 만해 한용운 하면 님의 침묵이 떠오르는 그런 작가가 되길 소망한다고 연설을 하셨다.
나 박경민이도 모란의 눈물로 성공한 작가로 필히 남으리라 기도해 본다.

나의 딸 최유림이 피아노의 대가로, 작곡가로 우뚝 서길 기도한다. 얼마 전 충무아트센터에서 "뱀파이어 아더" 뮤지컬이 성황리에 막이 올랐다.
내 아이가 공연 내내 피아노를 연주했다.
이대 음악교수셨던 분이 내 아이의 연주를 듣고 소름이 돋을 정도의 음률이라며 칭찬한 걸 지인을 통해 들었다.
박경민 그림과 글이 사람들의 가슴을 후벼 파고, 작은딸의 피아노 선율이 소름이 돋는 그런 모녀로 남길 기도한다.

내 아이들에게 피아노를 주신 작은엄마께 무심한 제가 이제 고맙다는 말을 합니다.
작은엄마, 그 많은 큰집 작은집 조카들을 다 물리치고 저의 딸들에게 내어주신 피아노 잊지 않겠습니다. 고맙습니다. 감사합니다. 작은엄마는 이제 아프시다. 그런데도 조카인 나의 신인상 등단식에 참석해 입이 터져라 웃음을 머금고 계셨다.

사상과 문학에서 주최하는 신인상 등단식에 초청장을 받았다.

코로나19로 계속 미루다가 마포 문화원에서 시상식을 거행했다.
"멋지게 차려입고 가야지"하고 폼을 잡았다.

원로평론가 작가님들이 나를 보고 나의 모란이 보통 모란이 아니라고 하신다.

나의 글 또한 옆에서 굿을 해도 모를 정도로 몰아의 경지에 이른다고 평을 해 주셨다.

더 겸손하게 더 멋진 그림을, 더 깊은 글을 써야겠다고 다짐했다. 작은아버지는 집안에 이런 경사가 없다며 당신 대에서 끝날 줄 알았는데 갑자기 조카인 내가 불쑥 나타나 집안의 대를 이을 후손이 생겨 죽어도 여한이 없다고 하시며 손녀딸인 내 두 딸과 아자아자 화이팅을 외치셨다.

작은딸의 깜짝 이벤트로 시상식 중 피아노 연주가 울려 퍼졌다.

시상식장은 그야말로 박수갈채로 이어졌다.

마포대교만 건너오면 되는 여의도에서 칼퇴근해 달려온 내 든든한 맏이의 꽃다발에 난 그만 울음을 터트리고 말았다.

이제 보니 내가 작은아버지의 유전자를 이어받고 태어난 게 분명했다. 호랑이라는 동물도 죽어서 가죽을 남긴다는데 하물며 내가 사람으로 태어나 이렇게 버스만 끌다 죽을 수는 없다는 생각이 확 들었다. 나도 이름을 남겨야 하는데 도대체 난 무엇으로 이름을 남길 수 있을까? 내가 참으로 한심하고 무지할 수가 없었다.

정말로 슬프고 답답했다.

이제야 돌아와 거울 앞에 선 나의 모습에 감사의 눈물을 흘린다.

악법도 법이다. 배부른 돼지보다 배고픈 소크라테스가 낫다고 떠들어댄 소크라테스는 살아생전 책 한 권 남긴 게 없다.

그럼에도 불구하고 지금까지 유명한 철학자로 남을 수 있었던 건

제자 플라톤이 있었기 때문이다.

  훌륭한 제자를 뒀기에 오늘날 그의 명성이 사그라지지 않고 오르내리는 것이다.

  못난 조카딸로 인하여 박영률 내 작은아버지의 명성이 자자손손 빛이 난다면 가문의 영광이 아닌가! 나 역시 박영률 내 작은아버지 후광으로 더 돋보여서 모란의 여왕 박경민으로 남겨지지 않겠나!

  서울 작은아버진 내 작품이 여기저기 걸리고 수상을 할 때마다 오셔서 격려해 주시고 밥을 사주시곤 했다.

  어느 날 작은아버지께서 전화하셨다.

  경민 화가, 작은아버지 영정사진을 그려주면 어떻겠냐고 하셨다.

  난 깜짝 놀라 무슨 벌써 그런 말씀을 하세요, 했더니 미리 준비해서 나쁠 건 없다고 하셨다.

  그래서 난 한동안 작은아버지 초상화 작업에 몰입했었다.

  내 아버진 내가 화가가 된 것도 수필가로 글 쓰는 작가가 된 것도 모르시고 세상을 떠나셨다.

  박영률 내 작은아버지가 교육학 박사로 유명한 시인으로 남기 위해서는 나의 피나는 노력이 더 절실하게 느껴진다.

  이미자의 동백아가씨가 사람들 입에 오르내리듯이 박경민의 처녀작 "모란의 눈물"이 널리 널리 전 세계로 퍼져나가길 간절히 기도해 본다.

chapter 2

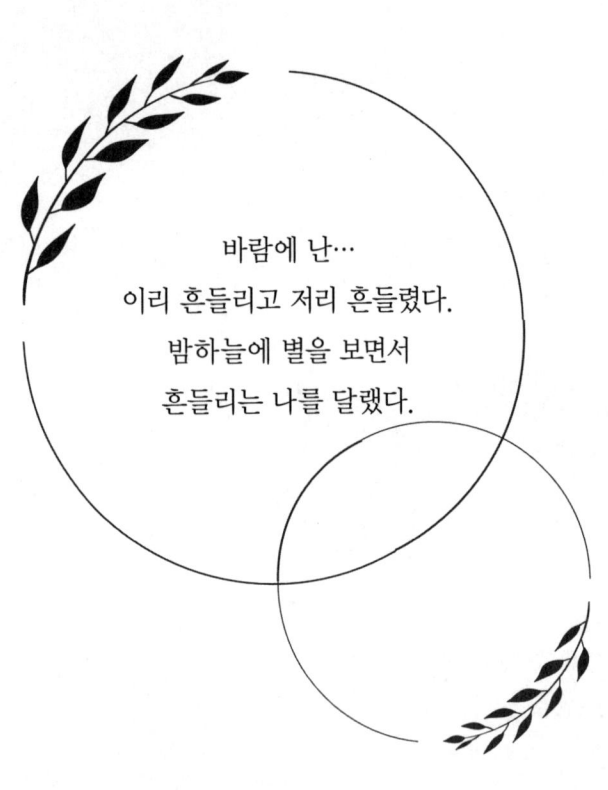

바람에 난…
이리 흔들리고 저리 흔들렸다.
밤하늘에 별을 보면서
흔들리는 나를 달랬다.

No mask story

실외에서 마스크 해제가 되었다.
어언 2년 만이다.
근 2년 동안 우린 마스크에 치여 살았다.
쓰레기를 버리러 나갔다가 엘리베이터에서 되돌아 내리곤 했다.
다들 눈이 휘둥그레 쳐다보길래 아차 했다.
속옷을 안 입고 양말은 안 신어도 마스크는 꼭 써야 했다.
지갑에 돈은 없어도 마스크는 챙여 놓아야만 했다.
그런 시간을 묵묵히 애고 어른이고 더워도 땀이 뻘뻘 나도 절대로 마스크는 써야만 했다.
버스를 탈 때는 요금이 부족해도 탈 수 있다.
카드에 잔액이 부족한 걸 몰랐기에 내리라고 야박하게 말할 순 없다. 하지만 마스크를 안 쓴 사람은 요금을 두 배로 낸다고 해도 탈 수 없다. 그 정도로 마스크의 위력은 대단했다.

난 주부시절 버스 운전자가 되기 전 버스비를 아끼려고 3~4정거장은 걸어 다녔다.
애들 아빠를 잃고는 버스비라도 아껴야 했기 때문이었다.

버스를 탔다가 동전이 부족해 내린 적도 있다.

왜 그땐 태워달란 말도 못 했는지 모르겠다.

버스비가 부족하면 못 타는 줄 알았다.

그때 만난 여성 운전자를 보고 나도 버스 기사가 되어야겠다고 다짐하고 이 악물고 시작했다.

지금 난 그런 시절을 떠올리면서 노인들 어린이들은 모르는 척 눈감아주곤 한다.

오늘은 어린이날이라 엄마들이 아이 손을 잡고 버스에 오른다.

평소보다 10배는 많게 아이들을 데리고 버스에 승차하는 모습을 보면서 1년에 한 번뿐인 어린이날, 어린이 요금 450원을 받아야 하는지 의문스럽다.

어린이는 나라의 보배라고 떠들어 대면서 어린이날 공짜로 태워주면 얼마나 아이들이 좋아라! 환호성을 칠까!

작은 사랑이 이다음에 더 큰 사랑으로 되돌아올 거라는 생각도 못 하는 서울시는 탁상공론으로 우리 운전자들만 잡아먹을 듯이 모니터 요원을 몰래 탑승시키는 짓거리 집어치우고 어버이날, 어린이날 공짜로 태워야 하는 거 아닌가!

동방예의지국이라고 떠들지나 말던가?

대통령도 어린이들을 청와대로 초청해 웃고 떠들고 게임을 즐겼다. 나도 어린 시절 어린이날이 있었다.

난 어린이날은커녕 추석, 설날에도 새 옷은 구경도 못 하고 컸다. 바로 위에 언니가 둘이나 있어 허구한 날 언니들 옷을 물려 입었다. 엉덩이가 다 헤져 다른 천을 덧대서 꿰매 입고 다녀도 팔꿈치가 다 나와도 난 아무렇지 않았다. 하지만 내 하나뿐인 남동생은 철철이 새 옷을 입었다.

첫째인 오빠와 10살 차이가 났기에 오빠 옷을 물려 입을 수가 없었기 때문이었다.

어느 해 어린이날이 돌아왔다.
엄마는 하늘색 타이즈 두 개를 사 오셨다.
난 두 개 다 내 동생 건 줄 알고 쳐다도 안 봤다.
그랬더니 엄마가 나도 하나 입으라며 한 개는 내 것이라고 하셨다. 난 뛸 듯이 기뻐 얼른 다리 한쪽을 쑤셔놓고 타이즈를 잡아당겨 신었다. 발부터 엉덩이까지 붙어 있어서 입고 벗기가 불편했다.
여자애들은 흰색 타이즈를 주로 입었다.
하늘색은 대개 남자아이들이 입었다.
난 주야장천 하늘색 타이즈를 입고 재봉틀로 드르륵 만든 나일론 치마를 입고 좋아라 뛰어다녔다.
밤에 잘 때도 입은 채로 잤다.
발바닥은 덕지덕지 때가 묻어 가죽처럼 시커멓게 엉겨 붙어 뻣뻣했다.
하루는 학교에서 신체검사한다고 선생님이 팬티만 입고 옷을 다 벗으라고 했다. 난 또래 아이들보다 나이가 많았다.
젖 몽우리가 발그레해 누가 툭 치면 눈물이 나올 정도로 아팠다. 그래도 창피해서 아무 말도 못 하고 혼자 흐느껴 울었다.

그런데 하필 오늘 신체검사를 한다고 한다.
팬티가 귀했는지 내복 속에도 팬티를 갖추어 입지 못했다. 그래서 난 팬티를 안 입고 타이즈만 입었기에 타이즈를 벗을 수가 없었다. 윗옷도 젖이 봉긋해 벗지 못했다.

선생님은 막대기를 허리춤에 잡고는 1분단부터 한 명씩 줄 서서 나오라고 했다.

여자아이들은 가슴에 손을 모으고 앞으로 나갔다.

난 타이즈를 벗지 못하고 엉엉 소리내 울어버렸다. 내 짝이 배기태였는데 그 아이는 집도 잘사는 빙상선수였다. 하리 로터리 길 건너편에 우리 집 대문과 마주 보고 살았다.

배기태는 선생님께 얘는 팬티 안 입었데요, 하고 큰소리로 고자질했다.

그런 배기태가 얼마 전 개최한 내 3회 개인전에 난을 보내왔었다. 사실 기태 이야기를 시간 내서 써야 할 게 태산이다.

그런 어린 시절이 나에겐 고통이었다.

그래서 난 두 딸을 출산하고는 팬티가 눈에 띄기만 하면 색깔별로 팬티만 사서 쟁여 놓곤 했다.

대학로에 버스를 끌고 들어가니 젊은 엄마, 아빠들로 마로니에 공원이 인산인해였다.

꼬맹이 하나에 젊은 부부 모습이 아이 하나 데리고 연실 사진 찍느라 분주했다.

아빤 아이와 놀고 멜빵을 걸머진 것도 아빠이고 유모차를 끄는 것도 아빠였다. 엄만 처녀처럼 짝 붙은 청바지에 배꼽 티셔츠를 걸쳐 입고는 긴 머리를 흩날리며 연실 스마트폰만 주시하고 있었다.

내가 애 키울 때랑은 상상도 못 할 일이다.

마스크가 가져온 슬픈 현실에 얼마나 이런 날을 기다렸던가.

난 몇 해 전 감기몸살로 코가 부르트고 입술이 터져 연실 코를 풀어 점점 코가 부어올랐다.
후시딘 연고를 바르고 할 수 없이 마스크를 쓰고 버스를 끌고 나왔다. 마스크를 쓴 버스 기사가 못마땅해 보였는지 눈살을 찌푸리는 승객도 있었고 째려보는 승객도 있었다.
아니나 다를까 회사에서 알고는 당장 마스크를 벗으라고 난리를 쳤다.
그랬던 시절에 이젠 마스크를 안 쓰면 정말 이티처럼 보였다.
마스크 쓴 모습도 각양각색이다.
난 눈 밑까지 바싹 올려 쓴다.
화장을 안 해도 햇빛도 가리고 나에겐 마스크가 오히려 얼굴을 보이지 않아 솔직히 답답하긴 해도 나름 즐기며 쓰고 다녔다.
콧등까지 쓴 사람은 정말 양호하다.
어떤 사람은 콧구멍이 보이게 쓰고 있고, 어떤 사람은 입술이 보이게 쓴 사람도 있고, 또 어떤 사람은 턱에 걸치고 있는 사람도 있고, 어떤 사람은 깁스 한 것처럼 아예 목에다 대고 있는 사람도 있다. 이마 위에다 치켜올려 쓴 사람도 있고 어떤 사람은 한쪽 귀에다 건들건들 걸치고 다니는 사람도 있다.

우리가 마스크에 익숙해지자 이젠 안 쓴 사람이 이상하게 보이는 시대가 왔다.
실외에서는 마스크를 벗어도 된다고 하지만 이젠 앞으로는 내 건강 내가 지켜야 하는 게 아닌가 한다.
지붕은 있어도 사방팔방 뚫려있으면 실외다.
동서남북 4면으로 벽이 쌓여 있으면 지붕이 뚫려있어도 실내로

관주된다. 버스, 지하철, 택시 다 마스크를 착용해야 한다.

아파트 앞마당에 그새 모란이 지고 어느새 붓꽃이 활짝 보라색을 띠고 웃고 있었다.
난 붓꽃을 좋아한다. 옆에는 작약이 탐스럽게 달려있다.
모란과 작약은 나의 그림 소재이다.
재작년에, 미술대전에서 특선을 거머쥔 100호 작품도 작약이다.
난 올해 또 한 번의 미술대전에 도전하려고 작약 시리즈로 준비 중이다.
인사동길 가게 앞에 청수국이 눈부실 만큼 청초하게 피어 있어 남 의식도 못하고 사진을 찍었다. 청수국은 내 큰딸 아이가 엄청나게 좋아하는 꽃이다. 수국을 닮은 딸이다.
100회 어린이날을 맞아 실외에서 마스크를 벗어도 된다고 왕왕 뉴스가 나왔어도 아직은 안 쓴 사람보다 쓴 사람이 훨씬 많다.
나, 서울시에 질러본다.
힘들게 일하는 우리 버스 기사님들 그만 잡고, 어린이날, 어버이날만큼은 푸르른 5월처럼 어린이에게 어버이에게 버스 공짜로 태워라!

작가 이야기

원래 화가들이 글을 잘 쓴다고 한다.
나도 처음 들었다. 그러고 보니 내가 화가이긴 한가 보다.
글을 잘 쓴다고 하니…
원로 유명 문학인 5인께서 내 글에 대한 심사평을 "몰아의 경지에" 접어들었다고 했다.
몰아의 경지라~
옆에서 굿을 해도 모를 정도로 빠져있다는 뜻 아닌가! 내가 수필가가 될 줄은 꿈에도 몰랐다.
글은 내 머릿속에 차고도 넘치니 아무 때고 느낌이 오면 미친 듯이 쓰면 된다. 그러나 그림은 다르다.
돈도 많이 들고 시간도 많이 든다.
주위 누구들은, "누나 그림 한 점 줄 수 없어요? 집에다 걸어 놓게요" 한다.
그럴 때마다 내지르고 싶은 걸 참는다.
그림, 그냥 달라고 하는 거 아닙니다.
이다음에 이 누나 유명해지면 집 팔아 사라고 농으로 지껄였다.
그림은 절대 그냥 달라고 하는 거 아니다.

내 혼과 시간, 명상, 창작, 도구값… 등등 한 작품 뚝딱 공장에서 찍어 나와도 돈 주고 사야 한다.

책도 사진도 필요한 만큼 찍어내면 된다.

하지만 그림은 다르다. 전 세계를 통틀어 달랑 한 점뿐이다.

오늘 그린 작품 내일 똑같이 그릴 수 없다.

왜? 시간, 공간, 계절, 느낌, 마음, 어둠, 빛, 여유 등등 무수히 많은 나의 세계를 내가 어찌 통제할 수 있겠나? 하물며 내가 비록 걸음마 화가이긴 해도…

재료비가 얼마인데…

그냥 달라고 하나…

거기다 시간은?

"시간은 금이다"라는 글도 못 봤나!

내가 중년에 작가로 걸어가리라곤 마음조차 먹어보질 않았다.

인생 한 치 앞도 못 본 다더니… 딱 맞는 말이다.

화가로서 수필가로서 자리매김 잘하고 양구를 빛내는 위인이 되길 바랄 뿐이다.

학창 시절 교과서에 실린 여러 유명 작가들처럼…

나 박경민 반드시 후배들에게 귀감이 되는 양구의 자랑이 될 것을 천명한다.

바람

바람에 난…
이리 흔들리고 저리 흔들렸다.
밤하늘에 별을 보면서 흔들리는 나를 달랬다.

어느 날 난 바람이 되었다.
내 가슴속엔 아주 오래된 빛바랜 낡은 주홍글씨가 새겨져 있다.
그래서 난 지우려고 애를 썼다.

내 마음속은
아픔,
슬픔,
사랑,
꿈,
욕망,
열정,
무수한 이기심,
욕심,

더러움으로 가득 찼다.

아무리 지우려고 애를 써도 더 꼭꼭 파고들었다.
다 버리려고 해도 버려지질 않는다.
그래서 난 나를 버렸다.

나를 버려야
진정한 내가 된다는 것을 깨달았다.
그렇게 하여 박경민 두 번째 작품이 탄생했다.

「바람」
대상 박원순 서울시장상,
"국토해양환경국제 미술대전"에서
"대상"을 거머쥐었다.

마스크와 나

서울 시내버스는 마스크 미착용자는 절대로 탑승이 불가다.
혹시라도 요금이 부족하면, 어린이 한 명 카드 태그하고 동전 몇 개로 대신해 탈 수 있다.
아예 요금이 부족하다고 "멘트"가 나오면 "바쁜 출근 시간 지각하면 안 되니 다음에 저 만나면 두 번 찍으세요" 하면 지난번에 고마웠다며 두 번 카드 태그를 한다.
난 서울 시내버스 운전자다.

17년 전 처음 입사해서는 엄청난 자부심과 긍지로, 나는 도로 위의 파일럿이라고 하면서 뛰어오는 사람들까지 기다려주는 오지랖으로 앞차와의 간격이 벌어지든 말든, 열심히 시민의 발 노릇을 하며 나름 자존감으로 일했다.
그런데 차차 익숙해지면서 승객들의 갑질 내지는, 동료기사들의 막 행동에 염증을 느끼면서 막장 속 나를 달래며 나의 얼굴을 감췄다.
어머 이쁜 아줌마네…
이렇게 이쁜데 버스를 끌어요?

아… 미인이시네요. 체격도 자그마한데 버스를 끌어요? 등등
난 미인도 아니고 이쁘지도 않다.
이 세상에는 이쁜 사람들이 부지기수다.
그 사람들이 다 죽으면 끝에서 3번째쯤 이쁠까?
암튼 난 모든 게 싫었다.
칭찬도 내겐 막말로 들렸고, 그들이 쉽게 내뱉은 말이 내겐 상처로 남아 가슴이 저며왔다.
그래서 더더구나 얼굴을 내밀기 싫었다.
하루는 쉬는 날 예쁜 공주 옷으로 갈아입고 후배가 끌고 나온 버스를 탔다. 시내 볼일도 보고 인사동 갤러리도 실실 구경도 할 겸, 후배기사가 날 못 알아보길래
손짓을 하며 나야~ 나, 했더니 깜짝 놀라며 아니, 누님이 이렇게 아름다우신지 몰랐어요.
아~ 진작에 보쌈해 가는 건데…
야 야… ~ 그 입 닫아라, 내 눈에 반의반도 안 차니까…
그러면서 한바탕 웃었다.

난 우리 집에서 셋째 딸이다.
선도 안 보고 데려간다는 그 셋째 딸, 그런데 난 우리 집에서 젤 못생겼다.
큰언니는 그 당시 김자옥 뺨치게 닮았다고 동네방네 남자들 애간장을 다 태웠다. 작은언니는 가수 민혜경을 닮았다. 사실 노래도 곧잘 불렀었다. 난 동글동글 그저 그랬다.
그런 나에게 승객이든, 동료기사든 툭툭 내던지는 말 따위가 아주 듣기 거북했다.

성희롱 발언 같아 더 불쾌했다.

그래서 이 마스크가 나에겐 귀한 존재가 되었다.

화장을 안 해도 몇 날 며칠 세수를 안 해도 마스크만 쓰면 아무도 알 수가 없으니 세상 편하다.

몇 해 전인가, 우리 옆집 애 엄마가 두 아이를 데리고 내 버스에 올랐다. 난 얼른 고개를 창밖으로 돌렸다. 혹시나 날 알아볼까 봐서, 아니나 다를까, 버스에 오르자마자 "어머 옆집 아줌마 아니세요? 얘들아, 인사해, 옆집 아주머니시잖아" 한다.

난 얼굴이 빨개져, "아니, 어디 가요?"

"날 어떻게 용케도 알아보네 했더니" "제가 눈썰미가 있거든요 한번 보면 다 기억해요" 한다.

그래서 그만 내가 버스 기사인 게 들통이 나고 말았다.

어쩌다 아파트 입구에서, 엘리베이터 앞에서 마주치기라도 하면 "어머, 버스 아줌마 지금 오시나 봐요?" 난 창피해서 작은 소리로 "새댁, 앞으로 나 보면 버스 아줌마라고 하지 말아요" 했더니,

"어머 버스 아줌마가 어때서요? 이렇게 훌륭한 일을 하시는 분이 우리 이웃인데 너무 자랑스럽잖아요" 한다.

난 그 말에 그냥 씩 웃고 얼른 들어왔다.

아파트단지 코너 앞에 미용실 있다. 난 시간이 아까워 가까운 미용실 아무 데고 간다. 어쩌다 염색도 하고 파마도 한다.

그래서 좀 편안한 관계가 됐다.

이따금 미용실 앞으로 바쁘게 지나치면 어느새 보고는 어머, 바쁘신가 봐요? 차 한잔하고 가세요, 하고 원장님이 붙든다.

난 졸려 빨리 들어가 한 잠 때리고 싶은데 마지못해 소파에 걸터

앉으며 커피 말고 그냥 물 한 컵 주세요 했더니

　커피 안 좋아하세요?

　아니요, 집에 가서 자야 해서요. 했더니,

　아, 지금 퇴근하신 거 보니 병원에 근무하시나 봐요?

　병원? 하고 되물으니까…

　아니, 어떤 날은 낮에도 지나가고 어떤 날은 저녁에도 지나가고 하길래요. 혹시 간호사신가 해서요.

　내가 남 사기 치는 것도 아니고, 어디 가서 도적질하는 것도 아닌데! 왜 내가 날 떳떳하게 알리지 않았나! 거리감을 둔 게 죄송해, "사실, 저 버스 기사예요" 했더니, 깜짝 놀라며 "어머나 그 체격으로 버스를 끌어요" 하더니 "어디 손 좀 줘보라" 하길래

　작고 볼품없는 내 손을 쑥 내미니, "어머, 손도 자그마하니, 예쁘기도 해라" 하면서 내 손을 움켜잡아 보더니 "어머, 손이 두껍네요" 한다. 그랬다, 난 우악스러운 운전대를 17년 가까이 잡아 돌리며 살았다. 그러니 어느새 내 손이 솥뚜껑처럼 두꺼워진 걸 나도 몰랐다. 더구나 왼손잡이인 나는 오른쪽 손에 힘이 없어 묵직한 기어를 변속하는데 손에 엄청 힘이 들어갔다.

　지금은 거의 다 오토매틱에 초저상 버스이지만 내가 처음 입사해서 버스를 끌고 다닐 때는 디젤차에 스틱 버스였다.

　기어를 제대로 못 꺾어 후진도 들어가 깜짝 놀라 식은땀이 나기도 했다.

　4단, 5단 들어가야 함에도 난 그냥, 3단으로 털털거리며 달려갈 때도 있었다.

　기어를 꺾을 때마다 팔에 힘이 없어 오른쪽 어깨부터 목, 팔꿈치 손목까지 다 아팠다. 결국 테니스 엘보라는 병도 얻었다.

그래도 내 몸이 부서져 가시고기가 될지언정 내 아이들을 키워야 겠기에 이 악물고 버텼다. 아이들이 반듯하게 잘 컸으니 이걸로 퉁 쳐도 하나도 억울하지도 슬프지도 않았다 .
한번은 아파트 주차장에서 내 승용차를 주차하려고 하는데 경비 아저씨가 다가오더니 제가 주차해 드릴게요 하신다.
헐! 내가 천하의 버스 기사인 걸 모르시니, 보통 여자들이 주차 가 어려운 거 맞다.
난 씩 웃으며 괜찮다고 했더니, 끝까지 주차하는 걸 봐주시더니, 요리사신 거 같은데 운전도 잘하시네요 한다.
항상 흰 셔츠를 다림질해 말끔히 입고 다니는 모습을 요리사로 보셨겠구나! 난 그냥 말없이 웃으며 들어왔다.

얼마 전 우리 집 아파트가 오래돼 화장실, 도배장판을 다 뜯어 공사를 했다.
어느 날 내 버스가 건널목에 멈췄다. 길 가던 인테리어 사장님과 눈이 딱 마주쳤다. 깜짝 놀라는 듯 사장님 눈이 휘둥그레진다.
난 웃으며 목례했다.
혹, 집 근처 마트나 목욕탕에서라도 이웃 주민을 만나면 어머, 버스 아줌마시잖아요. 하는 말이 나올까 봐 난 일체 옆집에도 나의 직업을 얘기 안 했다. 어느 누구도 날 버스 기사로 안 본다.

그런데 어느 날 내 작은아버지께서, 경민 화가는 이제 훌륭한 작 가가 됐으니 버스 끄는 걸 수치스럽거나 창피하게 생각하지 말라며 우리 조카 박경민이 우리 집안에 큰 자랑거리라며 버스 기사가 나의 팩트라고 하셨다.

몸이 뻐근해 가끔 집 근처 산에 오르다 무서움을 느꼈다. 그 뒤론 산에 얼씬도 안 하고 있었는데 노원구 회장님을 우연히 알게 되어 산에 따라다녔다.

그때마다 관광버스 맨 뒤 좌석에 쑤셔 박혀 미리 준비한 담요를 덮고 자기 일쑤다.

어느 날 난 개인전을 열었다. 여기저기 미술대전에서 수상하면서 서서히 카스, 페북에 당당히 내가 버스 기사임을 나타냈다.

산악회 회장님을 비롯해 많은 사람이 내가 버스 기사인 걸 아시고는 다들 깜짝 놀랐다.

내 아이들은 우리 엄마가 버스 운전자인 게 엄청 자랑스럽다며 "그림 그리는 버스 기사"라 더 멋지고 훌륭하다고 한다.

엄마 나이에 이렇게 일하는 사람 어디 있나?

거기다 유명작가인데… 하며 엄마의 자존감을 잔뜩 올려준다.

코로나19가 오기 전에는…

피곤해 입술이 부르트거나 감기기가 있어 마스크를 쓰고 운행을 하루만, 아니 단 한 시간만 쓰고 다녀도 회사는 난리를 친다.

민원 발생하니 절대 마스크 쓰지 말라고 으름장을 놓곤 했다.

이젠 세상이 바뀌어 마스크 없인 꼼짝도 못 한다.

마스크는 이제 내게 일등 공신이 되었다.

마스크만 뒤집어쓰면 아무도 날 모른다.

아니, 체격이 작으면 버스 끌지 말라는 법이 있나요?

얼굴이 예쁘면 버스 끌면 안 되나요? 정말이지 벌컥벌컥 내뱉는 발언에 분노가 일고 슬픔이 밀려온다.

마스크야 고맙다.

네가 있어 난 이런 구질구질한 말을 안 들어 정말 기쁘구나.
또한 코로나19 방역제품으로도 "마스크" 너는 1등 공신이 됐어, 마스크야, 너야말로 정말이지 훌륭한 일을 하고 있구나.
우리나라가 코로나19 방역으로 세계 최강국이 되었단다.
고맙다 마스크야~
진심으로 사랑해.

펜 1호님

2020년 1월 추운 겨울 어느 날…
나의 펜 1호님께서 "박경민 개인전 2회"
"작품명; 엄마의 이야기" 갤러리를 보고 갔다. 나의 그림을 보면서 감동이 되었다고 한다. 나의 그림에 눈물과 시와 이야기가 있다면서 눈물을 흘렸다. 다음날 군고구마에 커피를 싸 들고 재차 나의 갤러리에 방문했다.
난 재차 방문한 것도 눈물을 흘린 것도 몰랐다.
갤러리 장은 아이들 동계방학이라 인산인해였고, 또한 코로나가 막 터지기 직전이라 외국인들 또한 북새통이었다.
마침 여고 동창들이 들이닥쳐 우린 펜 1호님이 싸 온 고구마 파티를 했다. 커피를 마시며 진한 만남을 이야기했다.
그렇게 나의 2회 갤러리는 막을 내리고 나 또한 일상으로 돌아왔다. 버스를 끌면서 짬짬이 작업에 몰입하면서…
1년 반이란 시간이 흘렀다.
인사동에 3회 개인전을 펼쳤다.
이번엔 박경민 3회 개인전 "모란을 품다"로 정했다.
2회 개인전이 아픔, 슬픔, 분노, 쓰라림, 인고, 고통, 기다림, 노력이었다면, 3회 개인전은 환희고 기쁨이고 당당함이다.

그런데 개인전 3회 첫날 펜 1호님이 나를 잊지 않고 찾아와 줬다. 난 너무 기뻐 주르륵 눈물이 맺혔다.

우린 1년 반 만에 팬과 작가로 다시 만났다.

멀리서 왔는데 점심도 대접 못했는데…

오히려 작가님 때 거르지 말라고 맛있는 밥 사드시라고 봉투를 사뿐히 내밀고 갔다.

이 은혜를 어떻게 갚아야 하나? 큰 빚을 졌다.

내가 더 멋진 작품으로 다시 서는 것이 은혜를 갚는 길이라고 생각했다. 더 열심히 매달려 후속 작품에 정진해야 하는 숙제를 남겨줬다.

나! 박경민 반드시 펜 1호님을 실망시키는 일 없이 나의 캔버스에 집중하리라는 각오를 갖게 해주고 떠났다.

사랑으로 왔다 사랑으로 가신 펜 1호님의 여운이 아직 남아 있는 나의 갤러리 안에서…

언덕

난 언덕에 대한 공포가 있다.

모든 사람들은 언덕에 오르면 가슴이 탁 트이고 시원한 전경이 한눈에 내려다보이고 얼마나 상쾌하고 짜릿한가! 그래서 산에 힘들게 올라도 내려다보이는 쫙 펼쳐진 모습에 힘들고 지침을 위안받지 않는가?

한데 난 산도 싫어했고 땀 뻘뻘 흘리며 오르는 산은 더더구나 매력이 없었다. 게다가 난 시골 깡촌 출신으로 산으로 둘러싸인 산골짜기에서 태어나 결혼할 때까지 지겹게 산을 보고 살았다.

따사로운 햇빛 아래 양지쪽 산허리에는 온통 핑크빛 진달래로 물들었다. 난 미친 듯이 달려가 진달래꽃을 한 움큼 뜯어 입으로 쑤셔놓곤 했다.

여름이 시작되기 전 상큼한 아카시아꽃을 따먹으며 가시에 긁히기도 했다. 성큼 여름이 다가오면 산으로 들로 산딸기 딴다고 이리저리 뛰어다녔고 오디나무에 매달려 입이 시퍼레지도록 오디와 씨름을 하기도 했다. 그래서 난 기필코 이곳 산골짜기를 탈출해야겠다고 결혼을 탈출구로 생각했다. 하지만 서울생활은 만만한 곳이 아니었다.

철부지 산골 처녀였던 나는 억센 거 빼고는 순수하고 약지도 못하고 멍충 그 자체였다.

사람들한테 이용당하면서 언제부턴가 사람을 기피하는 병에 시달렸다. 언덕에 대한 공포가 밀려오기 시작했다.

내가 집채만 한 버스를 끌면서 언덕에 부딪치기 시작했다.

언덕은 나의 트라우마가 되었다.

언덕을 미끄러져 내려가는 꿈을 수도 없이 꿨다.

엄마야, 하고 놀라 깰 때가 한두 번이 아니었다.

언덕을 넘어야 진정한 버스 운전자가 될 수 있었다.

왼손잡이인 나는 오른쪽에 붙어있는 기어 변속에 또다시 부딪히고 말았다.

오른손은 내 몸에 붙어만 있었지 아무런 도움이 되질 않았다. 제때 기어 변속이 들어가야만 버스가 매끄럽게 출발이 된다.

팔목에 힘이 없어 난 그것이 어렵고, 한계였다.

남자들한테는 기어를 꺾는 게 식은 죽 먹기라 나의 상황을 이해하지 못했다.

난 많이 슬펐고, 많이 힘들었다.

죽으면 죽으리라는 일념으로 어깨에 힘을 주고 젖 먹던 힘까지 합쳐야 변속이 착착 이루어진다.

그리하여 테니스 앨보라는 병명도 얻었다.

힘이 없는 오른손에 앨보까지 왔으니 엎친 데 덮친 격이다.

언덕에서의 변속은 공포 그 자체였다.

버스가 뒤로 막 흘러 내려간다.

으아악, 하고 깨면 꿈이다.

언덕에 대한 공포로 난 나의 몸을 언덕에 비유해서 나의 슬픔,

아픔을 표현했다.

  화려한 여왕의 꽃 모란과 얼음을 뚫고 피어나는 동백을 그림 속에 삽입하고 나의 우아한 모습을 표현했다.

  마음속은 엉망진창이지만 난 우아한 모습을 표현해야만 한다.

  혹여라도 승객이 불안해 눈치채면 안 되지 않나!

  그리하여 난 여왕의 꽃으로 날 포장했다.

  일단 우아하고 침착해야 하지 않나?

  그러나 버스를 막상 끌고 나가면 우와, 침착은 어디론가 다, 사라져 버리고 공포가 밀려온다.

  그런 일상이 반복되면서 심한 스트레스 우울증에 시달렸다.

  언덕..!!

  언덕..!!

  저 언덕을 넘어야 비로소 난 자유로울 수 있다.

  내 두 아이가 아장아장 걸음을 옮길 때 나는 내 아이들에게 시를 읽어줬다.

  "태산이 높다 하되 하늘 아래 뫼이로다

오르고 또 오르면 못 오를 리 없건마는

사람이 제 아니 오르고 뫼만 높다 하노라"

"동창이 밝았느냐 노고지리 우지진다.

소치는 아이는 상기 아니 일었느냐.

재 너머 사래 긴 밭을 언제 갈려 하나니"

  난 이 시조를 지금도 중얼거리며 언덕을 오른다.

  내 두 아이는 내가 어쩌다 시를 읊으면,

엄마 덕분에 살면서 많은 의지가 되는 시라며 자기들도 가끔씩 되새기곤 한다고 한다.

언덕에 대한 공포로 난 언덕 위를 소가 마차에 짐을 잔뜩 지고 끌고 가는 것처럼 나도 어느 날 버스에서 내려 버스를 끌고 가고 있었다.
그래, 버스가 뒤로 미끄러지느니…
차라리 내가 버스를 메고 끌고 가는 게 백번 났다고 생각했다.
사람들이 눈이 휘둥그레지며 다들 웅성웅성 창밖으로 시선이 모인다.
난 꿈속에서 힘을 주며 어깨에 버스를 메고 있었다.
나의 마음 한구석엔 늘 버스가 언덕에 멈춰 서있다.
그리하여 "인고"라는 그림이 그려졌다.
겉모습은 우아하고 화려한 여왕의 꽃이지만, 추위와 고통, 아픔에 슬픔을 이기고 피어나는 동백이 날 위로해주고 있다.

언덕을 넘어서 창파에 배 띄어…
내 주 예수 은혜에 바다로 네 맘껏 저어 가라~
고린도 후서 12장 5~10절

늘 이 찬송을 부르며 오늘도 어제도 내일도 언덕을 오를 것이다.
아멘.

동반자

인생은 동반자다.
혼자 이룰 수 있는 건 아무것도 없다.
인생은 태어나면서부터 혈연으로 맺어진다.
부모로부터 보호받고 형제자매에게서 도덕과 윤리 질서를 배우며 자란다.
학교에 가서는 학연으로 이어진다.
선배의 가르침을 받고 후배의 칭송을 받으며 졸업하면서는 동문으로 이어져 추억과 그리움으로 동창회를 갖게 된다.
사회에 나가서는 재능을 발휘에 인정도 받고 승진도 한다.
이 모든 인간관계가 어디로 이어져 어디로 줄을 서느냐에 따라 인생의 갈림길이 달라진다.

내 아버지가 그랬다.
내 아버지는 천재였고 정의로웠다.
내 아버지가 우리 자식들을 금수저로 키울 수 있는 줄을 섰으면 나의 인생도 나의 삶도 달라졌을 것이다. 최고 학벌에 1차 사법고시 패스 후 아버진 유신반대에 줄을 섰다.

나의 재능만으로…

나의 능력만으로… 난 뻗쳐 나간다.

나의 창의력으로…

나의 잠재력으로… 인정받기란 하늘의 별 따기보다 어렵고 고통이 따른다. 지극한 노력의 대가로 이어지는 건 천운이 아니겠는가?

우리 사회가 나 혼자서 나만의 능력으로 나만의 재능으로 이룰 수 있다면 얼마나 행복하고 뜻깊은 일이겠는가?

인생은 혼자서는 이룰 수가 없다.

동반자가 있으므로 빛나고 값지고 아름다움으로 이어진다.

훌륭한 스승이 없으면 훌륭한 제자도 없다.

부모님의 가르침으로 자식이 자란다.

형제가 있으므로 인내, 배려, 나눔을 배운다.

이 세상에 혼자서는 그 어떤 것도 이룰 수가 없다.

허나, 이 또한 노력의 결과고 혼신의 힘을 쏟은 결과다.

아무것도 하지 않으면서…

부모의 후광으로…

학연으로…

지연으로….

이루는 건 허울이고 가식일 뿐이다.

쉽게 이룬 건 쉽게 허물어진다.

모래 위에 근사한 탑을 지었다.

비바람에 어느 날 스르르 무너지는 건 한순간이다.

난 배웠다. 인생의 쓴맛을… 그리고 목놓아 울었다.

부모의 후광으로…

학연으로…
지연으로…
이룰 수 없어 난 목 놓아 또 울었다.
그리고 이를 악물었다.
나의 눈물은 사치다.
나의 아픔도 사치다.

오로지 나를 위해 나만의 세계를 구축하자.
하여 난 다시 태어났다. 혈연, 학연 난 다 잊었다.
혈연으로 기댈 데가 없다.
학연 자체가 없다.
내가 유명해져야… 내 후배들이 학연 어쩌고 떠들 거 아닌가…

어느 날 난 두 딸을 키우는 미망인이 되었다.
동창들은 같이 눈물도 흘려주고 아파했다.
그땐 그랬다.
세월이 흘러 내가 여기저기 입에 오르내리자 나의 존재를 시기와 질투로 보기 시작했다.

내가 남보다 못해야 동정받는다.
내 이름이 떠들썩하면 그땐 외면한다.
왜? 내가 잘나야 하니까…
다른 사람이 잘나면 속 쓰리니까…
불쌍할 때는 동정을 한다.
나보다 못하니까…

그런데… 사촌이 땅을 사면 배가 아프다.
내가 잘 나가면 남은 속이 쓰리다.
내가 남의 칭찬과 격려를 받으면 반드시 배가 아프게 되어있다.
그래서 내 아버지가 네 번이나 국회의원이 되려고 양구를 빛내려고 했지만…. 동창들도, 이웃도, 그 누구도 표를 찍지 않았다.
양구 사람이 양구 사람을 뽑아 주는 건 지극히 당연한 줄 알았다. 양구 사람이 잘 나가면 배가 아프니…
차라리 외부 사람을 뽑아야 속이 덜 쓰리니까…

난 배웠다.
그리고 노력했다.
남 잘 때 난 붓을 들었고…
남 놀 때 난 글을 썼다.

남 잘 때 나도 자고…
남 놀 때 나도 놀면서는 아무것도 이룰 수가 없었다.
부러우면 진다고 했던가! 난 누구도 안 부러웠다.
돈도 명예도 사치도 하나도 안 부러웠다.
남편 잘 만나 명품으로 도배를 하고 나타난 동창들 난 결코 부럽지 않았다.
다 부질없는 게 부와 사치 아닌가!
난 나를 달랬다.
그리고 날 냉혹하게 부려 먹었다.
자고 싶어도 잠을 안 재웠다.
놀고 싶어도 놀려 주지 않았다.

오로지 나의 이름을 빛나게 하려고 파고, 또 파고 쓰고 또 썼다.
흔히들 쉽게 떠든다.
아, 나도 그림 그리고 싶은데…
아, 나도 글 쓰고 싶은데… 시간이 없다고 재능이 없다고 한다.
나, 나도 시간 없다.
나, 나도 재능 없다.
놀 거 다 놀고 잘 거 다 자고…
무슨 시간을 운운하는지…
무슨 재능을 운운하는지…
나, 진짜 시간 없다.
나, 진짜 재능 없다.

버스 끌고 들어오면 내 몸뚱이도 힘들고 지쳐 팔 한 짝 손가락 하나 까딱하기 싫다. 그래도 난 시간이 아까워 날 힘들게 부려 먹었다. 지금도 법대생이라 하면 와, 하고 다시 보는데…
내 아버진 50~60년대 최고 엘리트셨다.
그런 최고의 학벌인 아버지도 빛을 못 봤는데…
하물며 나 같은 배우지도 못하고 똑똑하지도 못한 내가 뭘 할 수 있을까?
그리하여… 난 나를 내버려 두지 않았다.
계속해서 학대하고 채찍으로 나를 쳤다.
그래도 모자라면 계속해서 잔소리했다.
그래서 난 지금 내가 되어 가고 있다.
난, 나이고 싶었다.
누구의 마누라…

누구의 자식…
누구의 후배…
난 아무것도 내세울 게 없다.
난 그냥 나다.

나로서 나이기에… 난 내가 되려고 한다.
난 내 아버지를 빛나게 할 거다.
반드시 이름 없이 민주주의를 외치다 쓸쓸히 가신 내 아버지를 위해 기필코 빛나게 해 드릴 거다.

내가 내 자녀의 동반자가 되련다.
내가 내 이웃의 동반자가 되련다.
내가 내 후배들에게 동반자가 되련다.
기필코…

"마음의 님을 따라가고 있는 나의 길은
꿈으로 이어지는 영원한 길
오늘은 비록 눈물 어린 혼자의 길이지만
먼 훗날에 우리 다시 만나리라
방랑자여 방랑자여 기타를 울려라
방랑자여 방랑자여 노래를 불러라"
박인희 가수의 노래가 떠오른다.

꿈으로 이어지는 영원한 길을 꿈꾸며…
방랑의 길에서…

나 혼자 기타를 울리고…
나 혼자 노래를 부를지언정…
내 진정 홀로 가는 길이 외롭고 쓸쓸할지라도…
기필코 방랑자의 길에서…
동반자가 될 것이다.
누구에게든…

10년이 넘는 긴 시간을 난 홀로 외로이 쓸쓸히 외길을 걸어왔다.
방랑자처럼…
그 누구도 알아주지 않는 나의 길을 묵묵히 걸었다.
때론 지쳐 일어나기 싫었다.
때론 게을러 일어나기 싫었다.
때론 힘들어 일어나기 싫었다.
때론 무기력해 일어나기 싫었다.
때론 까마득해 일어나기 싫었다.

그러나…
난 다 물리치고 일어나 붓을 들었다.
그리고 나의 그림에 글을 썼다.

사월의 여운

개나리, 진달래가 막 지고 나니,
벚꽃도,
동백도,
목련도 덩달아 따라진다.

영산홍이 새빨갛게 불타오르니,
향이 짙은 라일락도 질세라 보랏빛을 띤 채
벌렁벌렁 콧구멍을 자극한다.

노랑, 빨강 키 작은 튤립은 서로 필세라
앞다투어 사랑싸움하는데,
아~ 사월의 노래가 떠오른다.
꽃이 지니 사월은 여운을 남긴 채…
더 빨리 흐른다.

나는 그저 당신의 도구일 뿐입니다
주여 나를 당신의 도구로 써주시옵소서

버스 안 풍경이야기…
미역국엔 미역이 있다.
붕어빵엔 붕어가 없다.
칼국수에도 칼이 없다.
가래떡에도 당근 가래가 없다.
자기들 안방에도 가래는 없다.
그런데… 버스 안에는 가래가 있다.
왜 버스만 타면 버스 바닥에 가래를 뱉어놓는지…
"버스는 운전자 것이 아닙니다.
모두 서울시민 당신들 겁니다.
당신들이 이용하니 당연히 시민 당신들 거지요."
"주여, 나는 당신의 도구일 뿐입니다.
부디 나를 당신의 도구로 써 주시옵소서…"

버스 안은 그야말로 아수라장이다.
껌을 씹다가 바닥에 그냥 뱉어 다른 사람 신발에 붙어 차 바닥에 찍찍 늘어져 붙어있다.

심지어는 커피를 마시고는 컵을 바닥에 버려 남은 커피가 쏟아져 차 바닥이 흥건하기도 한다.
그것도 괜찮다.
깡통 캔을 뜯어 마시고는 깡통이 굴러다녀 버스가 이동하다 보면 도로의 높낮이로 빈 깡통이 요란하게 버스 앞으로 굴러왔다 뒤로 굴러가도 누구 하나 주우려고도 안 한다.
우물에 물 떠서 마시고는 다시는 안 마실 것처럼 침을 뱉고 돌아서서 다음날 다시 와서 또 마시듯이. 버스 안 탈 거처럼 버스에 온갖 거 다 버리고 내려도 다음날 또 버스를 타는데… 왜 당신들, 버스를 더럽히는지 알 수가 없다.
자기들 거실에 껌을 뱉는 사람은 아무도 없다.
커피도 마시고 남은 거 방바닥에 굴러다녀 쏟아져 있지 않다.
왜..? 버스 안은 자기들 집처럼 생각 안 하는지…
돈 내고 집 전세 얻으면 내 집이다.
돈 내고 버스를 타니 내릴 때까지는 내 버스다.
내 버스 내가 관리해야지 누가 관리하나?
우리 운전자는 주인이 아닙니다.
서울 시내버스 주인은 버스 탄 사람들이다.
우리 운전자들은 승객을 안전하게 목적지까지 모셔다 주는 도구일 뿐이다.
주여, 나를 당신의 도구로 써 주시옵소서…
어떤 때는 닭꼬치, 떡꼬치 냄새를 풍기며 차에 오른다. 컵 어묵, 컵 볶기, 컵 호떡까지 들고 탄다.
그리곤 닭, 떡을 빼먹은 꼬치대는 창틀에 아주 예쁘게 가지런히 쑤셔놓는다. 딱 안성맞춤이다.

나도 먹고 싶어 사 먹어야지 하다가도 잊어먹고 부리나케 운행이 끝나면 집으로 달려오기 바쁘다.

그러나 이젠 다 옛날얘기다.

지금은 커피든 뭐든 차내에 들고 탈 수도 없고 먹을 수도 없다.

간혹 어떤 승객은 수고한다며 사갖고 가는 보따리 안에서 귤이며 사과며 사탕 등등 내어주기도 한다.

다 나쁜 사람만 있으면 이 나라가 돌아가겠나? 좋은 사람 고마운 사람이 훨씬 많으니 우리나라 좋은 나라 아닌가!

버스를 끌면서 글자 그대로 재수 땡을 만나면 그날 하루는 기분이 완전 아웃이다.

그래도 난 버스 기사라 나의 기분을 감추고 새로운 손님을 또 맞는다. 그러다 보면 좋은 손님을 만나서 내 얼굴도 밝아진다.

버스 안 풍경은 그리 썩 유쾌하지는 않다.

더욱이 코로나가 터진 뒤부터는 모두 다 마스크 착용을 해야 해서 얼굴을 볼 수도 없고 이야기를 나눌 수도 없다.

초창기 버스를 끌 때는 에피소드도 많았다.

언덕에 정차하면 버스가 출발하면서 뒤로 밀린다.

클러치와 액셀의 유격 차이로 어떤 차는 더 밀리고 어떤 차는 덜 밀리며 출발이 될 때도 있다.

차마다 조금씩 다르다. 처음 입사해서는 디젤차에 변속을 제때 못해 차가 뒤로 막 밀려 혼비백산이 된 적도 있다.

바로 그때 어떤 중년의 남자분이 차 문을 열어달라고 하더니 버스 뒤로 가서는 뒤에 차들을 못 오게 방어를 해주셨다.

난 그 틈에 액셀을 왕 때려 밟고 언덕을 힘차게 올랐다.

그 손님이 뛰어오는 모습을 백미러로 보면서 언덕 위에까지 차를 끌고 올라가 세워 기다리면 헉헉하면서 차를 탄다.

　난 너무 미안하고 고맙고 죄송해 얼굴이 빨개지면, 괜찮아요. 처음엔 다 그러면서 능숙해지는 거지요, 하면서 자리로 간다.

　순간순간 누군가의 도움을 받으며 난 점차 익숙한 버스 기사로 거듭나고 있었다.

　도로에 공사로 차들이 꼬리를 물고 있으면 수신호 하는 모범운전자께서 언제 옆에 와서는 차들 다 빠지면 넘어가시라고 한다.

　난 감사합니다 하곤 재빨리 치고 넘어간다.

　간혹 간식으로 준비한 것을 나에게 내어 주기도 한다.

　버스가 정류장에 들어오면…

　아이를 유모차에 태우고 기다리는 아기엄마…

　유치원 꼬맹이를 손 꽉 잡고 서 있는 모습…

　예쁜 두 젊은 남녀의 포옹… 등등 모두 버스에 오를 수 있다.

　심지어는 자전거도 탑승할 수 있어졌다.

　그런데 마스크를 안 쓰면 절대로 탑승 불가다.

　씽씽 거리를 달리는 "전기 버스"가 나오더니 "수소 버스"도 질세라 나왔다.

　난 초창기 디젤 버스에 기어변속하는 수동 버스를 끌었다.

　나보다 대선배들은 차장이 있을 때부터 버스를 끌었다고 한다.

　사실 나도 학생 때 버스차장의 "오라이"를 들으며 버스를 타고 다닌 생각이 난다.

　지팡이 짚고 계단을 오르려면 노인들은 낑낑 맨다.

　난 재빨리 어르신 팔을 잡아당겨 차내에 안전하게 승차시켜드리곤 했다. 그런 세월이 후딱 지나가면서 이젠 버스에 계단이 사라졌고 머잖아 무인 장착 버스도 등장을 할 것이다.

어제는 어떤 중년 남자가 시커먼 마스크를 쓰고는 운전석 쪽으로 터벅터벅 걸어 나온다.
난 운행하면서 주시하니 운전석 유리 옆으로 얼굴을 내민다.
깜짝 놀라 왜요? 했더니, 아니요. "여성 운전자시라 대견해서 본 거예요"한다.
사람들은 여성 운전자를 왜 신기하게 보는 건지…
난 이럴 때 마음이 여러 모양으로 겹쳐진다.
아기를 유모차에 태운 젊은 아기엄마는 아기는 아랑곳 안 하고 스마트폰만 보고 있다.
아기엄마.. 애기 유모차 좀 잡아주세요 하면.
그제서 네, 한다.
요양병원에 근무하는 손님은 날 만날 때마다 반갑다고 웃어주고 가방에 무언가가 있나 뒤적거리면서 나에게 건네주곤 했다.
껌이며 사탕, 두유 등 그런 거다.
난 씩 웃으며 가져가서 일하면서 드세요. 하면, 또 있다고 한다.
그런데 언제부턴가 못 만났다.
교대자가 들어오면서 누나, 요양병원 아주머니가 박카스 한 박스 누나 주라고 해서 의자 밑에 넣어놨으니 졸릴 때 꺼내 드시라고 한다. 고마운데 연락할 방법이 없다.
이런저런 좋은 분들을 만나면 하루가 신나서 씽씽 나도 모르게 입이 방실방실 한다.

하루는 한 젊은이가 정류장 앞에서 나와 눈이 마주쳤지만, 미동도 안 하고 내 뒤에 오는 다른 버스를 고개를 빼고 보더니 스마트폰에 열중한다.

다른 사람들 승차가 되었고 뒷문 하차도 다 끝나 난 차선 변경으로 좌측 깜빡이를 켜놓고 좌측 백미러를 보고 나가는데 갑자기 앞에 무엇이 확 나타났다.

난 깜짝 놀라 차를 즉각 세워 보니 바로 전 나와 눈이 마주치고도 미동도 안 하고 딴청만 한 그 젊은이였다.

난 재빨리 앞문을 따고 왜? 왜 그래요 했더니…
눈을 부라리며 타려고 해요. 왜? 그냥 가요 한다.
나 역시 놀랜 상태라 내 목소리도 곱지 않았다.
다음부터 그러지 말아요. 위험하니까~
사고 나면 책임질 거 아니면 딴청 말고 차 정차했을 때 타요. 했더니. 거친 말로 화를 벌컥 내더니 민원을 접수했다.
난 회사든 서울시든 정당하게 의견을 진술했다.
"이 사람은 서울 시내버스 탈 자격이 없는 사람입니다. 이 한 사람을 위해 서울 시내버스가 어마어마한 세금을 낭비해 가며 다닙니까? 버스 운전자가 이 사람 개인 운전자입니까? 시민 의식을 갖고 버스 타는 예절도 지켜야 한다고 생각합니다. 앞으로 이런 민원 접수받지도 접수시키지도 못하게 서울시는, 회사는 우리 운전자 당당하게 일할 수 있게 처우를 개선해 주세요."라고 일장 연설을 했다.

수많은 사람이 우르르 밀물처럼 몰려드는가 하면 어느새 우르르 다 빠져나가고 차 안은 조용하니 적막이 흐른다.

한적한 정류장에서 잠시나마 나는 심호흡을 "후"하고 내쉬면서 어깨도 쭉 펴보고 목 운동도 도리도리 하며 다음 신호를 기다렸다가 또 다른 승객을 위해 씽씽 달려간다.

주여! 부디 나를 당신의 도구가 되게 하여 주시옵소서.

인고, 모란 동백

어느 날 아이들 하굣길이었다.
길 가장자리로 여학생들이 삼삼오오 재잘거리며 지나가는 모습이 버스 앞 유리에 비친다.
그런데 큰딸아이가 섞여 있었다.
딸아이는 엄마 버스를 보자 양손을 흔들며 엄마 조심해하는 외침이 들려왔다.
난 눈물이 울컥해 애써 참으며 집에 가 손 씻고 국 데워 밥 먹어요 했다.
그런데 갑자기 버스 안이 웅성대더니 기사님 최고하면서 여기저기서 손을 흔들어 주시며 박수를 쳐대는 게 아닌가!
난 쑥스러워 얼른 정류장을 빠져 다음 정류장을 향해 달렸다.

내가 여고 시절 친구들과 하굣길에 재잘거리며 몰려가는데 엄마가 리어카를 끌고 가는 모습을 봤다.
난 창피해서 얼른 고개를 돌렸던 적이 생각났다.
내 아이들은 참 기특하다.
비가 오면 비 온다고 엄마걱정, 눈 내리면 미끄러질까 엄마걱정,

자나 깨나 초보 엄마인 날 걱정한다.

엄마 걱정말고 열공해요.

난 사실 미아리고개만 올라서면 한숨을 푹 쉬곤 했다.

고개 중턱에 정류장이 있어 정차했다 출발하면 차가 뒤로 밀리기 때문이었다.

얼마나 무서웠는지 지금도 꿈속에 버스가 뒤로 밀려가는 꿈을 꾼다. 경력 17년 차인 난 이젠 비가 퍼붓던지 눈이 펄펄 날리던지 고갯길이 가파르든지 개의치 않는다.

어느 날 큰딸아이가 느닷없이 엄마가 동백을 닮았느냐고 한다.

엄마가 그렇게 이쁘나요? 했더니 어, 동백은 이쁘지만, 눈보라에 얼음을 뚫고 피어나는 꽃이잖아요 한다.

사실 동백은 단아하고 고풍있고 우아한 꽃이다.

꽃이 수명을 다해질 때도 흐트러짐 없이 송이채 뚝 떨어진다.

그래서 난 착안했다. 난 모란처럼 화려한 여자이고 싶지만 두 아이를 책임져야 할 엄마이기에 동백처럼 강해야 살아남는다.

요즘 버스는 초 저상이다.

휠체어, 유모차, 버스 타는 모습을 그렸다.

바쁘게 출근하는 사람들, 아이들 등교시키는 모습,

임산부, 여행객 등등 무수히 많은 사람이 타고 내리는 버스 풍경이다.

오늘도 난 사무엘의 기도 "오늘도 무사히"를 외치며 하루를 시작한다. 그렇게 하여, "인고, 모란 동백" "엄마 달려"가 완성되었다.

평화

2018년 겨울…
평창 동계올림픽이 개최되었다.
난, 뇌를 스치며 지나는 먼가에 확 꽂혔다.
그래서 미친 듯이 붓을 들었다.
남과 북이 평창올림픽 개막식에 나란히 입장하는 그 모습에서 아, 이거 다 내가 강해지면 어느 누구도 날 넘보지 못하듯이…
나라도 강해지면 그 누가 내 나라를 좌지우지할까?
그리하여 난 여왕의 꽃, 모란으로 삼면 바다를 에워쌓다.
왜?
우리가 왕이니까…
왕인 내 나라를 그 누가 참견하느냐?라는 마음으로… 육지는 모란 이파리로 한반도를 나타냈다.
잎맥은 한반도 어디든 가로질러 다닐 수 있는 고속도로가 펼쳐졌다. 독도는 태극기가 휘날리는 군함이 떡 버티고 있고, 서해안은 천안함 772호의 아픔을 나타냈다.
제주도는 청정지역 마을로 묘사했다.
우리는 하나다. 그건 어느 누구도 부인할 수 없는 진실이다.

너희들 내 나라에서 다 꺼져… 하는 마음으로 울부짖으며 고속도로를 파 내려왔다.

가로질러 가든…

세로질러 가든…

조선 8도 우리가 우리 맘대로 휘젓고 다닐 수 있게

신의주를 가든 함흥을 가든 압록강가에서 목놓아 노래를 부르든… 목포든, 부산이든, 땅끝마을 해남이든 내 나라 내 맘대로 헤집고 다닌다는데… 니들이 웬 간섭이냐고, 다들 입 닥쳐.

난 꿈을 꾸듯이 가슴이 북받쳐 미친 듯이 삼면을 여왕의 꽃 즉 왕의 꽃으로 무장을 했다.

나라가 강해야…

나라가 살고 나도 산다.

"평창 평화" 올림픽을 보면서 가슴이 불타올랐다.

아버지가 즐겨 부르시던 노랫말 가사가 입가에서 맴돈다.

"두만강 푸른 물에 노 젓는 뱃사공

흘러간 그 옛날에 내 님을 싣고

떠나간 그 배는 어디로 갔소

그리운 내 님이여 그리운 내 님이여 언제나 오려나…

그렇게 하여 박경민 "평화"가 탄생되었다.

크리스마스 선물

성탄절 선물로 작은아버지 영정 사진을 그렸다.

사실 난 인물화는 자신이 없다.

화가들은 작가 개인의 성격, 색깔, 성향에 따라 제각각이 다르게 표현한다. 같은 소재라도 내면에 품고 있는 사상이라든지 상상력에 따라 달리 표현된다.

난 노천명의 사슴에서 모가지가 길어 슬픈 짐승을 의인화했고… 모딜리아니의 연인 잔느를 대상으로 그린 목이 긴 모습에 착안해서 나의 모란을 그리기 시작했다.

난 모란을 구상으로 접목했고, 나의 몸은 반 구상으로 표현했다.

어떤 작가는 과일을 소재로 진짜 사과처럼 그린다. 풍경을, 설경을, 계곡을 등등 자기만의 소재로 자신을 표현한다.

나의 모란은 보는 시각에 따라 화병으로도 나무로도 보인다. 하지만 난 나의 몸 즉, 기다란 나의 목을 반구상으로 표현했다.

사실 인물화는 조심스럽고 또 조심스럽다.

인물은 당사자의 인격과 품격을 나타내야 하므로 여간 긴장이 되지 않는다.

나의 붓질로 우아해질 수도 있고 품위가 저하될 수도 있기 때문이다. 그리하여 난 심사숙고할 수밖에 없다.

몇 번을 연습하고 다시 구도 잡고 간격 잡고 다시 또 반복에 반복하여 완성했다.

아버지 장례를 치르고 작은아버지께서 어느 날 우리 조카 경민 화가가 그린 인물화를 영정 사진으로 놓고 싶다고 하셨다.

난 울컥했다. 무슨 벌써 그런 말씀을 하세요? 했더니 미리 준비해서 나쁠 건 없다고 하셨다. 그래서 준비했다.

그랬는데, 영정사진을 미리 준비해 놓으면 훨씬 장수하신다고 했다. 그래서 신이 나서 붓을 들었다.

내 훌륭한 작은아버지께서 오래 사신다면 내가 할 수 있는 그림, 밤을 새워서라도 완성을 해야 하지 않겠나!

그리하여 작은아버지 사진을 노려보고 또 노려보고 나의 눈 안에 작은아버지 얼굴을 새기고 또 새겼다.

그림이 훨씬 젠틀하고 핸섬해 보였다.

원래 그림은 사진하고 달라 젊게 보이든, 늙게 보이든 그건 붓을 든 작가의 마음이다.

내가 붓을 들었으니 내가 갑 아닌가!

그러니 내 마음 가는 대로 붓을 드는 건 지극히 당연한 거 아닌가!

모란의 여왕 박경민…

석 달 가까이 나, 모란의 여왕을 팠다.

대학원 동기생한테 보여줬더니 "어머, 박 작가 분위기가 팍팍 나요" 한다. "살아있네" 하면서 분위기를 한층 띄웠다.

사실 두렵고 떨렸다.

그런데 칭찬을 들으니, 고래가 춤을 춘다 아닌가!

159

올 한 해를 뒤돌아보니…
정말 숨 가쁘게 달려왔다.
올 초 인사동 경인미술관에서 개인전을 열고 대학원 입학에 연달아 그림 출품해 수상까지, 크고 작은 미술대전에 출품하면서 밥 먹는 시간, 화장실 가는 시간도 아까워 낑낑거리며 작업에 몰입하지 않았나!
지천명 끄트머리에서 올 1년은 정말이지 10년을 달려왔다고 해도 과언이 아니다.
나를 돌아봤다.
뿌듯했지. 더 잘할 수 있었는데 하는 아쉬움도 남고 여기까지 올 수 있게 나의 길을 열어 주신, 나의 하나님께서 나의 등 뒤에서 지켜 주시고 격려해 주시고 사랑해 주셔서 오늘이 있지 않았나 한다.
경인미술관은 조선시대 한 임금의 후궁이 살던 곳이라 하여 경인궁이라고 불리었다.
난 경인궁에서 모란의 여왕을 꿈꿨다.
그랬더니 진짜로 여왕 된 거 마냥 난 기쁘고 즐겁고 신났다.

2020년…
고맙고 감사한 한 해였다.
무탈하게 우리 가족 모두 주님 품 안에서 한 해를 잘 나게 하심을 감사드린다.

chapter 3

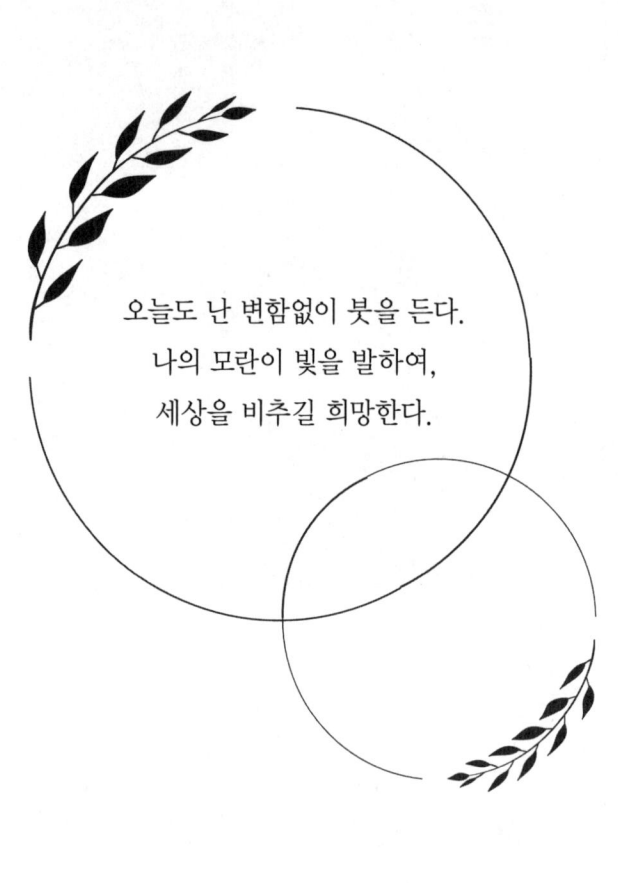

오늘도 난 변함없이 붓을 든다.
나의 모란이 빛을 발하여,
세상을 비추길 희망한다.

모란의 향연

모란의 향연이 시작되었다.

사실 난 3회 개인전을 개최하고는 긴 침체에 빠져버렸다. 붓도 들지 못하고 멍해져 버렸다. 어두운 긴 터널에 갇힌 기분이다.

아직 가야 할 길이 멀기만 한데, 이제 막 걸음마를 뛰려는데 침체라니…

코로나가 온 세계에 퍼져나가 다들 지쳐가고 있는데, 이젠 그만 제발 멈추고 나의 향연이 즉, 나의 모란이 전 세계로 퍼져나가길 기도한다.

모란은 나의 몸이고 나의 마음이고 나의 행동이다.

무언가 이루고 나면 허전함, 쓸쓸함, 고독함이 몰려온다고 한다.

나도 예외는 아니었다.

봄의 끝자락에서 개인전 3회를 마치고는 여름이 다 가도록 또 다른 가을이 시작되었음에도 난 붓을 들 엄두를 내지 못했다.

가을이 반쯤 익어갈 무렵 펑펑 눈발이 날렸다.

정신을 번쩍 차렸다.

내가 다니는 교회, 창동제일교회는 우리 아이들의 추억과 사랑이 깃든 교회다. 나의 교회에 나의 모란의 향연을 기증했다.

부족한 나의 그림을 받아주신 목사님 사모님께 감사드린다.

예배 후 막 나오려는데 사모님께서 나지막한 목소리로 뵙자고 하신다. 조심스럽게 다가갔더니 교회 카페에 나의 그림을 걸었으면 하는데 값을 물으셨다. 난 손사래를 치며 "무슨 가격을 말씀하세요" 했다.

이제 막 걸음마를 뛴 나의 그림을 교인들의 담소 장소인 카페에 걸으신다는데 어떻게 마다할 수가 있겠나!

감사한 마음으로 기증을 하고 왔다.

뭔가 큰 걸 수확한 기분이 들어 가슴이 뿌듯했다.

하나님! 올 한 해 건강으로 지켜주시고, 3회 개인전을 개최해 주시고, 여기저기 작품을 수상하게 해 주신 나의 하나님께 감사를 드립니다. 무엇보다 나의 미련한 글이 "하나로 선 사상과 문학" 계간지에 계속 연재되게 하여 주시고 나의 글이 지치고 힘든 많은 이들에게 감동과 희망을 줄 수 있는 밑거름이 되어 삶의 활력소가 되어서 너도나도 글을 쓰고 행복해지는 그런 날이 오길 기대해 봅니다.

2021 수능 전날

오늘은 수능 예비소집일이다.

코로나19로 온 수험생이 힘든 시간을 보냈다.

학교도 제대로 못 가고 대면 수업도 제대로 받지 못한 2021 수험생 여러분, 힘내고 최선을 다해 시험 잘 보세요.

힘든 시기 잘 참고 여기까지 온 수험생 여러분께 박수를 보냅니다. 짝짝짝~~

난 17년째 시험날 수험생을 태우고 다녔다.

정작 내 두 아이에겐 미안하기만 한 엄마다.

시험을 보는지, 몸이 아픈지, 컨디션은 좋은지 아무런 관심도, 이야기도 못 해주고 오로지 시민을 위해 버스만 끌고 다녔다.

문득 지난날이 주마등처럼 지나간다.

수요일은 바쁜 날이다.

출근탕 바쁘게 운행을 마치고 들어오면 검차대에 올라가 검차를 한다. 7~8분 대로 줄줄이 나가도 러시아워 시간 때는 도로 상황이 급변하게 바뀌기 때문에 18분, 20분 획획 눈 깜짝할 사이에 앞차와의 간격이 벌어진다.

정류장마다 손님이 두 배 세 배로 몰려있어 버스 안은 빽빽이 인산인해. 그렇게 한차례 전쟁을 치르고 들어오면 차 검사는 필수기 때문이다.

난 검차대에 올라갈 때면 가슴이 두근두근 거린다. 정비 담당이 손짓해도 앞 거울을 보면서 살금살금 올라간다. 혹시라도 바퀴가 허공에 빠지기라고 할까 봐서 검차가 끝나면, 세차장으로 차를 끌고 가 허리를 잠시 편다.

세차하는 분들이 차를 닦고 호수로 물을 뿌린다.

거기다 오늘은 수능 예비소집일이라 수능 표지판을 부착해야 한다.

바쁜 날이다.

점심은 들어오자마자 허겁지겁 먹어 치웠다.

상추에 돼지볶음이 나왔다.

바빠서 상추도 못 싸고 따로따로 먹었다.

마스크는 패션이 된 지 오래다.

매일 회사에서 주는 시퍼런 덴탈 마스크를 쓰고 다녔는데 나도 핑크공주처럼 핑크색 마스크를 하나 얻어 썼다.

핑크가 잘 어울린다고 예쁘다고 한 마디씩 한다.

눈만 빼꼼히 나와 있는데 이쁜 게 보이나. 헐!

난 원래 핑크색을 좋아한다. 옷도 핑크색이 더러 있다.

버스를 끌면서는 운전자 복장 검은색을 입어야 해서 할 수 없이 검정 니트, 검정 속 패딩도 사서 껴입었다.

추운데 모양낼 환경이 아니다.

이번 수능은 예년에 비해 2주 밀어졌고 후배들이 시험 보는 형, 언니들 응원도, 교문 앞 커피 잔치도 모두 멈춰야 한다.

썰렁하게 시험을 치르는 수험생들에게는 허전하기도 할 것이다.
우리가 지금껏 살면서 비대면 수업, 원격수업은 상상도 못 했던 일이다. 앞으로 살면서 또 무슨 일이 일어날지 모른다.
떼로 다니며 영화 보고, 동창회하고 노래방 가서 뒤엉켜 놀고, 패키지 여행하러 뭉쳐 다녔던 그런 시절이 이젠 추억 속으로 밀려났다.
이젠 혼자 밥 먹고, 혼자 자고, 혼자 산책하고, 혼자 여행하고, 혼자, 혼자, 뭐든 혼자 가야 한다.
이젠 마스크를 안 쓰면 속옷 하나 안 챙겨 입은 거 마냥 얼굴도 못 든다. 세상이 잠깐 사이에 엄청나게 변했다.

우린 엄청난 변화에 지금껏 삶이 당연시했던 모든 생활과 패턴이 완전히 뒤바뀌어졌다. 거리를 두어야 하고, 멈춰야 하고, 사람이 사람을 멀리해야 하는 세상이 됐다.
수능 전날.
작년 수능 전날이 그립다.

2021 아듀

    2022 새해가 밝았다.
    새해 첫날 택배는 "사상과 문학" 계간지였다.
    나의 그림이 나의 글이 게시되었다.
    올 새해는 그야말로 나의 환한 빛이 전개되길 기도해 본다.
    지난해에도 하나님이 함께해 주셔서 어디 아프지 않고 씩씩하게 살아옴에 감사를 드렸다.
    작년 봄이 다 갈 무렵 3회 개인전을 인사동에서 개최하고는 긴 슬럼프에 빠졌었다.
    붓도 들기 싫고 나를 잊어버렸다.
    손마디에 관절이 왔다.
    왼손잡이라 왼손부터 반응이 왔다. 둘째 손가락 마디가 툭 튀어나온 걸 난 동상이 걸린 줄 알았다.
    엄동에 털장갑을 껴도 밤새 얼어있는 버스 핸들은 얼음장보다도 차고 시렸다.
    털신을 신었어도 항상 새끼발가락이 얼었다 녹아 여름이 다가오면 엄청 가려웠다.
    정형외과에 가서 사진을 찍어 보니 관절이라고 했다. 이왕 진행

된 건 방법이 없지만, 진행을 늦추는 약을 처방받았다.
평생 먹어야 한다.
이제 이순에 나의 몸이 서서히 무너지기 시작했다.
난 평생 천하장사인 줄로만 알았다.
아이들 책상도 장롱도 혼자서 번쩍번쩍 옮겨놓곤 했었다. 나의 두 아이는 엄마인 나를 천하장사라고 했다.
난 누구도 의지하기 싫어 뭐든 내가 손수 했다.
목도 어깨도 다 마디마디 내려가는 소리가 강하게 들려온다.

벚꽃이 머리 위에 비칠 때 황소 눈을 닮은 사람이 다가왔다.
어릴 적 우리 집엔 누렁소가 있었다. 누렁소의 눈은 그야말로 천진난만 그 자체였다. 껌벅껌벅하는 눈망울은 아무런 적개심도 없이 마냥 되새김질만 하곤 했었다.
그런 누렁소의 눈을 닮은 그가 어느 날 내 앞에 나타났다.
무거운 것도 다 들어준다면서 팔뚝을 내밀었다.
개인전을 치르고 그림을 정리하는데 그가 긴 팔뚝을 내밀며 다가와서는 그림을 때려 싣는 게 아닌가!
수호천사처럼 보였다.
ROTC 장교 출신답게 절도 있는 모습에 카리스마가 느껴졌다.
그렇게 난 지천명 끄트머리에서 사춘기 소녀처럼 가슴이 두근거렸다. 멀쩡히 혼자 할 수 있는 것도 엄살을 떨었다.
그는 나를 위해 파도가 철썩이는 바다가 펼쳐져 있는 멋진 휴식처를 마련해 주고는 푹 쉬라고 했다. 아무 생각도 말고…
눈물이 울컥했다. 출렁이는 바다 위에서 나 혼자만의 공간에서 난 바다 내음을 맡으며 드디어 자유를 찾았다. 사람들에 치이고 일에 지쳐 난 사흘 밤낮을 잠만 잤다.

  다 잊어버리고…

  처녀 시절 검푸른 바다는 나의 캔버스였고 나의 꿈이었다.

  그렇게 충전하고 또 다른 나를 찾기에 혈안이 되어 붓을 들고 나를 파기 시작했다.

  2021 아듀… ~ 고마운 해였다.

  내가 수필가로 등단한 해였고 나의 그림이 여기저기 오르내리기 시작한 해였다. 그렇게 나의 길고도 긴 해가 저물어갔다.

  나의 등 뒤에서 나를 지켜주시고 험한 골짜기에서 건져내 주신 나의 하나님께 새해 첫날 두 손 모아 감사의 기도를 올린다.

개법

난 18년째 서울 시내버스를 운행하고 있다.
따스한 3월 오후다.
개나리의 향연이 시작되었다.
길옆에는 노란 개나리가 따사로운 봄 햇살의 기운으로 옷을 삼아 입고는 하늘하늘 손짓을 한다.
난 노랑색을 참 좋아한다.
노란 개나리는 그 어떤 물감을 풀어나도 개나리다운 봄색을 만들 수는 없다.
난 개나리 이름을 "봄빛"이라고 하고 싶다.
봄의 전령사가 개나리 아닌가!
그 이쁘고 소담스러운 개나리꽃 앞에 왜 "개"자를 붙여 꽃의 기쁨과 환희를 망가트리는지 모르겠다.
개나리는 초등학교 담벼락 옆에, 개천 뚝방 가에 영락없이 뽀송뽀송하게 피어있다.
금방이라도 노랑 병아리가 삐약하고 나올 것처럼 샛노랗게 피어있다.
내 집 근처 당현천 뚝방 길에도, 중랑천 뚝방 길에도 내가 운행하는 혜화로터리에 있는 성당에도 담장을 넘어 개나리가 축 늘어져 봄을 재촉하고 있다.

나리꽃에는 참나리와 개나리가 있다.

우리나라 야산이나 들판에 주로 피는 점박이가 있는 주홍빛 참나리는 다소곳이 겸손하게 고개를 숙이고 있는 우리나라 들꽃 중 하나다.

정작 글의 요점인 선거 이야기를 쓰려고 하다 보니 글이 삼천포로 빠지려고 한다.

우리나라 사람들은 "개"자를 참 좋아하는 것 같다.

"개살구" "개복숭아"도 있다.

살구색 개살구는 새콤달콤 아주 맛있다.

말랑말랑 익으면 진짜 달고 맛있다.

개복숭아도 마찬가지다.

푹 익으면 쩍 갈라지면서 맛이 상큼하다.

그런 좋은 "개" 접두사는 우리 환경에 깊숙이 들어와 있어 친밀감과 편안함을 안겨준다.

때론 "개"자가 앞에 붙으면 거친 말로 바뀌어 심한 욕설이 된다.

우리 서울 시내버스 노조위원장 선거에는 우리 버스 노조원들이 참여할 수 없는 "개법"으로 만들어져 있다.

대통령도 내 손으로 뽑아 잘못하면 탄핵해 끌어내리는데 민주주의 국가에서 이런 "개법"이 존재한다는 것을 누가 상상이나 할 수 있겠나? 분명 우리 버스 승무원 세계는 별천지인 게 틀림이 없다.

난 18년 가까이 서울 시내버스를 끌면서 노조위원장 선거를 하는지… 언제 치르는지 아예 아무것도 모르고 살았다.

오로지 두 아이 키우는 데만 올인하느라 일만 했다.

쉬는 날도 다른 승무원 급한 용무가 생기면 난 대차해서 나가 일을 하곤 했다.

운전자 용어로 땜빵이라고 한다.

막말로 땜빵을 하면 월급 외 수당이 더 붙어 난 내 아이들 고기라도 더 먹이려고 기를 쓰고 일을 했다.

그런 아이들이 어느새 다 자라 성인이 되었다.

난 처음 버스 끌 때…

내 두 아이 대학 졸업할 때까지만 일을 하자, 하는 심정으로 버스에 몸을 싣고 찬이슬 맞으며…

밤이슬 맞으며 그렇게 버스회사를 오갔다.

그런데 난 어느덧 왕고참 대열에 서게 되었고, 이젠 내 노후를 준비하려고 나를 위해 버스를 끌고 다닌다.

버스노조가 있든 말든 무엇을 하던 난 아무런 관심도 없었다. 오로지 내 일만 했다.

우리 서울 시내버스에는 66개 업체가 있다.

각 업체의 노조위원장이 대의원들과 함께 본조 서울 시내버스 위원장을 선출하는 간접선거 제도로 되어 있다.

1만 8천여 명이 넘는 버스 승무원은 선거에 관여할 수 없는 제도다. 막말로 각 업체 위원장 66명만 구워삶으면 본조 위원장에 당선되는 그야말로 땅 짚고 헤엄치기인 "개 같은 법"이다.

그리하여 이번 본조 선거도 향응과 금품선거에다 집합 금지임에도 불구하고 10여 명이 모여 특수부위 한우까지 우리의 피 같은 노조비로 선거위원장까지 선거 전날 함께 식사한 게 포착되었다.

우리의 월급에서 조합비를 떼어 본조 위원장 월급에, 판공비에 그 밑에 국장들까지 우리 승무 노조원들이 먹여 살리는 구조다.

개같이 벌어 갖다 바치면서도 우리의 권리도 주장 못하고 주눅들어 회사 눈치만 보면서 불이익을 당해도 입도 뻥긋 못하는 일개미에 불과하다.

연합뉴스까지 보도가 되었고 경찰서에서는 현재 조사가 진행 중이다. MBC는 선거 당일날 본조 사무실 앞에서 취재했음에도 불구하고 오다를 내리지 않아 뉴스 보도가 나오지 않았다.

박정희 군부 독재 유신헌법 시절 70년대 초 "통일주체국민회의"라는 제도는 평화통일을 염원한다는 명분아래 통일은 허울뿐이고 군부 독재자 장기 집권에 일임하는 막강한 헌법기관이었다.

이런 "개"같은 법을 만들어 시위에 참여하는 학생들을 가두고 죽인 그 시절 제도와 거의 흡사하다고 보면 될 것이다.

지금 우리는 어느 시대에 살고 있나?

난 귀 막고 눈 감고 일 만했다.

회사의 노조위원장이 무얼 하든지 말든지 아무런 상관도 관심도 없었다. 피 같은 돈을 벌어 갖다 바치면서도 난 먼 산 보듯 남의 일처럼 강 건너 불구경하듯 세월을 보냈다.

회사는 촉탁직 위원장을 계속해서 재입사를 해주면서 노조 위원장을 등에 업고 우리 근로자들의 피와 땀을 뽑아먹는 흡혈귀마냥 기생충처럼 우리 승무원들에게 온갖 갑질을 해왔다.

바른말을 하면 누군가 듣고 노조위원장께 고자질해 재입사를 떨어뜨리는 갑질 중 최악질 갑질이었다.

북한의 김정은과 같은 갑질이 자행되고 있었다.

그렇기 때문에 촉탁직 승무원은 노조위원장 편을 들어야 하고 위원장의 개가 되어 있다.

위원장은 더욱 권력에 군림하게 되고 회사와 타협해 가면서 근로자들의 자유를 생존권을 박탈하는데 앞장을 서는 불이익을 당해도 조합원의 조합비를 받아 처먹으면서도 눈도 깜짝 안 한다.

이러한 촉탁직 제도를 교묘히 이용하면서도 일자리를 제공해 주는 척 명분을 내세운다.

촉탁직 근로자 역시 일해야 하므로 더러워도 참을 수밖에 없는 제도다.

1년 근무 후 또 재입사 걱정을 해야 하므로 노조위원장 말이라면 하늘같이 따라야 한다.

이런 슬픈 현실에 난 이제야 18년 근무를 하면서 눈을 뜨게 되었고 나 역시 눈 감고 일만 해온 내가 얼마나 한심하고 바보였는지 몰랐다.

"난 참 바보처럼 살았군요

잃어버린 것이 아닐까,

늦어버린 것이 아닐까,

흘려버린 세월을 찾을 수만 있다면,

얼마나 좋을까 좋을까,

나의 학창 시절 유행했던 김도향의 노랫말 가사를 떠올려본다.

나의 글이 전국 방방곡곡으로 퍼져 나가길 간절히 바라는 마음으로 피를 토하는 심정으로 글을 쓴다.

개밥

옆집 똘이 엄마가 아줌마 하면서 날 부른다.
현관문을 열어놨더니 똘이 엄마 소리가 들려 나가보니 우리 똘이가 밥을 안 먹어 속상해 미치겠다며 똘이를 안고 서 있는데 울상이다. 똘이는 개 왕자님 이름이다.
아이들 이름 대신 개 공주님, 개 왕자님의 엄마고 아빠다.
연어살을 사다 먹여도 먹는 체하다간 먼 산만 보고 있고, 참치를 꺼내줘도 냄새만 킁킁 맡고 딴청 피우고, 등심을 구워 줘도 2절음 먹는 체하곤 딴짓하고, 먼저는 순대를 줬더니 잘 먹길래 자꾸 줬더니 피부에 알레르기가 생겨 병원 가서 주사 맞고 약 받아 오는데 30만 원이 들었어요 한다.
이게 다 뭔 개소리인가?
개 팔자 상팔자라더니…
진짜 개 팔자 상팔자가 맞나 보다.

난 두 딸을 출산하고 30대 초에 육아 문제로 다니던 직장을 때려치우고 서울살이를 시작했다. 아파트 복도에 들어서면 이 집 저 집 개소리에 난 진짜 깜짝 놀랐다.

도저히 믿기지 않았다. 아니 세상에 집안에서 개를 키운다고…
그것도 아파트에서 공간도 없는데…
사람이 거주하는 데서 같이 거주한다고?
정말 상상조차 할 수 없는 상황에 놀라 자빠질 뻔했다.
다른 곳을 이사 가도 거기도 마찬가지였다.
한번은 엘리베이터를 기다리는데 문이 열려 들어가려다 깜짝 놀라 뒤로 자빠졌다. 송아지만 한 시커먼 개 두 마리하고 어떤 젊은 부부가 내리는 게 아닌가.
난 두 눈이 둥그레지면서 발이 떨어지질 않았다.
애완견 푸들은 아무것도 아니었다.

양구 우리 집 마당엔 개집이 있었고 흰둥이는 늘 꼬리를 흔들며 식구들을 반겼고 어찌 낯선 사람이 등장하면 몇 번 컹컹 짖다간 금세 흙마당에 축 늘어져 엎어져 자곤 했다.
밥은 우리 식구들이 다 식사를 마치면 엄마는 국물 남은 거 우리가 먹다 남긴 찌꺼기들을 모아서 부족해 보이면 보리쌀 삶아 놓은 걸 한대접 푹 퍼서 찝찔하게 된장 한 숟갈 풀어서 대충 간을 맞춰 마당 가에 널브러져 있는 찌그러진 개밥 그릇에 쏟아부어 주면 흰둥이는 킁킁거리며 먹어 치우곤 했다.
그렇게 자란 흰둥이는 새끼를 뱄는지 배가 남산만 하게 불러오면 엄만 동태 대가리를 푹 삶아 찌그러진 세숫대야에 흰둥이 죽을 담아놓곤 했다.
흰둥인 킁킁 냄새를 맡더니 좋다구나 꼬리를 흔들며 쩝쩝 먹어 치운다. 엄만 거죽 데기를 개집 옆에 깔아놓았다.
출산이 가까워지니 바닥이라도 깔아놔야 새끼들을 키울 거 아닌가… 얼마나 시간이 흘러 흰둥인 새끼들을 6~7마리 낳아서 젖을 물려주고 있다.

동네 사람들은 새끼 한 마리 얻어 가려고 흰둥이 먹이를 갖다주면서 예쁜 새끼를 미리 찜해 놓기도 했다.

그런 흰둥이는 새끼들이 이 집 저 집 입양을 가는 게 가슴 아픈지 허전한 듯 물끄러미 남은 한 마리를 쳐다보곤 했다.

그리곤 7월 복더위가 시작되면 흰둥이는 우리 집 남자들의 몸보신으로 밥상 위에 오른다.

아버지, 내 오빠, 내 남동생, 딸 셋의 세 명의 사위 이렇게 여름 날의 휴가를 마치곤 했다.

흰둥이에게 미안해 마음이 아련하게 슬퍼 온다.

요즘 개들은 아파트 안에 카펫 위에 소파 위에 왕자처럼 공주처럼 떡 누워있다. 유모차에는 아기 대신 개가 발을 척 올려놓고 주위를 신기하게 쳐다보면서 지나간다.

어떤 아줌마는 등에다 포대기에 업고 다니기도 한다.

오늘은 햇빛이 너무 강해서인지 선글라스를 끼고 산책 나온 개 왕자님도 있다. 머리에는 분홍 리본도 달고 염색까지 하고는 예쁜 원피스도 입고 등장하는 개 공주님도 계신다.

정말 상상 이상으로 개들의 향연이 펼쳐진다.

그런데 나 역시도 켓 맘이다.
누가 누굴 흉보고 있는지 모르겠다.
난 우리 아파트 단지 안에 돌아다니는 냥이 엄마다.
밥도 갖다주고 물도 떠다 놓는다.

아파트 쓰레기장 옆에 벌벌 떨고 있는 냥이를 데려와 7년째 키우고 있다. 우리 복덩이는 정말 예쁘다. 나의 발소리를 듣고 문 앞에서 기다렸다 문소리에 득달같이 반긴다.

이런 아이를 어떻게 안 예뻐할 수가 있나?

나도 우리 냥이 간식도 챙겨준다.

참치, 햄 녀석이 좋아하는 걸 어쩌다 주면 좋아서 냥냥냥 하면서 먹어 치운다. 어쩌다 혼내면 구석에 숨어 몇 시간이고 틀어박혀 나오질 않는다.

동물임에도 저 이뻐하고 미워하는 거 득달같이 안다. 이렇게 머리 좋은 애들을 어떻게 학대하고 잡아먹나!

그 옛날 우리 집 흰둥이 생각이 나서 마음이 착잡해 온다.

어느 집을 가봐도 개 왕자가 상전인 건 틀림이 없다. 목줄에 개를 끌고 차를 운전하는 사람은 결국 개를 죽이고 만다. 그 개가 따라가다 지쳐 그만 질질 끌려가면서 죽음에 이른 것이다.

분노가 일었다.

그럴 거면 키우지나 말던가…

말 못 하는 짐승이라고 막 대하면 되겠나?

말은 못 해도 얼마나 똑똑하고 우리를 잠시라도 시름에서 잊게 해주고 행복하게 해주는데…

못된 사람의 새끼보다 백배 천배는 낫다.

책임도 못 지면서 남 키운다고 나도 따라 키우는 게 어디 하루 이틀 키우다 마는 소모품인가!

금이야 옥이야 키우는 것도 볼썽사나울 때가 있지만 그래도 학대하는 것보단 백배 천배 낫다고 본다.

나도 오늘은 등심을 사다 구웠다.

등심은 내가 젤루 좋아하는 음식이다.
난 허기가 지거나 맥이 쑥 빠지면 등심을 사다 게 눈 감추듯 먹어치운다.
실컷 먹고 싶어도 돈 생각해 배불리 먹을 수가 없다.
그런데 이 비싼 등심을 개밥으로 준다고…
그런데 이 비싼 등심을 쳐다도 안 본다고…
정말 이 세상 개 다운 세상이다.

세상이 바뀐 게 어디 이뿐이겠나?
나의 어린 시절 하곤 상상도 할 수 없는 일이 전개된다.
난 그렇게 어설프게 덩달아 익숙해져 가면서 늙어간다.
눈이 휘둥그레져도 믿기지 않아도 차차 익숙해져 간다.
무수히 많은 사람 틈 속으로 나도 휩쓸려 들어간다.

큰 딸

큰딸아인 말이 없다.

어릴 적엔 생전 울지를 않아 이웃에서 애 키우는 엄마들이 숨 쉬는 인형이라고 했다.

눈만 깜박깜박했던 아주 순한 아이였다.

그래서 그런지 크면서도 생전 말썽 한번 안 일으키고 자랐다.

동생을 돌 전에 봐서 엄마 사랑도 듬뿍 못 받고 언니가 되어버렸다. 동생한테 양보하고 무엇이든 동생을 챙기는 그런 아이였다.

저도 아기인데… 제 동생을 챙기는 걸 보고 어릴 적 내가 내 하나뿐인 내 동생한테 무엇이든 양보하고 챙겨주곤 했는데…

고스란히 날 닮은 거 같다.

난 어릴 때 한 수다했다.

집안 분위기가 썰렁하다고 느껴지면 애교로 집안 분위기를 격상시키곤 했는데…

내 큰아인 그러고 보면 날 안 닮았다.

말수도 없고 조용하고 혼자 생각하고 말없이 동생한테 양보하고 혼자 방에서 놀곤 하였다.

난 큰아이가 맏이라 그런가 보다 했다.

난 지금도 이순이 코앞인데도 덜렁거리고 급하면 더 급해 앞이 안 보이는데… 큰아인 침착하다.

시계가 서버리면 건전지도 즉각 교체한다.

주방에 형광등이 수명이 다 돼 껌뻑껌뻑해서 보면 어느새, 새 형광등으로 갈아 끼워져 있다.

나보다 백 번 천 번 세심하고 반듯한 아이다.

큰아인 피아노를 잘 쳤다.

잘 친 정도가 아니라 전국 콩쿨대회에서 최우수상을 거머쥐었다. 세종문화회관에서 대회를 하는데 전국에서 피아노 잘 친다는 학생들이 다 몰려왔다.

초 5학년 아이가 중고생 이상 치는 곡을 손이 안 보일 정도로 쳐댔다. 큰아인 청음이 발달한 아이였다.

하루는 피아노학원 원장께서 날 불렀다.

지우는 음대를 보내라고 한다.

보통 애들과는 다르다며…

청음이 발달한 아이들은 피아노를 전공하면 성공한다고 하면서, 작은딸도 비슷하다고 했다.

어느 날 저녁 우리 네 식구 오손도손 저녁을 먹는데 텔레비전에서 배경음악이 흘러나왔다.

큰아인 유심히 TV 화면을 응시하더니 밥숟가락 놓기 바쁘게 피아노에 올라앉더니 방금 나왔던 배경 음악을 짜라란 쳐대는 게 아닌가! 난 깜짝 놀라 학원에서 배웠냐고 물었더니 그냥 저절로 쳐진다고 했다.

한번 들으면 짜자잔~ 하고 피아노를 친다.
악보도 없이 치는 걸 보고 난 생각했다.
그래 큰애는 음대를 보내고 작은애는 아들 겸으로 든든하게 태권도를 가르치자 마음속으로 생각했다.
그런데 대뜸 작은애가 "엄마 나도 언니만큼은 아니지만 나도 들으면 무엇이든 다 칠 수 있어"~ 한다.
난 대꾸도 안 하고 태권도나 열심히 다녀요. 3단 땄으니, 4단 따서 체대나 가라고 했다.
그리고 애들 아빠가 세상을 떠났고 큰애는 엄마 나 공부할래?~ 하더니 코피 흘리며 공부를 파기 시작했다.

어느 날 작은딸의 일기장을 봤다.
"난 손가락에서 피가 날 정도로 피아노를 치고 싶다. 그런데 언니의 그늘에 가려 엄마는 나의 피아노 실력을 인정 안 한다.
난 작은딸의 일기장을 보고 멍하니 바라만 봤다.
난 작은딸을 아들처럼 큰딸 보호도 하고 나의 든든한 아들 이상으로 키우려고 태권도를 가르쳤다.
아빠도 떠나고 없으니 내 마음은 더 아들이 간절했는지도 모른다. 그런 나의 대리 만족이 작은아이 인생을 망하게 했구나! 하고 정신이 번쩍 들었다. 그렇게 하여 큰아이는 공부를, 작은딸은 피아노를 치기 시작했다.
내가 어릴 적 내 동생한테 양보하듯이 내 큰딸도 동생한테 피아노를 양보한 것이다.
아빠 없는 빈자리를 큰아이는 말없이 묵묵히 메꿔주고 있었다.
피곤해 내 입술이 터지기라도 하면 비타민을 잽싸게 까서 입에 넣어 준다. 열이 나서 낑낑거리면 감기약을 머리맡에 두고 나간다.
야무지고 어른스러운 아이다.

난 힘들면 힘들다고 울어도 큰아이 아무리 힘들고 지쳐도 내색도 안 한다. 조용히 책을 보는 아이다.
당 떨어지면 힘들고 짜증 난다고 승객들한테 좋은 마음으로 안전 운행하라고 다크 초콜릿을 왕창 사다 놓는 아이다.
누구 닮아 손이 큰지 뭉치 뭉치 사다 놓는다. 기억력에 좋다고 호두도 대량으로 사다 놓고 잊지 말고 먹으라고 당부한다.
흰머리 나지 말라고 검은콩두유도 떨어지기 무섭게 배달시킨다.
경제학을 전공한 큰아이는 과 수석도 하고, 토익은 900점 넘은 만점에 가까운 점수를 받았다.
여의도 모 금융회사에 덜커덕 합격해 첫 월급을 탔다.
난 내심 기대하고 있었는데… 양구 엄마한테 전화가 왔다.
지우가 첫 월급을 타서 몽땅 할머니를 드렸다고 내 엄마가 좋아서 자랑을 하시며 고맙다고 하셨다.
난 내 딸이 대견하고 자랑스러웠다.
그 어린 게 첫 월급을 사회초년생이라 살 것도 많을 텐데 눈 딱 감고 몽땅 할머니한테 보낸 내 딸이 기특했다.

엄만 두 번째 월급 타면 줄게.
할머니가 나 3살까지 키워주셨잖아 한다.
할머니 생신 때도 잊지 않고 용돈에 화장품 등등 보내드린다.
어느 자식이 이렇게 할머니를 챙기나!
딸인 나도 못 챙겨 드리는데…

나보다 성숙한 맏이를 보면서… 내가 아이들을 제대로 돌보지도 못했는데… 이렇게 반듯하게 잘 자라준 게 너무 고맙고, 감사해 교회에다 월급을 뚝 떼서 애들 이름으로 장학 헌금을 드렸다.

큰아이는 어버이날 선물이라며 그 유명한 후쿠오카 온천여행을 시켜줬다.

엄마 힘든데 어깨랑 다리랑 푹 담그라며 어버이날 선물을 통 크게 쐈다. 딸 키운 덕에 호강하고 왔다.

난 하나님께 감사했다.

이 아이를 잉태하였을 때 매일 성경 구절을 읽었고 명곡 테이프를 틀어줬다.

그래서 이 아이가 피아노에 청음까지 갖고 태어난 게 아닌가!

교회에서 피아노 반주로 봉사한 고마운 딸인데…

난 미안한 게 너무 많다.

버스 끄는 유세로 엄마 힘들어 죽을 거 같아 하면서 엉엉 이불 쓰고 운 적이 한두 번이 아니다.

아이들에게 눈물 안 보이려고 소리죽여 울었다.

큰아이가 어느 날 엄마, "소원을 말해봐" 한다.

철부지 엄마인 나는 "유명 빽 메고 사진 찍는 거요" 했다.

그러자 큰아이가 엄마 눈감아 하더니 장롱문을 열면서 짜잔 하길래~ 눈을 번쩍 뜨니 그 유명한 백 상자가 불어로 쓰여 있었다. 난 깜짝 놀라 "아니 이게 왜 여기서 나와요?" 했더니…

큰딸이 ㅋㅋㅋ 웃으며 엄마 소원이니까… 했다. 그리하여 난 꿈에 그리던 말로만 듣던 명품 가방을, 그 유명한 백을 난생처음 들고 사진을 박았다.

참 이쁘고 흠잡을 데 없는 딸이다.

난 내가 안 키웠다. 하나님께서 반듯하게 키워주셨다.

난 사는 게 바쁘고 고단해 늘 울었다.

우리 애들은 날 눈물 공주라 부른다.

엄마인 난 말만 엄마지 아이들처럼 듬직하지도 냉철하지도 못했다. 내 큰아이는 듬직한 걸 보면 지 아빨 많이 닮은 거 같다.

난 큰아이한테 해준 게 없다.

힘들다고 투정만 부렸던 거 같다.

큰아인 오히려 엄마인 나를 다독거리며 고맙다고 한다.

한번은 우리 가족여행 가자고 하더니 세 명의 제주도 티켓을 예매했다.

그리하여 난 두 딸을 양쪽에 끼고 제주도를 한 바퀴 돌았다.

난생처음 수영장이 있는 호텔서 잠을 자고 광한대교가 바라보이는 해운대 백사장 앞 초고층 호텔에서 아침 해를 바라보았다.

낙동강 변에 펼쳐진 유채꽃 안에서 우리 세 모녀는 미소를 지었다.

경주에 가서는 첨성대를 바라보며 옛 선조들의 지혜를 보았고 경주의 유명한 빵도 맛봤다.

논산 은진미륵도 갔다. 여고 시절 수학여행길에서 본 은진미륵을 다시 보고 싶어서였다.

큰아인 내 손을 잡아끌고 백록담에 올랐다. 그 옛날 애들 아빠가 한라산에 같이 가자고 사정했지만, 난 산에 빠진 남편이 미워 안 갔다.

큰아인 내 마음을 꿰뚫어 보고는 아빠가 좋아할 거라며 우리를 보고 있다고 눈부신 하늘을 가리켰다.

눈에 넣어도 안 아픈 딸이다.

나한테 어디서 이런 금쪽같은 딸이 나왔는지 그저 고맙고 감사할 뿐이다.
　초보 엄마를 위해…
　비 오면 비 온다고 엄마 걱정,
　눈 오면 미끄러질까 엄마 걱정,
　그런 딸 덕분에 난 17년째 안전 운행을 하고 있다.
　우리 딸, 천금보다 귀한 내 딸…
　고맙고 감사해요.

단국대 법대

서울대 법대 버금가는 곳이 단대 법대였다고 한다.
50~60년도 내가 태어나기도 전 까마득한 얘기다. 지금은 지방으로 이전을 해서 그다지 유명하지는 않다고 한다.

아버진 스물에 엄마와 결혼을 했다.
6·25 때 이남으로 피난을 와서는 늦은 나이에 학업에 정진해 양구종고를 월반으로 1회 졸업생이 되었다. 세 아이의 아버진 양구 촌구석에서 그 길로 곧장 서울로 유학을 떠나셨다. 청운의 꿈을 가득 안고서 명문대였던 단대 법대에 입학을 했다.

낮엔 생활비를 벌고 야간대를 다녔다.
주야간 통틀어 총학생장이 되면서 아버지의 역사가 시작이 되었다.
박정권이 총칼을 잡고는 서울의 각 대학의 총학생장을 다 청와대로 불러 함께 나라를 이끌자고 제안했다.
아버진 군사독재정권과는 타협할 수 없다고 반기를 들었다.

아버진 4·19혁명에 동참하였고 경찰에 쫓기며 압박을 받으면서 1회 사법고시를 패스했지만 정작 2회 사법고시는 고배를 마셨다. 아니, 마실 수밖에 없었다.

계속되는 탄압에 저항하다 세 자녀와 엄마가 있는 양구로 귀향했다.

아버진 학창 시절 박정권의 실세인 오 아무개 장교와 함께 대학 시절을 보냈다. 오 장교는 편입을 해서 입학을 했고 가끔은 군복을 입고 학교에 오곤 했다.

어쩌다 결석을 하면 아버진 과대표였기에 출석을 체크해 주기도 했다.

시위가 벌어지면 시위 진압에 선봉장이었던 오 장교는 수업하다 말고도 달려 나갔고 결석이 잦아 유급 위기에 처하자, 아버지의 도움으로 졸업장을 탈 수 있었다.

그런 인연으로 그는 강원도 산골짜기에서 초야에 묻혀 농부가 된 아버지를 찾아와 서울로 갈 것을 제의했지만 아버진 단칼에 거절했다.

아버지의 외모와 우렁찬 연설에 빠져 미모의 영문과 한 여학생이 아버지께 프로포즈를 했다.

모든 학비와 생활비를 다 책임질 테니 미국으로 유학을 떠나자고 졸랐다.

그녀는 부잣집 딸이었고 허리도 짤록하니 긴 머리를 흩날리며 아버지 도시락을 챙겨주곤 했다.

아버진 가난한 유학생이라 점심은 허구한 날 걸러 진수성찬 도시락을 게 눈 감추듯 먹어치우곤 하셨다.

피난 온 홀어머니 밑에서 4형제 중 둘째로 자란 아버지는 할머니 성화에 장가를 일찍 들어서 가장이 되었다.
양구에 있는 엄마와 자식들을 생각해 영문과 여학생의 호의를 일언지하에 거절했다.

그렇게 박정권 눈에 나서 사법고시는 결국 물 건너갔고 엄만 이제나저제나 아버지의 합격 소식을 기다리며 세 자녀 양육에 밭일까지 억척스럽게 하면서 홀시어머니 밑에서 고된 시집살이를 참아냈다. 금수저로 살 꿈이 사라졌다.

서울 생활을 접고 양구로 귀향한 아버진 양구 산골짜기에서 밭을 일궈 농사일에 전념했다.
내가 태어났고 내 남동생도 달고 나왔다.
우리 집은 항상 일하는 아줌마들로 북적북적했다.
이른 봄 씨앗을 뿌릴 때면 너댓 명씩 오셔서 숙식을 하시며 밭일을 하셨고 가을걷이가 끝나면 시내 당신들 집으로 가셨다가는 그 이듬해 봄이면 또 오셔서 일을 하시곤 했다.

애기아빠라는 분도 있었다. 애기아빠는 오랫동안 우리 집에서 기거하면서 집안일을 도와주셨고 어쩌다 비가 오는 날이면 시내에 볼일을 본다며 꼭두새벽 덜컹거리는 버스에 올라타서는 해가 뉘엿뉘엿해지면 돌아오곤 했다.
엄만 비가 쏟아지는데도 비료 부대를 머리에 쓰고는 논두렁에 나가 낫으로 빼곡히 자란 미나리를 썩 비어다 장떡을 부치고 감자투성이를 만들어 아주머니들과 비 오는 날의 운치를 만끽하며 낮잠을 때리곤 했다.

애기아빠는 이른 새벽이면 경운기에 발동을 걸고는 쟁기며 비료며 잔뜩 때려 실어 놓고는 아주머니들을 태우고 요란한 소리를 내며 멀어져 갔다.

아주머니들은 그 당시 쉰을 조금 넘을까 말까 한 중년이었지만 나의 눈엔 할머니처럼 보였다.
지금의 나보다도 훨씬 젊은 나이였는데…
아주머니들은 날이 어두워지면 수돗가에서 손발을 씻으며 아직도 마음은 청춘이라면서 웃옷을 훌러덩 벗어 던진 애기아빠 모습을 보면서 수줍어하셨다.

난 경운기 소리에 귀가 따가워 잠이 깨어 부엌으로 달려 나가면 엄마는 화로에 시뻘건 숯을 담아 생선을 굽고 반찬을 만들고 가마솥에 밥을 커다란 함지에 퍼 담고는 누룽지를 벅벅 긁어 부뚜막에 올려놓으셨다. 나랑 내 동생은 설탕을 뿌려 들고 다니면서 먹었다.

아버지는 누렁소 등에 구루마를 얹고는 엄마가 만든 음식을 착착 주워 싣고는 커다란 술통에 물을 가득 채워서는 소달구지에 잔뜩 올려놓고는 누렁소 엉덩이를 한 대 치면 누렁소는 커다란 눈을 끔벅끔벅하면서 음머~ 하며 엄마와 아버지를 태우고는 냅다 달려 밭으로 향했다.

누렁소는 덜커덩덜커덩 삐그덕삐그덕 소리를 내며 등짝에 붙은 파리떼를 쫓느라 긴 꼬리를 이리 치고 저리 치며 엉덩이를 흔들며 갔다.

27살 젊은 나이에 민주당 최연소 국회의원 후보로 나왔지만 그 당시 거물급 공화당 국회의장까지 지낸 김재순 의원한테 밀려 아버진 세 번 네 번 고배를 마셔야만 했다.

이제는 작고하신 4·19세대이신 이기택 민주당 총재님도 국회의원이셨던 박찬종 변호사님도 민주 투쟁에 앞장서는 아버지의 선거유세를 도와주셨다. 양구 사람들은 물론이거니와 양구종고 출신들도 내 아버지한테 표를 주지 않았다.

아버진 그렇게 양구 고향 땅에서 멀어져만 갔다. 빨갱이 취급을 받으면서도 아버진 기 한번 안 죽고 경찰서장이며 양구군수한테까지 호통을 치곤 하셨다.

아버진 바다같이 끝도 없는 밭에 고랭지 무와 배추를 심었다. 배추가 파랗게 올라오면 지평선이 그려지곤 했다.
밭두렁 논두렁으로 다니며 피목을 하셨지만 엄마의 고함소리는 그칠 줄 몰랐다.
공부를 그렇게 많이 해 놓고는 일의 두서도 모른다면서 악을 쓰셨고 아버진 울화가 치미는지 나무 그늘에 드러누워 담배만 물고 계셨다.
바다처럼 펼쳐진 밭에는 배추가 퍼렇게 자랐고 시퍼런 이파리들이 바람 따라 이리저리 흔들리는 모습은 바다의 물결을 이루듯 장관을 연출했다. 배추통이 꽉 차면 서울 청량리시장 장사꾼들이 너도나도 배추를 사러 우리 집으로 몰려와 문 앞이 시끌벅적했다. 아버진 흥정이 어느 만큼 됐다 싶으면 밭뙈기로 넘기거나 성에 안 차면 차떼기로 뽑아 가락동으로 직접 싣고 가 경매에 부치곤 하셨다.

긴 여름 장마로 노지 배추가 싹 망가지면 고랭지 배추가 금값으로 치솟아 아버지의 배추는 금배추로 둔갑해 장사꾼들이 배추밭에 떼로 몰려와 배추를 흥정하기도 했다.

늦가을이 되고 가을걷이가 끝나면 일하던 아주머니들은 품삯을 두둑이 챙겨 당신들 집으로 향했고 애기아빠만 아버지와 빈 경운기를 요란하게 끌고는 겨우내 밭 언저리에 불을 놓고는 밭을 넓히는 데 열중하셨다.

돌을 주워 굴리시고 밭 가장자리에 뺑 둘러 돌담을 쌓았고 나무뿌리 밑동을 파서는 밭을 가지런히 만드셨다. 그리곤 여기는 내 땅이라고 엄포를 놓으셨다.
펜대만 잡았던 아버지의 고운 손은 어느새 손 마디마디가 툭툭 붉어져 튀어나와 있었다.
나도 아버지를 닮아 이순에 손마디 하나가 퉁겨져 나왔다.

아버진 야금야금 주위를 넓히고 밭 근처 야산은 다 아버지의 배추밭으로 전락이 되었다.
엄만 있는 밭도 다 못 일궈 허리가 빠지겠는데 무슨 밭을 자꾸 넓히냐며 성화를 하셨고 아버진 엄마의 잔소리를 들었는지 먹었는지 담뱃갑에서 담배 두 개비를 탁탁 꺼내서는 한 개비는 귀에다 꽂고 한 개비는 불을 붙여서는 길게 담배 연기를 내뿜으며 애꿎은 누렁소 엉덩이를 싸리나무로 철썩 후려갈기셨다. 아버지를 태운 누렁소는 음머 소리를 지르며 마당을 냅다 빠져나갔다.

날이 어둑 컴컴해지면 아버진 소구루마에 볏짚을 잔뜩 때려 싣고 와서는 작두로 볏짚을 잘게 썰어서 쌀겨를 섞어 소 여물통에 골고루 얹어 놓으시고는 국에 밥 한 그릇 뚝딱 비우시고는 드렁드렁 마루가 울릴 정도로 코를 골며 주무셨다

배추밭처럼 파란 하늘이 펼쳐질 때 아버진 당신이 일군 배추밭에 고이 묻히셨다.
아버지의 긴 영면을 보면서 난 꺽꺽 소리 내어 울었다.
우리 5남매 중 내가 아버지를 가장 많이 닮았다.
엄만 걷는 모습까지 똑같다며 콧구멍까지 예선 지애비라고 타박을 하시며 귀동냥은 있어도 코 동냥은 없다는 옛말이 하나도 안 틀린다면서 엄마의 벌렁벌렁한 주먹코를 자랑했다.

여고 시절 1

우리 학교는 산 중턱에 위치하고 있었다.
학교를 가려면 서천을 건너야 한다.
정림리 다리가 놓이기 전에는 선배들은 징검다리를 건너서 학교를 다녔고, 장마철 물이 불으면 개울을 못 건너 학교도 못 갔다고 한다.

학교 개교 시 선배들은 돌을 주워 날랐고 교정에 풀도 뽑고 나무도 심었다고 한다.
우리도 가끔 체육 시간에 돌을 주워 날랐다.

난 여고 시절 추억이 많다.
우리 동기들이 순박하면서도 극성쟁이들이었던 거 같다.
바로 위 선배들은 껌 좀 씹었던 거 같고, 아래 후배들은 공붓벌레였던 것 같다.

선배들 중에는 진짜로 미인도 많았다.
개중엔 갓 부임해 온 총각 선생님과 눈이 맞아 졸지에 사모님으로 격상된 선배도 있었고, 미스 강원 선발전에 출전해 양구 미스로 입상도 했다.

미스코리아 본선에는 진출 못했더라도 이만하면 대양구여고 출신 아닌가?

남남북녀라 했던가?

내 언닌 둘도 없이 예쁘다는 소릴 들었다.

후배들 중에는 피부과 의사도 나왔고, 서울의 한 구에서 시의원으로 의정 활동하는 후배도 있다.

우리 동기는 그냥 그저 그랬다.

판검사는 아직 안 나왔지만, 훗날 분명 판검사도 나오지 않을까?
아니면, 내가 교수엄마이듯이~
판검사 엄마도 나오지 않을까?
양구서 꽃집 하는 미오기는 날더러 교수 엄마 1호라며~
제2, 제3도 나올 거라고 한다.

여고 시절 이야기 중 가장 잊지 못할 추억은 한문쌤이신 단연 털보 이야기다.

털보쌤은 항상 한문책에 음과 뜻을 적어서 우리에게 가르치시곤 하였다.

그것을 눈치챈 한 아이가 털보 선생님이 잠깐 자리를 비운 사이에 한문책을 바꿔치기했다.

아무것도 모르는 털보쌤은 한문책을 펴다 그만 얼굴이 시뻘게지더니 책을 덮으시는 게 아닌가!
 우린 일제히 박수를 치며, 심한 애는 책상을 두드리며 괴상한 폭소를 터트렸다.

 털보쌤은 지휘봉 막대기로 교탁을 두어 번 탁탁 치면서 헛기침을 하더니 일제히 20쪽 분량의 한자를 쓰라면서 교실 뒤로 가서는 담배를 피워 물으셨다. 그 뒤론 한문책을 한시도 손에서 놓치지 않고 꼭 옆구리에 끼고 다니셨다.

 한 번은 한 아이를 지목하더니 한자를 읽어 보라고 하셨다.
 우물쭈물하자, "나와"~ 하면서 목소리에 힘을 주었다.
 그러자 뒤쪽에서 누군가가 "나와"~ 하고 따라 하자,
 뒤쪽을 노려보더니 "나와 한 사람 나와"~ 하자 또 누군가가 "나와 한 사람 나와"~ 따라 하자.
 "나와 한 사람 나와"~ 계속되는 앵무새 발언에 열댓 명이 불려 나오자 털보쌤은 지휘봉으로 애들 머리통을, 등짝을 한 대씩 후려치더니 단체 벌이라며 운동장 열 바퀴를 돌라고 했다.

 우리는 좋다구나 실내화를 벗어던지고는 복도로 우르르 나오면서 "와"~ 고함을 지르며 운동장으로 뛰어나갔다.
 선두에서 뛰던 애들이 교문 앞에 이르자 정문 밖으로 확 나가 버리는 게 아닌가,
 아무런 약속도 사전에 한 게 없는데…
 뒤따라가던 애들도 "와"~ 소리를 지르며 교문 밖으로 다 나가 버렸다.

갑자기 운동장이 텅 빈 걸 알아차린 털보쌤은 교실입구에 서 있다가 지휘봉을 흔들며 운동장을 가로질러 허겁지겁 달려오면서, 게 섰거라 이놈들아~ 돌아와 어딜가느냐? 소리를 지르며 뒤뚱뒤뚱 따라왔다.
조용히 공부하던 각 교실 애들은 창밖으로 기린처럼 모가지를 빼고는 기이한 광경을 보고 박수를 친다.

급기야는 교장 쌤까지 나와 뒷짐을 지시고는 울그락불그락 고개를 젓는다.
털보쌤이 서천 개울가에 다다르자 우리는 정림리 다리 밑에서 물보라를 일으키며 조약돌로 물 풍당도 만들며 놀고 있었다.

덩치 큰 수경이가 털보쌤을 밀어 그만 털보쌤이 서천 개울물에 빠지는 사상 초유의 사태가 벌어졌다.
우리는 와~ 고함을 지르며 우르르 교실로 들어왔고, 교장쌤은 한문 부장, 반장, 부반장에게 학급을 이끌지 못한 책임을 물어 반성문을 쓰게 했다.

그렇게 털보 쌤과의 코미디 같은 여고 시절을 보내는 동안 지리 선생님이 새로 부임하셨다.
운동장을 지나가는 뒷모습이 완전 백설 공주 저리 가라 할 정도로 허리는 짤록하니 샤랄라 원피스가 걸을 때마다 하늘거리며, 웨이브진 긴 머리는 아카시아꽃 흩날리듯 향내가 나는 것 같았다.
우린 우르르 몰려가 선생님 앞에서 인사를 하고 얼굴을 보는 순간 다들 뒤로 자빠질 뻔했다.

오스트랄로피테쿠스와 흡사할 정도로 닮았다.

그 이후로 우리는 지리쌤을 피테쿠스라 불렀다.

어느 날 원시시대, 구석기시대를 배우는데 선생님께서 오스트랄로피테쿠스에 대해 설명을 하시는데 애들 몇몇이 킥킥거렸다.

여기저기서 킥킥거리자, 한 아이가 참았던 웃음보를 터트렸다. 우린 기다렸다는 듯이 책상을 두드리며 폭소를 자아냈다.

선생님은 고개를 푹 숙이신 채 얼굴이 빨개지셨다.

우린 그때 이후로 아무리 웃긴 일이 있어도 지리 선생님 앞에선 절대로 웃지 않았다.

선생님은 지리, 역사는 암기할 게 많다며 연상법으로 암기법도 알려주셨다.

난 그때 외운 역사를 지금도 기억한다.

갑신정변, 임오군란을 달달 외웠고,

삼국사기 김부식, 삼국유사 일연도,

헷갈리지 않게 내 아이들이 중고생이 되었을 때 알려 줬다.

난 국어, 음악, 미술, 지리, 역사, 도덕, 가정은 올백이었다.

철이 들면서 엄마의 한숨 소리를 들었다.

기지배가 무슨 대학을 가, 아들이나 보내야지 하셨다. 그리하여 난 아는 것도 안 썼다.

기말고사를 백지를 내고, 아예 공부와는 담을 쌓았다.

어느 날 총각이신 체육 선생님은 불어 선생님과 교내 연애를 하더니 결혼식을 하였다.

영어도 못 하는 우리는 제2 외국어로 불어를 공부했다.
께스끄쎄는 불어 선생님 별명이다.
불어 선생님의 입술 모양을 흉내 내기도 했다.
내가 아는 불어는 "꼬망딸레브"가 전부다.

수학 선생님은 수학 문제 1개 틀리면 1대다.
"원산폭격 떴다 B29 타작 경연대회"라고 칠판에 써놓고 답안지를 풀어 틀린 대로 원산폭격을 해야 한다.
머리 박고 두 손은 뒷짐을 쥐고 있으면 교복 치마 위로 회초리가 날아온다.

난 수업 시간이면 교과서 밑에 소설책을 깔고 열심히 독서삼매경에 빠졌다.
바람과 함께 사라지다의 스칼렛을 떠올리며 사랑이란 것도 알게 됐고, 노인과 바다, 어린 왕자, 돈키호테를 읽었다.

염상섭의 표본실의 청개구리를 읽었고,
펄 벅의 대지를 읽었다.
집에서는 냉골방에 이불을 모가지까지 덮어쓰고 눈만 내놓고 밤새도록 손을 호호 불며 책을 읽었다.
누가 책을 갖고 있는 걸 알면 악착같이 하굣길에 쫓아가 빌려와 침도 안 바르고 깨끗이 책장을 넘기면서 읽었다.

닥터 지바고의 라라를 기억했고, 로마의 휴일을 읽으면서 로마를 동경했다. 셰익스피어의 4대 비극 로미오와 줄리엣까지 5대 비극을 읽었다.

안네의 일기를 읽으며 눈물을 흘렸고,

잔 다르크를 읽으며 한때는 정열의 간호사 꿈도 꿨다.

난생처음 양구를 떠나는 수학여행길에서 쫙 뻗은 고속도로를 달리는데 신나고 신기했다.

꾸불꾸불 울퉁불퉁한 양구길과는 대조적이었다.

여관에 가서는 밤새도록 카세트 테잎을 틀어놓고 이은하의 밤차를, 혜은이의 제3한강교를 여관이 떠나가도록 따라 부르며 디스코를 췄다.

여관 대문 밖 골목 안에는 군인들이 무장을 하고 쫙 서 있었다.

우린 양구서 허구한 날 군인들의 행렬을 생활처럼 봐 왔기에 아래 지방도 군인들이 이렇게 훈련을 하나?

오히려 지켜줄 거 같은 생각에 더 소리를 꽥꽥 지르며 놀았다.

버스를 타고 다른 곳으로 이동하는데도 도로가에 무장한 군인들이 쫙 깔렸다.

다들 고개를 갸우뚱했지만 대수롭지 않게 생각했다.

뉴스도 일절 안 나오고 우린 양구 산골짜기에서 전라도 남원, 공주, 부여 역사 유적지를 돌면서 지리산 화엄사도 들렸다.

그때가 1980년 5월 10일 정도 됐다.

우리가 며칠만 늦게 수학여행을 떠났더라면 전라도 어딘가에 갇혀 오도 가도 못할 뻔했다. 지금 생각하면 아찔했다.

5·18 광주사태였다.

그 당시, "자연보호" 열풍이 불었다.
소풍을 가면 자연보호 하라고 열심히 휴지를 주워 와야 한다.
난 확성기를 들고 나도 모르게 "자보"를 외쳤다.
즉 자연보호의 줄임말이다.
따지고 보면 말 줄임말의 원조가 내가 아니었겠는가?
요즘은 애, 어른 할 거 없이 방송에서도 말 줄임을 사용한다.

대표적인 말이 내로남불 아닌가 싶다.
ㅋㅋㅋ
배달의 민족 "배민"도 있다.
아 ~ 노담, 노답도 요즘 대세다. (2편에 계속)

여고 시절 2

반공교육이 철저했던 시절, 웅변대회가 한창이었다. 웅변의 여왕인 희정이는 군 대회, 도 대회까지 나가 상을 거머쥐고 금의환향했고, 전교생 앞에서 재연을 하며 "나는 공산당이 싫어요. 이 연사 소리 높여 외칩니다.~~"
하면 우레와 같은 박수갈채가 쏟아졌다.

우리 학교 인사는 "멸공"이었다.
여고생들이 하얀 교복카라 깃을 세우고 "멸공" ~
하굣길 선후배를 만나도 "멸공" ~
선생님을 길에서 만나도 "멸공" ~ 하고 인사하는 모습이 가관이었다.
조회 때는 "멸~공"하고 힘을 줘 외친다.
교내 포스터 대회도 "때려잡자 김일성, 무찌르자 공산당"을 주제로 그림을 그렸다.
교련 실습은 또 어땠나? 뙤약볕 아래서 맹연습을 했고, 열병 연습 또한 북한군 저리 가라 할 정도로 빡쎄게 행군을 했었다.
겨울이면 녹이 시뻘겋게 물든 무쇠 난로에 조개탄을 피웠다.

교실은 연기로 자욱했고 풀 먹여 다린 교복카라는 금세 꺼멓게 그을려졌다.
조개탄을 당번이 받아와 불을 때다 보면 모자랐다. 우린 몰래 창고로 들어가 조개탄을 훔쳐 오기도 했다.

도시락 밑에 김치를 깔고 밥을 얹어 싸 온 도시락은 난로 위에 차곡차곡 쌓여 당번은 도시락을 위아래를 번갈아 바꿔 가며 수업 시간 내내 난로 옆을 서성거린다.
맨 밑에 깔린 도시락은 타버려 숯덩이로 변하기도 했다.

우린 3교시만 되면 모든 시선이 난로로 향한다.
서로 자기 도시락을 두 번째에 올려놓으라고 아우성이다.
3교시는 아예 수업이 안 된다.
선생님도 아예 포기를 하시고 도시락 뒤집기에 동참하신다.
어떤 아이는 아예 수업 첫 시간부터 도시락을 올려놓고 데운다.

방산면 쪽에서 첫차를 타고 나오는 애들은 꼭두새벽 학교를 오기 때문에 아침밥도 굶고 버스를 타고 학교에 온다.
일찍 등교한 애들이 난로 불을 지피곤 하였다. 그래서 1교시가 끝나기 무섭게 도시락을 까먹고는, 정작 점심시간에는 숟가락만 들고 교실 한 바퀴를 돈다.

교실 안은 김치 익는 냄새로 군침이 돈다.
선생님도 드시고 싶은지 맛있냐고 물어보신다.
영수기는 외동딸이라 도시락에 오뎅 반찬, 계란프라이를 얹어 싸

온다. ~ 우린 서로 한입씩 먹겠다고 숟가락을 들고 퍼간다.
 정작 계란주인은 맛도 못 보고 다 뺏겨 버려 울상이 되곤 했다.
 난 추억의 도시락을 지금도 간직하고 있다.

 음악, 미술 시간은 노는 시간이다.
 음악 선생님 성함이 오세복이었다.
 "긴 머리 소녀"를 작곡한 사람도 오세복이다.
 우린 훌륭한 음악 선생님이라고 했다.
 동명이인인걸 나중에 알았다.
 "돌아오라 소렌토로"를 부르며 이태리를 꿈꿨고,
 "목련꽃 그늘 아래서 베르테르의 편질 읽노라"~ 가곡을 부르며 젊은 베르테르의 슬픔을 이야기했다.

 미술은 아예 어느 누구도 준비물 없이 멀뚱멀뚱 앉아 있는다.
 누구는 뜨개도 뜨고, 아예 드러누워 잠도 잔다. 어떤 애는 도시락도 까먹는다. 미술쌤은 그러든지 말든지 교실만 왔다 갔다 하다가, 누구 하나 눈에 거슬렸다 하면, 1시간 내내 그 애만 집중 공격하다 수업이 끝난다.
 난 그래도 미술 준비는 열심히 해갔다.
 정작 스케치북이 없으면 노트 뒷장에라도 로댕의 생각하는 사람을 곧잘 데생했다.

 학교를 산 중턱에 지어 여름이면 물이 딸려 당번은 교문 밖 구멍가게 옆에 있는 펌프에 가서 물을 길어 온다.
 한 번은 날도 덥고 목도 마르고 하여 애들이 아이스께끼를 산다고 돈을 걷었다.

　100원, 50원 있는 데로 걷어 주전자에 동전을 다 때려 넣고 물 뜨러 가는 척 주전자를 들고 나가서 하드를 주전자에 담아 사 들고 왔다.
　우린 환호성을 지르며 하드를 하나씩 깨어 물었다.
　교문은 일단 학교에 들어오면 하교시간 때까지 접근 금지였다.

　우리도 요새 애들처럼 야자를 했다.
　난 학력고사 준비로 야자를 하려고 남지 않았다.
　단지 소설책을 보려고 남아 있었고, 내 단짝 소꿉친구 범생인, 영수기를 보호해야 해서 남았던 것이다.
　영수기 엄마는 영수기랑 사이좋게 지내라며 계란 반찬도 넉넉히 싸주셨다.
　밤 11시가 돼야 집에 오곤 했다.

　학력고사 세대였던 우린 고3, 1학기 무렵 도시락을 두 개씩 싸가지고 저녁까지 먹으며 입시 준비를 했다.
　한번은 깜깜한 밤에 배가 출출해 학교 뒤 수박 참외밭으로 살금살금 다가가서 닥치는 대로 수박 참외를 서리해 왔다.
　교복 치마에 담아 밭 가운데로 달려 학교로 돌아왔다.

　와서 보니 반은 익고, 나머지는 푸릇푸릇 덜 익었다.
　우린 들키지 않으려고 옥상으로 올라가 굴뚝 속에 덜 익은 참외, 수박껍데기를 넣었다.
　다음날 학교를 오니 학교가 발칵 뒤집혔다.

수박밭 주인 할아버지가 교장쌤한테 항의를 하고 있었다.

교장쌤은 여학생들이 무슨 수박 서리를 하느냐? 그 뒤에 군부대는 가 봤냐고 화를 벌컥 내셨다. 수박주인 할아버지는 본전도 못 찾고 되돌아가셨다.

우리 학교 뒤에는 공병부대가 있어 장마 때 운동장이 파이면 소대장이 작대기 2병, 1병 너댓 명을 데리고 리어카에 모래와 자갈을 잔뜩 싣고 와 운동장도 가지런히 펴 주곤 했다.

나중에 옥상 굴뚝에서 시퍼런 참외들이 우르르 쏟아져 나오자 교장은 야자 했던 우리들을 다 불러 교장실 앞 복도에 무릎 꿇고 앉혀 반성문을 쓰게 했다.

학창 시절 마지막 크리스마스이브였다.
수녹이와 난 로미오와 줄리엣 연극을 했다.
신 코미디로 시나리오를 썼다. 목사님, 집사님, 권사님들이 교회 마룻바닥을 치면서 폭소를 자아냈고 한밤의 웃음소리가 크리스마스이브를 장식했다.
우린 그렇게 여고 시절을 마무리했다.

그 많던 단발머리의 해맑은 여고생들은 지금 다 어디서 무엇이 되어 있을까?
군사지역이라 더러 군인과 결혼한 친구들, 자영업 하는 친구들, 현모양처로 살림만 한 친구들, 나처럼 버스 운전자는 없을 거 같고!
화가도 나 혼자일까?

이젠 손주 보는 친구들도 있다.
내 단짝 소꿉친구 영수기도 손주를 본다.

어느 날 무심코 여고 시절을 떠올려봤다.
돌이켜 생각해 보니 딱 40년 전 이야기다.
아직도 생생한데 벌써 40년이란 세월이 흘렀다.
입가에 쓴웃음이 배어 나온다.
거울 앞에 선 날 물끄러미 바라보니 희끗희끗 "이순"을 바라본다.
꽃다운 산골 처녀였던 나는 집채만 한 버스를 끌고 오늘도 그 복잡한 종로 거리를 요리조리 빠져 다닌다.

난 피 터지게 모란을 팠고, 나도 모르게 어느덧 모란의 여왕이 되었다.
오늘도 난 변함없이 붓을 든다.
나의 모란이 빛을 발하여,
세상을 비추길 희망한다.~^^

여고 동창

순희와 김장,
순희와 난 여고 동창이다.
사실 순희와는 여고 시절 별 추억거리가 없었다.
순희는 다소곳이 말이 없고 조용한 아이로 내 기억 속에 남아 있었다.
난 좀 극성맞았다.
60~70명 콩나물시루 같은 교실에 빽빽이 놓여있는 책걸상을 엉덩이로 밀어야 다닐 수 있는 통로가 생긴다.
쉬는 시간이면 난 엉덩이로 책걸상을 밀어가며 무리지어 있는 애들 틈새에 끼여 수다 꽃을 피었다.

수업 종이 울려 선생님이 들어오셔야 책걸상을 비집고 내 자리를 찾아가곤 했다.
순희는 늘 조용히 자리를 지키고 앉아 다음 수업 준비를 하고 있었던 아이다.
우린 별다른 추억 없이 여고를 졸업했고, 난 춘천교대에 가서 유아교육 과정을 수료하고 2급 정교사 자격증을 취득해 양구 관내 초등학교 병설유치원 교사로 근무를 시작했다.

하계 방학이 되어 난 교사 연수를 떠났다.
그곳에서 순희를 만났다.
너무나 반가웠다.
순희는 양구 어느 교회 어린이집 교사로 있으면서 연수를 온 것이다.
나랑 순희는 그때부터 같은 일을 하게 되면서 자연스럽게 자주 만나게 되었고, 2번 정도 순희네 집에 놀러 갔었던 기억이 난다.
난 스물여덟 늦은 가을쯤에 결혼하게 되었고 내 동창 친구들은 다들 결혼해 애를 하나, 둘 걸리고 업고 와서 축하를 해주었다.
순희도 와서 나를 축하해줬다.

연달아 아이를 출산한 나는 육아 문제에 부딪혔다.
서슬 퍼런 교장의 눈빛이 날 노려보더니,
박 선생… 허구한 날 애만 낳으면 학교 근무는 언제 할 거냐고 한다.
그 시절 "둘도 많다 하나만 낳아 잘 키우자"~라는 표어가 방방곡곡 골목마다 붙어 있었다.
날 미개인, 야만인같이 취급하는 거 같아 심히 낯이 뜨거웠다.

같이 근무하고 있던 3학년 담임이신 엄마 선생님은 자기도 애 둘을 친정엄마한테 맡기고 이렇게 떠돌아다닌다면서 직장을 다니면 잃은 것도 있으니, 웬만하면 참으라고 내 등을 다독거려줬다.
그랬던 그 엄마 선생님은 여교장으로 승진하여 몇 년 전 정년퇴

직을 하셨고, 손주에 푹 빠져 재미가 쏠쏠하다며 지인들도 만날 겸 서울에 오셨다.

내 갤러리에 참석하셔서 내 등을 토닥거리며 장하다고 격려를 해주셨다.

이따금 통화를 하면, 아직도 날 박 선생이라고 부른다.

지금 같으면 애 낳으면 영웅 아닌가?
육아휴직까지 생긴 지금에 비한다면 정말 개 같은 시절이었다.
달랑 2달 출산 휴가 쓰는 것도 엄청난 바늘방석이었다.
엄마는 농사일에 바빠 돌쟁이와 젖먹이 둘을 봐줄 수가 없고, 나 역시 그 무렵 장기근무로 양구 관내 타 학교로 발령이 났다.

두 언니가 일찍이 결혼해, 출산이 다 끝난 상황이라, 두 언니가 내 두 아이를 하나씩 맡아 키워 줄 테니, 절대로 평생직장 여자도 사회생활 해야 한다며, 언니들처럼 집구석에서 살림만 하면 안 된다고 결사반대를 했다.

난 갈등이 많았다.
그래 일단 내 애부터 키워놓고 보자 하고 미련 없이 10여 년 근무한 내 역사를 접었다.
사표를 집어던지고, 남편과 주말 부부였던 난 32살에 꿈에 그리던 서울살이를 하기에 이르렀고, 내 나이 마흔둘에 남편을 떠나보내고 새로운 직장 서울 시내버스 기사가 되었다.

어느 날 지천명 중간쯤, 양구에 계시는 부모님 뵈러 1년에 한두 번씩 오고 가면서 순희를 떠올렸다.

　우리 집 가는 어디쯤에 순희네 집이 있었던 게 생각이 났다.

　내 부모도 연로하신데 혹 순희 부모님께서 세상을 떠나시기라도 한다면 영영 순희를 못 만날 거 같은 불길한 예감이 들었다.

　집들이 오래되고 낡고 헐어 다 새집으로 바뀌면서 어디가 어딘지 감이 잡히질 않았다.

　순희네 집 근방 구멍가게 앞에 차를 세웠다.

　할머니 몇 분이 평상에 옹기종기 앉아 담소를 즐기시길래 여쭈니 아무도 순희네를 기억 못 하셨다.

　이장댁 집을 가르쳐 주길래 물어물어 찾아가니 "요즘 친구는 사기꾼들이 빈번하다며" 안 가르쳐 주는 걸 사정사정해 누구네 딸이라는 것까지 내 신원을 다 까발려 어렵지 않게 순희네 집을 찾을 수 있었다.

　예상대로 순희 아버님은 세상을 떠나시고 어머니도 불편한 몸으로 날 반겨주셨다.

　엄마마저 안 계셨다면 난 순희를 지척에 두고도 못 찾을 뻔했다.

　순희는 목사님 사모님이 되어 인제의 한 마을에서 목회를 하고 있었다.

　여고 시절부터 순희는 예수 향기가 나는 그런 아이였다.

　난 할머니가 양구에다 최초로 교회를 설립한 자손임에도 불구하고 예수 향기가 나지 않았다.

　난 유년부, 학생부, 청년부를 거쳤고, 현재 집사 직분을 갖고 있어도 덜렁덜렁 나 필요할 때만 하나님을 찾고 울부짖는 그런 아주

못된 이기주의였다.
 역시 순희는 여고 시절 그 모습 그대로 사모님이 됐구나!
 순희 전번을 받고 서울 가는 길에 검푸른 소양호를 가로질러 우뚝 서 있는 양구대교를 씽씽 달려 한달음에 순희가 시무하고 있는 교회에 도착했고 우린 중년에 아름다운 재회를 했다.
 내가 서울서 시내버스를 끈다고 하자 순희는 깜짝 놀랬다.

 어느 날 버스 운전을 막 끝내는데 순희 전화가 왔다.
 난 반가워 얼른 받으니 서울의 한 정형외과에 입원해 있다고 한다.
 난 미친 듯이 달려갔다.
 남편 목사님이 병실을 지키고 있었다.
 이제는 순희라고 부르면 안 된다.
 사모님이라고 불렀더니 막 웃으며 그냥 순희라고 하라고 한다.
 "자고로 여자는 모름지기 시집을 잘 가야 사모님 소리 듣는 거라고, 난 일평생 사모님 소리 듣긴 틀렸다고 하자" 한바탕 병실이 떠나가라 웃음꽃을 피웠다.

 순희는 아니 사모님은 몇 해 전 다리를 다쳐 쇠를 박았는데 쇠 제거 수술을 한 거라 별거 아니라고 했다.
 그렇게 시간이 흐르고 난 올 1월 초에 인사동에서 개인전을 개최했고 순희 사모님은 남편 목사님을 대동하고 서울 나들이 겸, 옛 이사 간 성도님 내외분을 내 갤러리에 초대해 맛있는 밥을 대접받았다.
 그때는 코로나도 발생하지 않았고 2월이 되면서 설 연휴로 애석하게도 우환발 코로나가 터지면서 갤러리는 하나둘 문을 닫게 되었다.
난 성공한 케이스가 되었다.
다 하나님 은혜다.
내 힘으로 되는 건 하나도 없다.
난 개인전을 성황리에 마쳤고, 순희 사모님은 올겨울이 다가오니 내 김장을 걱정했다.

아버지가 올가을 햇볕 좋을 때 눈부실 만큼 빛나는 파란 하늘로 가셨다.
해마다 김장배추를 심어 못난 막내딸한테 한 해도 안 거르고 김장을 담가서 보내주셨다.
엄마도 이젠 힘에 부치고, 몸이 아파 누가 김장을 해주나, 내가 해서 먹어야지 했는데…
순희 사모님이 몸만 오라고 전화를 했다.
난 비상금을 싹 찾아 양양 고속도로를 타고 인제 순희네 교회로 부웅~ 달려갔다.

순희 사모님 말대로 내 지친 몸뚱이만 때려 싣고 갔다.
역시 사모는 하늘이 내린다고 했던가?
그리하여 난 친구 잘 둔 덕에 하늘이 내린 인제에서 김장을 다 하게 됐다.
역시 사모님은 달랐다.
마음 씀씀이며, 척척 김장 양념을 준비하는데 나 같은 건 반의반도 못 따라갔다.
시다발이만 하는데도 난 머리가 빨리빨리 안 돌아가 낑낑거리기만 했다.

난 순희 사모님 두 손에 사뿐히 돈 봉투를 건넸다.

순희 사모는 깜짝 놀라며 들어간 재료비만 받는다면서 손사래를 치며 그럼 너무 비싼 김장을 먹는다고 했다.

난 비싸도 좋으니 몸에 좋은 거 먹어서 너무 감사하다고 잔뜩 때려 싣고 서울로 부웅 달렸다.

뿌듯 뿌듯 했다.

이웃하고도 나눔의 정이 있어야 해서 옆집 아기 엄마, 그 옆집에도 각각 한 포기씩 4조각을 나눠 줬더니 귀한 김장 맛있게 잘 먹겠다고 좋아라 한다.

순희 사모님은 지금도 동네 어린이집에서 시간제 교사로 일을 하고 있다고 한다.

난 올해 초 미술세계에 발을 들여놓으면서 상이란 상은 싹 다 거머줬다.

그야말로 싹쓸이를 한 것이다.

그런데 가만히 생각해 보니까 내가 20대 때에 교직에 몸담으면서도 상이란 상은 다 싹쓸이했던 기억이 되살아났다.

나도 내 아버지, 작은아버지를 닮아 천재인가? ㅋㅋㅋ

암튼 순희 사모님 김장 고마워요.

내년에도 부탁해요.

경수기

내가 경민이로 살기 시작한 건 2014년쯤으로 올라간다.
불과 10여 년 전 이야기다.
난 어릴 때 경숙이란 이름이 지겨울 만큼 너무나 싫었다.
주위에서 누가 날 불러도 들은 체도 안 했다.
왜인지 모르지만, 암튼 경숙이가 싫었다.
온 천지 순자 영자보다 더 싫었다.

우리 집 딸들은 다 "숙"자 돌림이었다.
큰집도 세 딸 모두 "숙"자 돌림으로 지어졌고 딸 많은 셋째 작은집도 큰딸 둘째 딸까지는 "숙"자 돌림으로 불리어졌다.
막내 작은아버지께서 뒤늦은 결혼을 하시면서 첫딸을 출생하면서 "숙"자 돌림이 무너졌다.
획기적인 일이 우리 집안에서 일어났다.
내가 그토록 원하는 예쁜 이름이 등장을 하게 되었다.
막내 작은아버지께서는 서울에 살고 계셨다. 공부를 많이 하셨기에 아버지 4형제 중 제일 세련되셨고 젠틀하셨다.

난 온 동네방네 경숙이가 죽을 만큼 싫었다.
여기도 경숙 저기도 경숙 문만 열고 나가면 온 천지가 경숙 천지였다.
학교를 가면 아예 난 고개도 안 돌렸다.
무슨 놈의 경숙이가 그리도 많은지 난 아버지만 보면 이름 바꿔달라고 칭얼거리며 쫓아다녔다.
이경숙, 김경숙, 최경숙, 한경숙, 홍경숙 이 세상 경숙이는 다 모아다 놓았다.

어느 날 난 무심코 경숙이란 이름을 떠올려봤다.
천방지축이 젤 먼저 머리에 스쳤다.
경거망동하고 가벼워 보이고 촉새처럼 촐랑거려 보이고…
내가 느끼는 경숙은 그랬다.
그래서인지 나 역시 무게감이라던가 지적이던가 우아함 뭐 그런 모습이 내겐 느껴지지 않았다.

난 슬펐다. 반드시 이름을 바꾸고 말테야 ~
그렇게 세월이 흐르고 난 결혼도 하고 첫아이를 품었다.
동네 산부인과를 찾아보니 중계동에 박경숙 산부인과가 눈에 확 들어왔다.
난 망설임 없이 의기양양 들어갔다.

간호사 선생님이 성함이 뭐냐고 묻길래 큰소리로 주저하지 않고 박경숙이요 했다.
그랬더니 씩 웃으며 어머 우리 원장님하고 동명이시네요 한다.

난 그때 이후로 나의 이름을 사랑하고 품게 되었다.

세월이 흐르고 난 서울 시내버스 기사가 되었다.

네이버에 박경숙을 검색해 보니 유명한 요리사, 한복디자이너, 교수, 화가, 소설가, 교육자 등등 유명 인사가 쫙 올라왔다.

그래서 더욱더 나의 이름에 자부심을 느끼며 당당하게 박경숙이요 하곤 했다.

그런데 어느 날 내 이름이 팔자가 세서 남편도 잃고 억센 버스를 끌고 다닌다며 이름을 바꿔야 중년 이후가 편안하다고 한다.

난 교인이었고 하나님을 의지하고 살았다.

애들 아빠를 떠나보내고는 수도 없이 이사를 다녔어도 이삿날 이사를 한 적이 한 번도 없다.

나 편한 날 이사가 이삿날 아니겠는가!

한 번도 손 없는 날 그런 거 따지지도 묻지도 않고 살았다.

그런데 내 경숙 이름이 이제서 내가 사랑하는 경숙이가 팔자가 세다니 이 무슨 기구한 운명이고 개소리인가!

그리하여 난 어릴 적 나를 돌아봤다.

나의 경숙은 물불을 가리지 않고 내가 옳다고 판단되면 무조건 직진이다.

그 누구 얘기도 안 들었다.

맞구나? 난 정말 팔자가 세고 고집도 한 고집하고 뭐든 내 의지로 그 누구 얘기도 안 듣는 억지파였구나!

난 품격 있고 우아하고 다소곳한 여자이고 싶었다.

경숙은 이런 품위 우아하곤 거리가 멀어 보였다.
난 나의 중년과 노년을 편안하게 보내려고 내친김에 개명을 해버렸다.
법원에 가서 개명 신청서를 작성해 제출을 하고,
서너 달 잊어먹고 있는데 개명신청 허가가 떨어졌다.
난 바쁘게 다녔다.
구청 가서 개명확인서를 제출하고 일단 자동차 명의변경, 여권 재발급, 주민등록증 재발급, 각 은행 통장, 보험회사 등등 직장에도 이름 변경 신청을 했다. 할 일이 천지였다.

그리고 나서 또 이사를 해야 했다.
이사가 지겹고 힘들고 버거워 아예 대출을 받아 아파트를 사 버렸다.
뭐든 마음먹으면 해치워야 하는 나의 성격 또한 한몫을 한 것이다. 그렇게 개명을 하고 난 집을 샀다.
사자마자 하루가 다르게 집값이 치솟았다.
얼마 후 대한민국 미술대전에 그림을 출품하였는데 꿈에도 못 이룬 수상을 했다.
정말 꿈같은 일이다.
경희대 교육대학원 교육자과정을 수료하면서 후세들을 가르칠 교육증을 부여받았다.

내 친구들도 더러 개명한 친구도 있다.
순옥이, 옥분이, 숙자, 길자, 명자, 순자 등등 60년대 이후 나의 세대에 태어난 이름이 이제야 비로소 친근감이 드는 건 왜일까?

지금도 나를 부를 때는 경숙아~한다.
친구들, 집안 식구들, 교인들, 회사 동료들까지도 경숙아 하다간 아참 경민이지… 한다.
이 나이에 무슨 영광을 보겠다고 지천명을 살았는데 개명이라니…
이제 이순이다.
귀가 있어도 들어도 못 들은 척 해야 할 나이임에도 불구하고 난 아직도 나를 버리지 못하고 있다.

빵 이야기

난 빵을 아주 좋아한다. 빵만 봐도 배가 부르고 흐뭇해진다.
매일 밥 하는 게 지겨워 오늘은 아주 마음먹고 빵 가게를 들어갔다. 내 엄마가 좋아하는 팥빵 3봉지 담고, 아버지는 소보루 빵을 좋아하셨다.
이제는 아버지가 안 계셔서 소보루빵만 쳐다보고 왔다.
난 바게트를 좋아한다.
그래서 한 봉지 움켜쥐고 득달같이 달려왔다.
경비아저씨가 택배물 등 정리하시길래 팥빵 한 봉지를 두 손으로 내밀었다.
벙그러니 입가에 미소가 번지면서 연실 고마워하신다.
어릴 적 양구 시장통 번화가에는 고려당이라는 빵집이 있었다.
난 오고 가면서 유리창으로 비치는 케익을 물끄러미 쳐다보면서 고개를 돌려가며 지나다녔다.
유리창 안에 쌓여있는 여러 모양의 빵들은 그야말로 먹음직도 보암직도 했다.
별 모양 하트모양 순백의 눈송이 같은 크림이 장식돼 있는 케익은 보기만 해도 침이 꿀꺽 삼켜지곤 했다.

한 번도 고려당 빵 가게 안을 들어가 본 적이 없다.

그래서 난 매일매일 전쟁이 나길 기도했다.

전쟁이 나면 난 제일 먼저 고려당으로 달려가 빵을 실컷 먹겠다고 다짐을 했다.

모두 다 피난 가느라 정신없는 틈을 타서 나는 신나게 빵을 먹을 거라고 생각했다.

하굣길에 사이렌이 울렸다.

어, 전쟁 났나… 하곤 냅다 시장통으로 달렸다.

다들 피난을 떠난다고 야단법석이 날 줄 알았는데…

아무 일도 없다는 듯 시장통 안은 조용했다.

난 실망을 하고 터벅터벅 힘없이 걸어서 집으로 왔다.

사이렌은 시도 때도 없이 울렸고 난 그 이후로 속지 않았다.

오후 5시 하면 애국가가 울려 퍼진다. 길 가던 사람들은 모두 멈춰 경례해야 한다.

가게 안에서 장사하던 사람들도 나와서 가슴에 손을 얹고 "동해물과 백두산이 마르고 닳도록" 하면서 애국가를 따라 부른다.

난 4절까지 따라 부르는 게 지겨워 골목 전봇대 뒤에 쪼그리고 앉아 끝날 때까지 작대기로 인형을 그렸다.

매일 새벽마다 친애하는 김일성 수령님으로 시작하는 대남 방송은 아침이 되어야 수그러든다.

어떤 날은 대낮에도 떠들어댄다.

분명 전쟁이 날 거야 이렇게 방송을 해대는데…

오늘은 분명 전쟁이 날 거야…

하나님… 제발 전쟁이 일어나게 해주세요…

고려당에 진열해 놓은 맛있는 케익을 실컷 먹게 도와주세요.라고 기도를 했다.

　장갑차가 먼지를 일으키며 지나간다. 얼굴에 시꺼먼 숯을 칠한 군인들이 트럭에 잔뜩 올라타서는 손으로 입을 막고 뒤따라간다.

　나도 고사리 같은 손으로 코와 입을 막곤 했다.

　한참이 지나서야 뿌연 먼지가 사라지고 새파란 하늘이 나타난다. 그러나 그것도 잠깐이다.

　또 다른 장갑차가 기다란 포대를 가슴을 찌를 듯이 **빳빳**이 가로 세우고는 철커덕철커덕 요란한 바퀴 소리를 굴리며 신작로 먼지를 뿌옇게 일으키면서 뒤꽁무니에는 시꺼먼 군인 장병을 가득 태운 트럭을 2~3대 달고는 느림보 거북이처럼 지나간다.

　난 빨리 전쟁이나 나라, 하고 마음속으로 기도했다.

　군인들은 매일 훈련한다고 도토리가 달린 내 손바닥 같은 나뭇잎을 철모에 꽂고는 군인 담요를 등에 짊어지고 양쪽 행길가로 줄을 서서 끝도 없이 행군했고 우린 지겹도록 군인들 행군을 봐야만 했다. 그런데도 내가 그토록 원하는 전쟁은 일어나질 않았다.

　결국 난 양구여고를 졸업할 때까지 고려당 빵을 구경만 하고 지나갔고 졸업식 날 비로소 친구들과 고려당 문을 마침내 당당히 열고 들어갔다. 돈을 걷어 빵을 먹는데 눈물이 날 만큼 맛있었다.

　양구여중 2학년 겨울 때였다.

　한 번은 단짝으로 지내는 쌀가게 집 경수니랑 터미널 앞에서 식당을 하는 테레사하고 하굣길에 시장통 만두집엘 들어갔다. 만두를 시켰다. 만두는 모두 9개였다.

　돈을 똑같이 걷어 만두 값을 내고 앉아서 먹는데… 내가 경수니 몰래 한 개를 더 먹었다.

경수니는 두 개만 먹었는데… 한 개가 없다며 이상하다고 했다.
난 시치미를 뚝 떼고 글쎄 나도 3개 먹었는데 했다.
먹을 것도 귀하고 돈도 귀한 70년대 말 이야기다.
이 두 친구 부모님은 그래도 양구서 장사를 꽤 크게 하셨고 나름 양구 유지셨다. 그래서 용돈도 풍부했지만, 난 용돈은 거의 가져보질 못했다.
어쩌다 손님들이나 친척분들이 오셔서 마주쳐 인사라도 하면 100원, 200원이 생겼다. 아버지 담배 심부름으로 남는 10원, 20원을 꽁지 꽁지 모아서 가끔 친구들과 사 먹곤 했다.
테레사 부모님은 내가 놀러 가면 의원님 딸이라고 식당 주방에 있는 맛있는 반찬이랑 부뚜막에 수북이 쌓여있는 누룽지를 먹으라고 주시곤 했다. 그래서 난 틈만 나면 테레사 집에 놀러 가곤 했다.
경수니는 아이 셋을 낳고 전업주부로 아이들을 다 키워놓고 간호사로 복직해 현직에 있다. 코로나 시대에 큰 일꾼이다.
우리가 결혼한다고 혼수다 뭐다 들떠 있을 때 테레사는 수녀원에 들어갔다. 지금은 수녀원 원장님이다. 고모도 수녀님이고 오빠도 남동생도 다 신부님이다.
얼마 전 춘천을 다녀왔다. 테레사가 시무하는 수녀원을 방문했다. 어릴 적 단짝이었다.
테레사와 난 마르틴 루터의 종교개혁에 대해 열변을 토하며 기독교와 가톨릭의 역사를 논했다.
빵 이야기로 시작했는데…
쓰다 보니 글이 삼천포로 빠져버렸다.
오늘 나는 빵을 실컷 먹었다.
저녁도 안 하고 아이들은 먹고 들어오든 말든 나만 배 터지게 먹고 보자… 큰아이가 천혜향 귤을 한 박스 배달시켰다.
　엄마… 이 귤은 안시니까 많이 드셈 한다. 근데도 약간 시다.
　내 아버지는 나 어릴 적 띵띵 언 귤을 아랫목 이불속에 굴리다가 드시곤 했다.
　난… 으악 방귀 냄새난다고 만지지도 않았다.
　나도 이젠 아버지처럼 신 걸 못 먹는다.
　그래서 난 온수로 귤을 씻어 미지근하게 만들어 먹는다.

　결국 전쟁은 안 일어났고 난 고려당 케익을 먼 산 보듯 지켜만 봤었다. 이젠 아이들이 케익을 지겹도록 사 온다.
　조각 케익도 있다. 별의별 케익이 수만 가지다.
　그런데 참 이상하다.
　케익이 맛이 없다.
　버리기 아까워 꾸역꾸역 먹어 치울 때가 더 많다.

쇄골 미인

옆집에 나이 든 언니가 날 보더니 어머, 너 새가슴이구나 했다.
중학교 다닐 때였다. 여름이라 확 파인 옷을 입고 마루에 엎드려 무언가 열심히 숙제하고 있는데 옆에 사는 나이 많은 언니가 우리 집 대문 안으로 들어오더니 툭 던진 말이다.
난 얼굴이 빨개져서 벌떡 일어나 내 모가지를 양손으로 감쌌다.
그때 이후로 난 목을 감췄다. 아무리 더워도 목이 파인 옷은 절대로 안 입고 목을 자라처럼 쏙 집어넣고는 누가 내 목을 볼까 봐 고개를 푹 숙이고 지나다녔다.
새가슴은 재수가 없다고 했다.
난 내 새가슴을 원망했다.
나는 왜 이렇게 태어났을까?
다리도 숏다리 엉덩이는 대문짝만하고 저주받은 허벅지는 다른 애들보다 두 배나 두꺼워 보였다.
거기다 이마는 어떤가 학교 운동장 반만 했다.
코는 또 어떤가!
눈은 또 어떤가! 쪽 찢어져 독사눈 같다고 했다.
엄마 눈을 닮아 우리 5남매 중 네 명은 쌍꺼풀이 있다. 나만 아버지 눈을 닮아 쌍꺼풀 없이 외꺼풀로 태어났다.

 난 빨리 어른이 되어서 양구 촌구석을 벗어나 서울로 가서 재수 없는 새가슴도 수술하고 못생긴 코도 수술하고 쌍꺼풀 수술도 하고 저주받은 허벅지도 날렵하게 잘라내야지 했다.
 어린 마음에 난 서울만 가면 모든 불만족인 요구조건이 다 이루어질 거로 생각했다.
 그래서 난 20대 처녀 시절이 되고부터는 엉덩이를 가리는 플레어스커트를 입었다.
 엉덩이가 드러나는 바지는 절대로 안 입었다.
 나팔바지가 유행했어도 꽉 끼는 청바지를 한 번도 입어보질 못했다. 그나마 불행 중 천만다행으로 허리가 짤록해서 허리가 쏙 들어가는 샤랄라 원피스를 즐겨 입었다. 원피스를 입고 조선 반만 한 엉덩이를 흔들며 양구 시내를 활보하면 내 속도 모르고는 사람들은 다들 몸매 예쁘다고 칭찬을 늘어놓곤 했다.

 20대 후반에 결혼을 하게 되었다.
 산악인 남자를 만나 사랑에 빠졌다.
 내년이면 아홉수라 스물아홉에는 결혼을 안 한다고 했다. 그러면 난 서른이 넘어 노처녀가 될 거 같은 두려움에 서둘러 스물여덟 겨울 초입에 가까스로 결혼식을 하게 되었다. 내 친구들은 거의 결혼을 해서 애를 업고 걸리고 내 결혼식에 참석했다.
 신부 화장을 하고 드레스도 이것저것 입어 보는데 미용사가 날 보더니 어머나, 쇄골 미인이시네요 했다. 쇄골 미인 그게 뭔데요, 난생처음 들어보는 미인 소리에 귀가 솔깃해 쇄골 미인도 있나요?

했더니… 신부께서 아름다운 쇄골을 갖고 태어났다면서 나의 목에 툭 불거져 나온 쇄골을 가리켰다.

난 누가 새가슴이라고 했는데… 했더니 미용사는 이렇게 쇄골이 예쁜 사람은 드물다면서 오히려 날 부러워했다.

난 그 후로 자신만만하게 나의 모가지를 기린처럼 쑥 뽑아 보란 듯이 푹 파인 옷을 입고 다녔다.

탤런트 김남주가 어느 날 TV에 나와 방송을 하는데 우리나라 연예인 중 쇄골이 제일 예쁜 연예인 중 하나라고 했다.

나의 쇄골은 김남주보다 훨씬 예뻤다.

20대 최고의 금값일 때 쇄골을 숨기고 산 내가 한심하고 속상했다. 오호! 애재라~ 어찌 이런 비극이 나에게 일어났는지 억울하고 분했다.

이젠 쇄골을 내놓고 다닐래도 어느덧 목주름이 패이기 시작했다. 세월의 무상함에 너무나 슬펐다.

어렸을 때 동네 언니의 말 한마디가 나의 쇄골을 새가슴으로 착각해 목을 숨겼던 내가 너무나 한심해 보였다.

누구나 사람은 한 가지 장점을 달고 나온다고 했다. 선도 안 보고 데려간다는 셋째 딸로 태어났지만, 두 언니에 비해 인물이 현저하게 떨어졌다.

눈을 씻고 봐도 어느 한구석 반반한 곳은 한 군데도 없었다.

큰언니는 그 당시 70~80년대에 양구 시내를 걸어가면 김자옥 뺨친다고 군인 장교들이 대문 앞까지 쫓아오곤 했었다.

작은언니는 늘씬하니, 노래도 곧잘 불러 민혜경 닮았다는 얘기를 들을 정도로 예뻤다.

난 그저 그랬다.

코는 아버지 코를 닮아서 양쪽 코볼이 툭 불거져 보기 싫었고 엉덩이는 남산만 하고 눈은 쪽 찢어지고 어디 하나 내보일 때가 없었다. 그런데 나의 새가슴은 쇄골 미인으로 둔갑했고 못생겨서 코 수술을 해야 한다고 노래를 불렀던 나의 코는 행운을 가져다 주는 복코였다.

물속 샷을 날리는 명장면에 골프여왕 박세리의 꿀벅지가 온 나라 안을 떠들썩하게 만들었다. 나의 저주받은 허벅지도 꿀벅지가 되었다. 힘든 버스를 새벽부터 끌고 다녀서 지치고 힘들어도 하루저녁 자고 나면 거뜬했다.

나이가 50이 되면서 눈이 처졌다. 속눈썹이 자꾸 눈에 들어가 따끔따끔 해지더니 스크래치가 생겨 시야가 뿌옇게 보였다.

그래서 지천명에 난 비로소 꿈에 그리던 쌍꺼풀 수술을 하게 되었다. 독사 같던 나의 눈에 쌍꺼풀이 생기면서 우아해졌다.

중요한 건 지금, 이 나이에 쇄골 미인이면 뭐하고 새가슴이면 어떻나! 그냥 열심히 살아온 날 격려해주고 오래오래 건강하게 좋은 글 많이 쓰고 멋진 그림 그려 호랑이가 가죽을 남기듯 나 박경민이도 이름 석 자 남기길 바랄 뿐이다.

위문편지

요즘 여고생의 위문편지로 인하여 언론매체가 뜨겁다.
국군장병께 쓴 여고생의 편지로 청와대 청원까지 올라갔다.
왜 여고생만 위문편지를 써야 하는 것 때문이다.
난 위문편지에 대한 추억이 많다.
단발머리 나풀거리던 꿈 많은 여고 시절에 나는 미사여구로 시작해 장황하게 위문편지를 쓰곤 했다. 문장력이 어디서 나왔는지 다른 애들은 한 장 채우기도 벅차 중간쯤에서 마무리를 짓곤 했지만, 난 두 장, 석 장도 빼곡하게 써서 내곤 했다.
벌써 40년이 훌쩍 지났다.

팔공 연도에 광주사태가 터졌다.
나라를 지키라는 군인들이 여고생, 임신한 새색시, 어린 청소년들에게 총칼로 폭동을 일으킨 해다. 우린 그 당시 여고생들이었고 아무것도 모르고 군 장병들께 위문편지를 썼다.
난 위문편지를 곧잘 썼다. 내가 친구들 대신 써준 위문편지는 학교로 답장이 날라 오곤 했다
답장받은 친구들은 나에게 가져와 난 또 답장을 친절하게 멋들어

지게 써서 주곤 했다.

국군장병 아저씨께… 로 서두가 시작되고 중간중간 밤낮으로 우리나라를 지켜주셔서 우린 덕분에 편안한 하루를 보내고 있답니다. 양구는 타 지역과 달라 눈도 많이 내리는데 그 많은 눈을 치우느라 추운 날 얼마나 고생이 많으시냐며 위로의 글을 쓰곤 했다.

우린 학력고사를 대비하느라 도시락 두 개를 싸가는 건 기본이었다. 2교시가 채 끝나기도 전에 도시락 한 개는 까먹고 정작 저녁에 먹어야 할 도시락은 점심때 다 먹어 치우니 날이 어둑해지면 배가 고파온다.

있는 동전, 없는 동전 다 긁어모아 교문 밖 구멍가게로 우르르 몰려가 그 당시 유행한 보름달, 크림빵을 사서는 입에 물고 야자를 했다.

밤 11시가 돼야 긴 복도를 귀신 나온다고 하면서 왁자지껄 우당탕 빠져나오곤 했다.

수업 시간 내내 난 친구들 위문편지를 대신 써주면서 멋진 문구를 삽입해서 주곤 했다.

펜팔 세대였던 우리는 항상 책가방 속에 예쁜 꽃 편지지를 갖고 다녔다. 그렇게 여고 시절을 보내면서 졸업식장엔 군복 입은 군인 아저씨들이 꽃다발을 들고 교정에 군데군데 서 있는 모습이 포착되기도 했다.

위문편지는 연애편지로 둔갑해 여고 졸업식 날 군인 아저씨들이 졸업식장을 빛내주었다.

군 장병들이라 해도 사실 우리 여고 졸업반 애들과는 나이 차이가 많아야 2~3살 차이였던 것 같았다.

그럼에도 불구하고 군인 아저씨들은 우리 눈에는 늠름하고 성숙해 보였다. 졸업식장은 눈물바다가 되었고 학교 울타리 안에서 보호받았던 우리 여고생들은 이제는 성인이 되어 앞일을 스스로 개척해야겠기에 두려움 반 커다란 포부가 반반이었다.

설레는 가슴을 안고 사회에 내딛는 첫발은 환희 그 자체였다.

이젠 그 누구 간섭도 안 받고 "멸공"이란 인사도 안 해도 된다.

우리 학교 인사말 구호는 멸공이었다. 흰색 카라를 풀을 먹여 곱게 다려 입은 여고생들이 멸공이라고 외치며 인사를 했으니 그 모습을 생각하니 웃음이 절로 나왔다.

초등학교 때는 "단결"이라고 인사를 했었다.

돌이켜보니 아득한 옛날얘기다.

양구는 지긋지긋하게 눈이 많이 내렸다.

11월부터 눈이 내리기 시작하면 이듬해 4월 중순까지도 눈이 내렸다. 나는 내 동생과 대문 앞에 쌓아놓은 눈더미를 굴을 파고 이글루를 만들어서 놀았다.

눈썰매는 기본이고 양구여고 밑에 흐르는 서천에 나가 얼음 배도 타고 놀았다.

얼음이 깨질만하면 옆에 얼음으로 갈아타고는 미처 타이밍이 늦어 얼음이 깨져버려 물에 빠진 새앙쥐가 되기도 했다

시내 쪽에는 양구종고가 차지하고 있었고 우리 여고는 서천 건너 군부대가 인접한 정림리 언덕배기에 야산을 깎아 만들었다. 지금은 박수근 미술관 가는 길목이 되었다.

학교 진입로는 눈이 다져져 반들반들했고 엉덩방아라도 찧는 날에는 온 시선이 쏠려 개망신이 됐기에 살금살금 기다시피 걷곤 했었다.

군인 장병은 매일 빗자루를 들고 눈을 쓸었고 군인들이 늦장을 피우면 버스는 거북이걸음을 해야만 했다.

조그마한 군소재지에 달랑 남종고와 여고만 있어 우린 어쩌다 남종고 애들을 만나려면 애교머리도 자르고 립스틱도 어디서 훔쳐다 바르곤 했었다.

선생님들은 저 건너 종고 애들은 다 시동생뻘이니 거들떠도 보지 말라고 하셨다.

우린 군인 장병들의 노고에 답하고자 위문편지를 주야장천 썼다. 공부벌레들은 편지 쓰는 시간이 아까워 미루고 미루다 결국 선생님께 혼이 나야 억지로 몇 자 써서 내곤 했다. 난 공부와는 담을 쌓았다.

엄마는 동생인 아들을 대학 보내야지 계집애가 뭔 대학이냐고 했기에 난 펜팔로 시간을 보냈고 시간 나면 소설 삼매경에 빠지곤 했다. 내 책가방 속은 참고서 문제지 대신 삼류 소설책, 만화책, 예쁜 편지지로 꽉 찼었다.

수업 시간이면 칠판에 빼곡히 필기할 내용을 선생님이 써놓으시면 나의 노트 필기도 선생님과 동시에 끝난다. 선생님은 밑줄을 그어 외우라고 하셨고 난 내가 중요하다고 생각한 것까지 그 즉시 외워버렸다.

그리곤 시험 때도 시험공부 대신 젊은 베르테르의 편질 읽곤 했다. 반 아이들 다 쓸 때까지 선생님은 교실 주위를 왔다 갔다 하셨고 난 막간을 이용해 자투리 시간을 교과서 밑에 소설책을 깔고는 쥐 죽은 듯이 읽곤 했다.

아직도 여고생들이 위문편지를 쓴다는 기사에 눈이 번쩍 뜨였다. 나의 여고 시절은 꿈과 낭만이었고 설렘이었다. 난 크리스마스

이브가 다가오면 천경자 화백의 카드를 사서는 똑같이 베껴 나의 친구들, 스승님께 정성껏 카드를 부치곤 하였다.

초등학교 때 날 무척 아껴주셨던 담임선생님께도 카드를 보냈지만, 그 카드는 우체함 속에서 해를 묵고 그 다음 해에 선생님께 배달이 되었다.
선생님은 이사를 가셨고 볼일이 있어 근처에 오셨다가 나의 카드를 보관하고 있던 집주인을 만나서 받으셨다며 나에게 장문의 편지를 써서 보내셨다.
우체국에 가서 직접 부쳐야 빨리 가는 걸 한적한 골목 어귀에 있었던 우체통에 넣은 것이 불찰이었다.
우체통은 거의 열어보지 않았기에 수거가 늦어진 것이었다.

양구 시내를 활보하다 보면 우리 학교 여선생님들, 우리 학교 여고생들도 군인들과 데이트하는 게 목격이 되기도 했었다.
난 아버지의 정의로운 피를 받아 군인들한테는 눈길도 안 줬다.
양구는 휴전선 바로 코앞에 위치해 2개 사단이 들어와 진을 치고 있었고 군인 반, 민간인 반으로 양구는 항상 군인들로 북적북적했다.
군부독재 박정희가 사단장으로 있었던 곳이 바로 양구다.
난 초등학교 시절 사단장 공관 앞에서 소꿉놀이를 하고 놀았다. 공관 앞에는 널따란 바위가 있어 소꿉놀이하기에 안성맞춤이었다.
나도 여고를 졸업하고 양구 한 지역에 자그마한 초등학교 병설 유치원 교사로 근무하면서 군인 장교의 프로포즈를 받았지만 일언지하에 거절했다.

군 장병 위문편지는 서로 답장을 주고받으면서 펜팔로 이어졌고 급기야는 연인으로 만나서 결혼도 하기도 했다.

우리 동창들도 군인 장교와 결혼해 지금은 손자 보는 재미로 사는 친구도 있다.

아리스토텔레스 이야기

친정엄마한테 전화가 왔다.

사실 친정엄마라고 못 박을 필요가 없다.

애들 아빠가 조실부모하였기에 나한테는 애초부터 시어머니가 안 계셨다.

엄만 사흘이 멀다 하고 눈뜨고 코 베어 간다는 서울 한복판에 우리 세 모녀가 살고 있는 게 여간 불안하셨던지 낮이고 밤이고 전화를 하셨다.

애들 용돈 넉넉히 주라는 거였다.

애들이 돈이 없으면 딴짓을 하니 애들 용돈 떨기지 말라는 당부셨다.

애들 아빤 이다음에 내 부모님을 우리가 모시자고 할 정도로 내 부모님께 잘했다.

내 부모님도 사위 셋 중에 막내 사위를 젤루 예뻐하셨었다.

애들 아빠가 죽고 난 한 번도 꿈에서조차 생각도 안 해본 버스를 끌게 되었다. 사실 애들 용돈을 줄 형편이 못 되었다.

왕초보에 버스를 끌고 나가다 보면 여기저기 옆구리며 뒷범퍼며 백미러며 매일 깨 먹고 긁혀 들어오는데 어떻게 애들 용돈을 넉넉히 줄 수 있단 말인가!

여고 시절이 떠올랐다.
우린 동아전과만 있으면 아무리 어려운 정석 2도 다 풀 수 있는 요술단지였다.
동아수련장을 풀다 막히면 동아전과를 찾아 답을 쓰면 다 해결됐기 때문이었다.
난 동아전과를 가져보질 못했다.
어려운 문제를 낑낑거리며 풀다 못 풀면 새벽같이 일어나 학교로 달려가 애들 전과를 빌려서 베끼곤 했다.

양구읍에는 양구 종고와 양구여고가 있었다.
양구 종고는 송청리를 지나 양구시내 초입에 널찍하게 자리 잡고 있었고 양구여고는 서천을 건너 공병대가 있는 야산을 깎아 양지바른 언덕에 지어졌다.
양구읍에 사는 애들은 양구초, 비봉초를 나오면 여자애들은 양구여중, 남자애들은 양구중으로 나누어지고 중학교를 졸업하면 또 남자 여자 각각 종고와 여고로 나뉘어졌다.
양구군에는 5개 읍면으로 되어있고, 각 면에서 중학교를 졸업하면 양구읍내 여고나 종고로 통학을 해야만 했다.
덜컹거리는 만원 버스에 매달려 책가방은 차창 밖에 붙들어 있고 남학생들은 창문으로 기어들어가 간신히 타고 오는 그런 기이한 풍경을 우린 아무렇지도 않게 보면서 신나게 여겼다.
양구여고에 입학을 하니 면 소재지에서 버스로 통학하는 애들이 엄청 부러웠다.

그 애들은 아침 저녁으로 만원 버스를 타고 다니느라 항상 주머니엔 용돈이 두둑했다.

난 도보로 걸어서 다녔기에 용돈이 필요 없었다.

아예 용돈이란 자체가 없었다.

한 친구가 부모님께 아리스토텔레스를 산다며 용돈을 타 왔다고 자랑을 했다.

발음이 생소하니 부모님 속이는데 안성마춤이라고 했다.

나도 잔꾀를 내서 엄마가 아궁이에 불을 지피길래 새벽같이 일어나 일손을 거드는 척 작은 목소리로 엄마, 오늘 아리스토텔레스 사야 해 했더니 그게 뭐냐고 하시길래,

그런 거 있어 선생님이 오늘까지 가져오래 했더니 엄마가 앞주머니에서 뒤적거리더니 천 원짜리 몇 장을 꺼내 주셨다.

때마침 아버지가 기침을 하시더니 먼 아리스토텔레스가 죽은 사람인데 그걸 어떻게 사냐며 호통을 치셨다.

엄만 이북에서 피난을 나와 학교 공부는 거의 못하셨고 아버진 법대를 나오신 수재셨다. 엄만 이 노므 간나가 에미를 속인다며 부지깽이로 내 등짝을 한대 내리치고는 겨우 천 원짜리 한 장을 받는데 그나마 성공을 했다.

난 아픈 것도 잊은 채 꽁돈이 생겨서 아침도 안 먹고 학교로 내빼갔다. 그리하여 그날 하굣길에 학교 밑에 구멍가게에서 누가바 하나를 입에 물 수 있었다.

참새가 방앗간을 그냥 못 지나가듯이 우리가 다들 재잘거리며 우르르 가게 안으로 밀물이 몰려들 듯이 왕창 들어가면 아주머니는 정신이 없다며 소리를 치시곤 했다.

양구 읍에는 두 개의 서점이 있었다.

겨울이 되면 신광서점엔 무수히 많은 새 학기 전과와 수련장이 펼쳐져 있었다.

양일서점은 양구 버스터미널 근처에 있었고 신광서점은 양구 명동 중앙통에 있었다.

우리 집은 중앙통에서 옆골목으로 쭉 내려오면 상1리에 있었다.

자야는 나랑 같이 양구초, 양구여중, 양구여고를 다녔고 중간에 서울로 전학을 갔다.

자야는 부잣집 신광서점 딸이었다.

그 애가 부러웠다.

맛있는 빵으로 가득찬 고려당 옆에 커다란 신광서점은 내가 갖고 싶은 모든 게 다 있었다.

양일서점은 우리 양구여고 1년 선배네 가게였는데 쌍둥이였다.

너무나 똑같아 매일 누가 누군지 헷갈렸다.

크리스마스 때가 되면 연하장, 형형 색깔의 카드가 서점 앞에 즐비하게 꽂혀 있었다.

그중에 천경자 화백의 미인도가 그려진 카드가 내 눈에 띄었다.

천경자가 누군지 알지도 못했지만, 난 크리스마스 때가 되면 꼭 용돈을 모았다가 미인도가 그려진 카드를 사서 담임 선생님이나 내가 좋아하는 사람들한테 성탄 카드를 정성껏 써서 크리스마스실을 붙여서 우체국에 갖다 부치곤 했었다.

엄만, 왜 그때 나한테는 용돈을 안 줬으면서 내 애들한테는 용돈을 주라고 하는지 모르겠다.

비가 오면 난 비료 부대를 쓰고 학교에 갔다.

다른 애들은 빨강, 노랑 예쁜 우산을 쓰고 다니는데 난 한 번도 우산을 쓰고 폼나게 빗속을 걸어보질 못했다.

난 창피해서 아예 비료 부대를 집어 던지고 골목골목 처마 밑으로 뛰면서 초등학교를 다녔다.

우산도 없고 용돈도 없었다.

아리스토텔레스를 산다고 결국 들켜서 욕만 바가지로 먹고 자란 내 어린 시절이 문득 떠올랐다.

겨울비가 추덕추덕 내렸다.

인사동을 갔다 오는데 비가 내렸다.

핑크색 우산을 폼나게 쓰고 빗속을 걸어갔다.

오늘은 아리스토텔레스에 대해서 몇 자 적어본다.

어떠한 학문도 남기지 않은 소크라테스는 제자 플라톤으로 하여금 유명해졌다. 제자를 잘 둔 덕에 소크라테스는 세세토록 명성이 끊이질 않고 있다.

아리스토텔레스는 플라톤의 제자였다.

소크라테스가 죄없이 사형을 선고받고 독배를 마셨던 것과는 반대로 아리스토텔레스는 "아테네 시민이 두 번 다시 철학에 죄를 짓지 않도록 하기 위해 떠난다"라는 말을 남기고 칼키스로 망명을 해 버렸다.

그는 "현실의 감각 세계를 초월한 이데아가 따로 있는 것이 아니라 오히려 우리 눈앞에 보이는 개개의 사물이야말로 참다운 의미에서 실제이자 실체라는 것이다."라고 했다.

학창 시절 철학이 뭔지도 모르고 낄낄거렸다. 그것이 결국 철학이었다.

겨울 여자

양구의 겨울은 무척이나 길었다.
그리고 엄청 추웠다.
4월 5일 식목일에도 양구는 눈이 펑펑 내리고 땅속의 얼음도 미처 안 녹아서 나무를 심지 못했다.
아랫녘은 나무 심는다고 요란했다.
중3 겨울방학이었다.
여고생이 되는 길목이었고 긴 겨울방학이었다.
서울로 유학 간 수그니가 방학이면 집으로 왔다. 수그니는 아버지가 양복점을 경영하는 부잣집 고명딸이었다.

얼굴도 예쁘고 날씬하고 정말 인형처럼 예뻤다.
주먹만한 얼굴에 코는 오똑하고 그야말로 앵두같은 입술에 턱은 뾰족하니 브이라인에다 다리도 늘씬했다.
내가 볼때 수그니는 김영애와 장미희를 번갈아 닮았다.
눈이 부실만큼 예뻤다.
난 큰 바위 얼굴에 양 콧볼은 불룩 튀어나왔고 이마는 운동장 반만하고 엉덩인 남산만 하고 저주받은 허벅지에다 키는 짜리몽땅

하고 어디 하나 눈을 씻고 봐도 내 맘에 드는 곳은 한군데도 없었다.

우린 늘 붙어 다녔으니 못생긴 나로 인하여 아마도 수그니는 더 돋보였을 것 같은 생각이 들었다. 돌이켜 생각해보니 ㅠㅠㅠ

그래서 난 예쁜 친구들과 친하게 놀면 나도 예뻐질 거 같아 달력 뒷면이나 공책 뚜껑에다 신데렐라 보다도 백설공주 보다도 더 예쁘게 그려서 예쁜 친구들에게 크리스마스 선물로 한 장씩 나눠 주곤 했다.

그래서인지 내 친구들은 다 예쁘고 쭉쭉빵빵이었다.

미스코리아 뺨칠 정도로 외모가 빼어난 선오기도, 지금은 세상에 없는 참신한 옥피리도, 영어의 달인 영원한 영어부장 심쓰도, 학급 실장에 해마다 선출되어 장기집권에 성공한 올리비아 핫세를 빼박은 혜수기도,

깍쟁이처럼 생긴 내 짝인 옥경이도,

천상 여자인 범생 학습부장 경수니도,

수학천재 수학부장인 군인가족 혜경이도,

여리 여리하고 순수한 여니도,

로봇트 춤을 잘 추는 마린보이 코를 닮은 테레사 미애도 다들 예뻤다.

미술부장인 효경이는 뿔테 안경까지 쓰고 있어서인지 뭔가 예술적인 분위기가 물씬 풍기는 독특한 그런 애로 보였다.

난 학습 분위기 망치는 영원한 오락부장으로서 친구들 기억 속

에 아마도 각인되어 있지 않을까 하는 생각이 든다.

양구 문화극장에서 장미희 주연 겨울 여자가 개봉되었다.

커다란 화판에 요염한 장미희가 그려지더니 긴 줄로 끌어올려 극장 한복판에 겨울 여자 간판이 세워졌다.

골목골목 담벼락에도 전봇대에도 덕지덕지 포스터가 붙여졌다.

새침데기였던 수그니가 부모님 몰래 영화를 보러 가자고 했다.

우린 엄마 치마를 둘러입고 보자기를 머리에 쓰고 영화관에 들어가서 가슴을 졸이며 보다가 결국 쫓겨났다.

"그 정답던 그 날들이 마지막 겨울이었나요. 그 모습 보고 싶어 마지막 겨울은 가버렸나요.~~"라는 노랫말이 아직도 입가에서 맴돌고 있다.

세월이 흐르고 수그니는 서울서 모 여대를 다니는 멋진 서울의 아가씨가 되었다.

수그니네 집도 어느날 양복점을 다 정리하고 서울로 이사를 갔다.

그 뒤로 수그니는 방학이 되어도 양구에 오지 않았다. 나와 수그니는 하루가 멀다 하고 편지를 주고 받았고 하루라도 늦게 편지가 도착하면 난 안절부절 우체부만 기다리곤 했었다.

수그니는 서울의 반 친구들, 짝꿍 이야기며 팝송이며 그 당시 안방극장의 화제인 소머즈의 주연 린제이 와그너까지 소상히 내게 알려주었다. 그때 외운 팝송 몇개가 내 밑천 전부였다.

비틀즈의 let it be도 아바의 노래도,

진추하의 one summer night도 mother of mine도 수그니

가 써서 보내줘서 그때 외웠다.
　지금도 버스를 끌면서 가끔 흥얼거리기도 한다.

　22살에 난 병설유치원 교사가 되었고 수그니는 여대생이 되었다.
　수그닌 내가 갖고 싶었던 모든 걸 가졌다.
　집도 서울이지 대학도 서울서 다니지 거기다 얼굴도 예쁘지 정말 나와는 다른세계 사람처럼 점점 멀어져만 갔다.
　그해 겨울에 난 수그니와 성신여대앞 태극당에서 만났다.
　양구 촌년이 물어물어 서울 한복판에 위치한 성신여대 앞에서 우린 가슴 뭉클한 마음으로 만났다.
　겨울 여자가 되어서…

　수그니는 내가 꿈꾸면 그 모습으로 긴머리를 흩날리며 가슴에는 두꺼운 원어로 된 책을 껴안고 빽바지에 줄남방을 입고 나타났다.
　난 양구 촌티를 안 내려고 조이너스 꼼빠니아에서 거금을 주고 코드를 사서 걸치고 왔지만 수그니 앞에 서니 그만 난 더 작아지고 말았다.
　난 결혼을 하였고 수그니는 이사를 몇 번 하면서 연락이 끊겼다.

　난 꿈에 그리던 서울살이를 하면서 수그니를 애타게 찾았으나 친구들 누구도 수그니 소식을 몰랐다. 내가 모르는데 그 누가 수그니 소식을 알 수 있겠나!
　지금 나는 성신여대 태극당 앞을 버스를 끌고 다닌다.
　그 시절 추억을 떠올리면서…

그런 추억의 태극당이 재작년인가 햄버거 집으로 바뀌었다.

난 겨울방학이면 수그니네 집에서 살다시피 했다.
눈만 뜨면 수그니네 집으로 달려가서 이불속에 발을 넣고 하루 종일 해가 지도록 놀다가 수그니 부모님께서 양복점 문을 닫고 들어오실 때쯤이면 난 터벅터벅 집으로 돌아오곤 했다.
수그니네 집은 내 기억에 부잣집이었다.
수그니네 양복점 주인 딸답게 바지도 자켓도 원피스도 깔끔하니 기지로 만든 옷을 입고 다녔다.
난 두 언니가 입던 팔꿈치가 다 나가고 무릎이 해진 옷을 입고 다녔다.

그 옛날 결혼 예복은 죄다 수그니네 양복점인 영진라사에서 양복을 맞춰 입었다.
우리 아버지도 서울을 연달아 다니셨기에 수그니 아빠한테 양복을 맞춰 입으셨고 우리 오빠도 군청에 취직하면서 양복을 맞춰 입었다.
결혼할 때도 수그니네 영진라사에서 결혼 예복을 맞췄었다.

수그니네 윗목엔 커다란 가마니에 담요를 둘둘 말아 덮어 놓은 고구마 더미가 있었다.
얼지 않게 방 윗목에 산더미처럼 떡하니 자리를 차지하고 있었다.
수그니엄만 그 비싼 고구마를 소쿠리에 수북이 담아 연탄 아구리에 잔뜩 올려놓고는 양복점으로 나가시면서 타지 않게 뒤집어서 익으면 꺼내 먹으라고 하셨다. 정말 꿀맛이었다.

입에 숯검댕이를 묻혀가며 까먹는 군고구마는 양구 깡촌에서는 맛볼 수 없는 정말 귀한 먹거리였다.

우리 집은 감자밥에 감자와 줄당콩을 불려서 만든 감자범벅, 밀가루와 섞어 쪄서 만든 감자투성이, 감자부침, 감자찌개, 감자나물 정말 감자라면 넌더리가 났다.

내 둘째가 사골 꼬리곰탕이 지겨워 안 먹는다고 내게 항거했듯이 나도 감자는 쳐다도 안 봤다.

그런데 그 귀한 고구마가 수그니네 집은 산더미처럼 쌓여 있었고 어쩌다 아줌마는 찹쌀 모찌도 만들어 주셨다.

내 두 주먹만큼 커다란 모찌는 하얀 눈송이처럼 뽀얀게 진짜 먹음직스러웠다. 한 입 깨어 물자 쫄깃한 찹쌀의 식감이 씹히면서 부드러운 팥앙금이 혀 끝에 닿는 그 황홀한 맛을 지금도 난 잊을 수가 없다.

얼굴에 묻은 하얀 떡가루를 서로 털어주면서 우린 그렇게 겨울 여자로 성숙해져 가고 있었다.

어느 날 눈이 펑펑 내리는 날 비봉공원에 올라가 눈을 맞으며 미끄럼을 타면서 우린 그렇게 겨울 여자를 꿈꿨다.

세월이 흐르고 난 두 아이의 엄마가 되었고 어느 날 과부가 되어 버스를 끌고 다녔다.

수녀가 된 테레사한테서 전화가 왔다.

네가 그렇게 애타게 찾던 수그니 행방을 찾았다면서 약속 장소를 정하고 우리 셋은 종각역 앞에 있는 카페에서 마흔이 갓 넘은 나이에 만났다.
내가 버스를 끌고 다니는 그 종로통에서 테레사 미애의 주선으로 우리는 그렇게 만나게 되었다.

테레사와 나는 양구에서 초중고를 함께 다닌 단짝이었다.
테레사는 절실한 천주교 부모님 밑에서 자랐고 난 교회를 설립한 기독교 집안에서 자랐다.
테레사와 난 종교개혁에 대해 논했고 마르틴 루터에 대해 열변을 토하기도 했다.
테레사는 간호학과를 나와 수원의 성 빈센트 병원에서 간호사로 일하고 있었고 우리 동창들은 하나둘 시집을 갔다.

나도 가까스로 노처녀 딱지를 떼고 결혼을 하였다. 테레사는 어느 날 간호사를 때려치우고 수녀원으로 들어갔다.
테레사는 수도자의 길을 걸었고 난 두 딸을 키우면서 그렇게 1년에 한두 번 정도는 테레사를 만나러 시내에 나갈 때도 있었고 우리 집에 테레사가 놀러 오기도 하면서 가끔 전화도 했다.

테레사는 수녀가 되면서 저명인사가 되었다. 수그니를 만난 건 테레사가 여성잡지에 실렸었기 때문이다.
가끔 조간신문에도 테레사가 칼럼을 쓰고 해서 나도 신문 스크랩을 만들어 놓곤 했었다.
내 여고 동창 테레사가 신문에 글이 실리고 잡지에 나오고 해서 너무나 자랑스러웠다. 하지만 난 여성잡지는 보지 못했다.

　수그니가 우연히 한 미용실에서 머리를 하면서 잡지를 들척이다가 테레사의 인터뷰 기사를 보고는 수그니가 연락을 해와 테레사와 수그니가 극적으로 상봉을 하게 된 것이었다.

　수그니는 7살 남짓한 아들의 손을 잡고 펑퍼짐한 아줌마 모습으로 내 앞에 나타났다.
　내 애들은 중학생이 되었는데 말이다.
　수그니는 그 옛날 수그니 엄마 모습을 그대로 닮아 있었다.
　난 정말이지 깜짝 놀랐다.
　그 예쁘고 도도한 모습은 다 어디로 사라지고 40대 그냥 아줌마였다.
　서울대생 남편을 만나 결혼을 하였고 늦게 아들을 출산했다고 했다.
　난 꿈만 같아 너무 반가워서 눈물이 났지만 정작 할 얘기는 아무것도 못하고 찻잔만 만지작거리다 다음에 만나자고 하고 연락처를 주고받고 헤어졌다.

　22살에 수그니와 헤어지고는 20년이 넘어 불혹에 종로 한복판에서 우린 만났지만 그냥 그랬다.
　내가 사는 데 지쳐 내 형편이 보잘것없어서 수그니 앞에 난 또 초라해지고 말았다.
　겨울 여자를 꿈꾸며 양구의 겨울을 뒤돌아보면서…

chapter 4

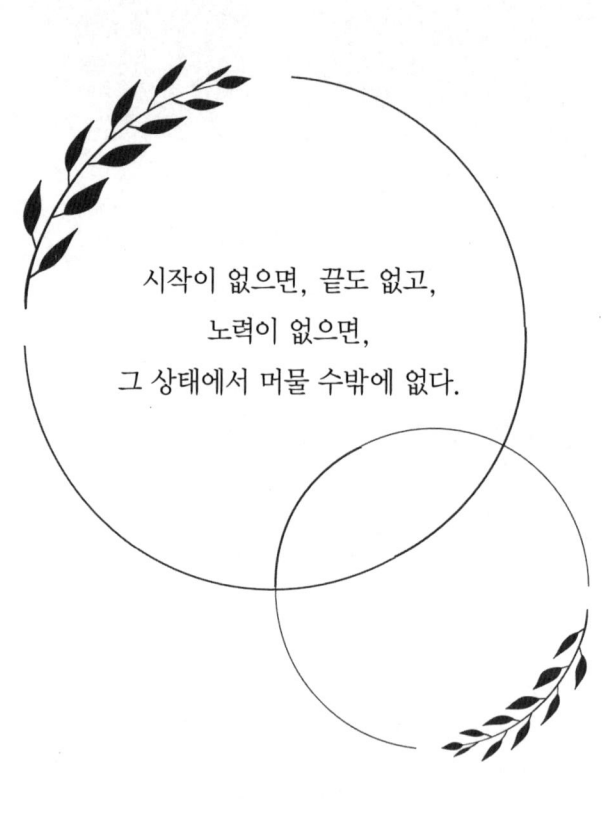

시작이 없으면, 끝도 없고,
노력이 없으면,
그 상태에서 머물 수밖에 없다.

양구초등학교 동창

양구읍에는 양구초교와 비봉초교가 있다.
난 비봉초교에 입학을 했다.
우리 집은 하리 로터리 부근 김천상회 바로 옆이었는데 마당이 꽤 넓은 집이었다.
뒤란에는 자두나무랑 포도나무가 있었고 앞마당엔 키 큰 배나무가 떡하니 차지하고 있었다.
꽃밭에는 백일동안 핀다는 백일홍도 키 작은 채송화도 부채모양의 빠알간 맨드라미도 피어 있었다.
해가 뉘엿뉘엿 땅거미가 올라오면 잔뜩 부풀어 오른 분꽃들이 터트리느라 분주하게 펼쳐졌다. 파란 하늘이 전개되고 뭉게구름이 뭉글뭉글 피어오르면 형형 색깔의 과꽃들이 저마다 벙긋벙긋 고개를 쳐들고는 하늘을 향해 손짓을 하듯 이리저리 흔들거렸다.
엉성한 판때기로 담을 만든 울타리 안엔 진노랑 호박꽃이 만발하였고 호박꽃 궁둥이에는 애기호박이 여기저기 매달려 있었다.

양구 사람들은 김천상회 하면 모르는 사람이 없을 정도로 크고 물건도 꽉꽉 채워져 있었다. 이른 새벽 식전이면 두부며 고등어를 사러 아줌마들로 가게 안이 북적북적했다.

우리 집 마당 한쪽 벽면에는 빈사이다 병, 두꺼비표 소주병이 궤짝들로 가득 쌓여 있었고 리어카도 세워져 있었다.

김천상회 주인이 우리 집 마당에 갖다 놓았다.

난 아무것도 모르고 빈 병 두 개를 들고는 김천상회에 주인아주머니께 갖다 주면 미루꾸나 풍선껌을 한 개 받아오곤 했다.

난 내 동생과 세워놓은 리어카 안에 들어가 소꿉놀이를 하면서 놀았다.

내가 6학년이 시작될 무렵 하리, 중리, 승공대는 비봉초로 상리, 정림리, 송청리는 양구초로 학군이 나누어졌다.

우리 집이 양구 오일장이 열리는 상리 중앙시장 근처 동해하숙집 옆으로 이사를 하면서 나의 역사도 시작이 되었다.

엄마는 농사일을 걷어치우고 동해하숙집 옆에 방이 많은 집으로 이사를 하고는 강남 여인숙을 차렸다.

난 꿈에 그리던 내 공부방이 생겨서 엄청 좋았다.

주말이면 군인들 면회객으로 우리 공부방까지 다 내줘야 했다.

그리하여 난 학군 조정으로 6학년이 시작되면서 양구초로 전학 아닌 전학을 가게 되었다.

5년 동안 함께 공부한 친구들과 정이 들었지만 사실 양구읍내는 손바닥만 해 아무 때고 친구들을 만나서 놀곤 했다.

양구여중을 입학해서는 비봉초, 양구초 다같이 모여 양구여중을 다니게 되었다.

양구군에는 5개 면이 있었고 각 면에는 중학교가 있다.

동면에는 임당초교와 팔랑초교가 있고 대암중학교가 있다.

난 팔랑초교 병설유치원에서 근무하였지만 둘째 아이 출산으로 그만 사표를 집어던졌다.

방산면에는 방산초등학교와 오미초등학교가 있고 방산중학교도 있다. 남면에는 용하중학교, 용하초등학교, 도촌초등학교가 있었다. 해안면에는 해안초교와 해안중학교가 있다.

난 해안초등학교 병설유치원에서 5년 넘게 근무를 했었다.

우리가 초등학교 다닐 때는 빼곡하니, 60~70명 넘게 한 반에서 공부를 했었지만, 지금은 분교로 폐교로 변했다.

각 면에서 중학교를 졸업하면 양구읍내로 남학생들은 양구종고로 여학생들은 양구여고로 각각 갈라져 입학해서는 버스로 통학을 했다.

내가 초등학교 시절에는 5학년 말이면 군인 가족이나 공무원 가족, 장사를 크게 하는 집 자식들은 거의 다 춘천이나 서울로 유학을 갔다. 그리곤 방학이 되면 도시로 유학 간 친구들로 양구 시장통은 북적북적했다.

난 도시 이야기가 궁금해 친구들을 만나러 뛰쳐나가곤 했다.

나도 유학을 가고 싶었지만 꿈만 꿨다.

내가 양구초로 전학을 가는 동시에 장화용이란 친구도 서울로 전학을 갔다. 그 애는 군인가족이었고 그 당시 아버지가 군악대장이셨다고 아이들이 기억했다.

난 장화용을 한 번도 본 적이 없었다.

불혹에 남편을 히말라야 눈 속에 묻고 난 서울 시내버스 운전자가 되었다.

두 딸을 키워야겠기에 오로지 일에만 열중했다.

입사 17년 차가 되면서 어느덧 고참대열에 이르렀고 서울 시내버스 노동조합이 70년대에 머무르고 있다는 사실에 난 경악을 금치 못했다.

결국 나의 정의감이 발동하게 되었다. 그리하여 서울 시내버스 노조원 18,000여 명의 숙원인 직선제에 동참하게 되었다.

서울 시내버스 노동 조합위원장은 우리 노조원 18,000여 명의 조합비로 운영함과 동시에 조합원이 낸 조합비로 위원장 연봉에 판공비 해외여행 등등 그야말로 눈먼 돈이었다.

개같이 벌어 따박따박 조합비를 갖다 바치면서도 위원장의 눈치나 보고 얼굴도 모르고 버스만 끌고 다녔다.

65개 업체 노조 위원장이 선출하는 간접선거 제도였다. 막말로 65개 업체 위원장만 구워삶으면 나는 왕이다 하면서 우리의 피 같은 돈을 물 쓰듯 써 재끼면서 노조원의 임금까지도 서울시에 내주고 노조원을 꼭두각시마냥 모니터까지 몰래 탑승시켜 우리 노조원의 인권을 말살시키고 있다.

우리 노조원을 대신해서 일하라고 수억의 연봉에 판공비까지 내주면서도 우리의 권리도 막아주지 못하는 그런 어용 위원장이었던 것이다.

흡혈귀마냥 내가 근무하는 회사에서 수십 년간 노조원 피와 땀을 갈취한 어용 위원장 짓도 모자라 본조 위원장으로 진출하면서 65개 각 위원장에게 선물 공세, 술접대등 흰 봉투까지 오가면서 난 나의 존재에 대해 슬픔이 몰려왔다.

그리하여 작가의 마음으로 "개법이야기"를 썼다. 직선제 추진단 노조원 12명을 포함해 나까지 고발 조치한 자가 바로 서울 시내버스 본조 위원장이다.

대통령이 국민이 쓴소리 바른 소리 했다고 고발하는 거 봤나? 귀가 막히고 코가 막힐 지경이다. 하지만 모두 다 혐의 없음, 무혐의 처분받았다.

이 일로 인하여 난 심한 스트레스에 울분이 더해지면서 우울증이 도지기 시작했다.

서울시와 타협해 조합원들의 일거수일투족을 조정하는 아주 나쁜 위원장이 되어 군림하는 21세기에 대한민국 수도 한복판에서 어이없게도 버젓이 자행되고 있었다.

그리하여 각 업체 노조원들이 앞장을 서서 위원장 직선제 찬반 투표에 나서면서 난 양구초등학교를 다녔다는 서부운수에 근무하는 노조원 장화용을 만나게 되었다.

서울 시내 한복판에서 18,000여 명의 버스 승무원 중에서 양구서 초등학교를 다녔다는 화용이를 만난 건 정말 너무나 뜻밖이었다. 난 화용이를 알지 못했고 화용이 역시 날 알 수 없었다.

내가 양구 출신이라고 하자 그 애는 자기도 초등학교를 양구서 다녔다고 했다.

난 별로 개의치 않았고 머리가 희끗희끗해서 나보다 선배이거나 후배일 수도 있겠다 하면서 졸업 연도를 물었더니 졸업은 안 해서 잘 모른다고 했다.

그래서 혹시 기억나는 친구가 있냐고 물었더니 내가 아는 친구들

몇몇 이름을 기억하면서 오일장이 열리는 공터에서 친구들과 공도 차고 했다고 한다.

난 깜짝 놀랐다. 나랑 동기였던 것이었다.

화용인 양구초등학교 5년을 다녔고 6학년 초에 그 애는 서울로 전학을 갔고 난 전학을 와서 1년을 다니고 졸업을 한 것이다.

비록 우리가 한 교정에서 함께 하지는 못했어도 엄청난 우연이자 인연이었다.

화용인 나의 3회 개인전에 축하하러 와줬고 내가 "개법이야기"로 경찰서 조사를 받을 때도 차를 끌고 와 날 에스코트해 주었다.

화용인 서울로 전학을 간 보람으로 명문대에 입학했고 산업디자인을 전공하였다.

사업을 하다가 하행 길을 맞으면서 버스 운전을 하게 되었고 나처럼 정의감에 추진단에서 앞장을 서게 되었다.

산업디자인을 전공한 화용인 표어며 현수막, 전단지 등등 실력을 발휘하였고 최고 학벌 지식인답게 행동도 반듯했다.

내가 처음 42살에 버스를 끌 때 고참이라는 자가 내게 다가와서는 중학교 졸업을 했다며 과시하면서 엄청난 학벌인 거 마냥 버스 기사들이 국졸이 대부분이라며 자랑을 일삼았다.

사실 본조 촉탁 위원장이란 자도 국졸 출신이다. 개천에서 용 난 게 맞다. 학벌 위주가 다는 아니지만, 무식이 용감이라 어용짓거리를 하는 게 괘씸한 거다.

처음 당선되었을 때 본인 입으로 초등학교만 나왔다고 떠들었기 때문이다.

이런 슬픈 현실에 나는 나를 달래느라 참고 또 참았다.

그렇게 갑질 아닌 갑질을 하던 나이 든 고참 운전자들은 하나둘 퇴사를 하면서 젊고 배운 후배들이 연달아 입사하면서 내가 갑질을 하는 상황이 전개되기도 했다.

서울 한복판에서 버스노조원 동창을 만나게 된 것이다.

화용인 이번 서부운수 지부위원장 선거에 출마한다.

우리 65개 업체 위원장이 물갈이가 되어야 본조 위원장 선거 역시 직선제로 갈 수 있기 때문이다.

우리 추진단에서 앞장섰던 범일운수 신동원이 이번 지부위원장 선거에 당선이 되면서 야당 노조위원장의 첫 깃발을 꽂았다.

범일운수 신동원 노조원은 수년 동안 막차 운행 사원들에게 자비로 물을 끓여 컵라면으로 요기를 채우게 해 준 정의의 사자였다.

조합에서도 회사에서도 내팽개쳤던 봉사를 오른손이 모르게 묵묵히 조합원 배곯지 않게 시행을 했다.

우리 버스 운전자들은 일반 사람들처럼 식사 시간이 일정하지 않다.

운행을 나가면 버스를 끌고 들어오는 시간이 밥시간이다. 서울 시내버스는 새벽 4시에 첫차 운행을 나간다. 4~5시간 걸리는 장거리 노선은 새벽 4시에 첫탕 운행을 나가면 아침 8시가 돼야 끌고 들어오기 때문에 남들 자는 시간에 우린 꾸역꾸역 국에 한술 말아 후딱 먹고 나간다. 그래서 위장병과 복통에 시달리기도 한다.

오후 역시 마찬가지다. 저녁을 4~5시에 먹고 나가니 밤 10시, 11시면 허기가 지는 건 기정사실이다.

그리하여 범일운수 신동원 노조원은 하루도 안 빠지고 막차 운행하는 노조원 허기진 배를 채워주곤 했다.
   그런 희생과 봉사로 기득권인 어용 위원장을 물리치고 위원장에 당선되었다.

   첫술에 배부르지는 않아도 하나둘 당선되어 본조로 진출해 촉탁직 어용 위원장이 설 자리가 없어지도록 매진해야 한다.
   꼭 이번 지부위원장 선거에 화용이가 당선되길 두 손 모아 기도해 본다.

   --- 양구출신 서부운수 장화용 홧팅 ---
#서울시 버스노동조합
#직선제_(찬성)_조합원이_주인이다.♡
#조합을^바꿀^수^있는^유일한^방법^(찬성)

기적

이 세상에는 실제로 기적 같은 일이 존재한다.

영화 기적을 보면서 가슴 뭉클한 이야기에 흥분이 고조되곤 했었다.

나에게도 기적 같은 일이 전개되었다.

어떤 사람은 내가 재수가 좋은 여자라면서 로또를 사야 한다고 했다. 내 뒤만 졸졸 따라다녀도 콩고물이 떨어진다고 했다.

진짜로 내가 가면 막혀있던 도로도 신호가 팡팡 터진다.

그래서 재수 좋은 여자랑 다니니 도로까지 알아보고는 납작 엎드린다며 한바탕 호탕하게 웃었다.

세상을 살면서 기적을 접한 사람들을 주위에서 가끔 볼 수 있다.

아파서 시한부 생을 살아가는데 어느 날 병이 다 완치됐다고 하는 경우도 왕왕 있다.

정말 재수가 좋은 사람이 아닐 수 없다.

사실 나도 살면서 기적 같은 일을 접했다.

누군가가 등 뒤에서 인도해 주는 것 같은 기분이 들곤 했다.

이름은 울타리라고 한다.

울타리가 허술하면 아무리 으리으리한 저택에 살지라도 도둑이 쉽게 들어와 소중한 재산을 다 빼앗아 간다고 한다.
그래서 사람의 이름은 뜻도 중요하지만 획 수, 5행, 사주팔자, 이런 게 다 맞아야 좋은 이름이라고 한다.

지천명을 살았는데 어느 날 나의 이름이 나의 팔자를 만든다고 했다.
이름이 세서 내 팔자도 세다고 했다.
이 나이에 얼마나 부귀영화를 누리겠다고 이름까지 바꾸나 했다.
그런데 이름을 바꾸면 나의 노후가 편안하고 모든 게 잘 풀린다고 했다. 즉, 울타리를 보수해야 집안에 우환도 물러가고 도둑도 넘보지 못한다고 했다.

난 불혹에 남편을 잃었다.
결혼생활도 그다지 알콩달콩하지도 않았다.
어렵게 서울 시내버스 운전자가 되었다.
수많은 남자 틈바구니에서 난 아픔과 슬픔을 참아냈다.
남편 잡아먹은 년이라고 대놓고 떠든 놈도 있었다.
식당이든, 화장실이든 동선이 겹치면 지나가면서 툭 치는 건 다 반사였다.
아가리를 찢어놓던가 손모가지를 비틀어 놓고 싶은 분노가 수도 없이 일었다.
분노를 울분을 참느라 나도 점점 거칠어져 갔다.
난 지금껏 오로지 하나님을 의지하면서 내 힘으로 내 노력으로 꾀 안 부리고 열심히 살았다고 자부했다.

숱하게 이사를 다녔어도 내가 편하고 내가 노는 날이 이삿날이었다. 달력에 이삿날이라고 기재되어 있어도 그런 거 관심도 없었고 한 번도 염두에 둔 적이 없었다.

하도 이사 다니기에 지겹고 힘들어 대출을 끼고 집을 확 사버렸다. 저지르고 나니 집값이 천정부지로 올랐다.

내게 기적이 일어났다.

경민이로 울타리를 바꾸자, 세상이 달라 보였다.

내가 지나가면 후배들은 물론 오래된 선배까지도 웃으며 고생한다며 덕담을 던졌다.

참 희한한 일이다.

길가에 서 있는 은행나무까지도 내게 경례를 붙이고 있다.

난 "엄마의 이야기"로 인사동 경인미술관에서 개인전을 펼쳤다.

경인미술관은 조선 시대 때 어느 후궁이 살았다고 하여 경인궁으로 불리었다.

난 경인궁에서 모란의 여왕으로 다시 태어났다.

사상 최악의 청년실업으로 나라 안이 뒤집어졌어도 나의 금쪽같은 두 딸은 내게 근심을 한 번도 져준 적이 없었다.

큰아이 여의도로 입성했고 작은아이 대학에서 강의를 한다. 엄마 찬스 그런 거 난 알지도 못한다. 버스 끄는 막노동자가 엄마 찬스가 있다고 한들 누가 거들떠나 보겠나!

난 청년실업이 무엇인지도 캥거루족이 무엇인지도 모르고 버스만 끌고 다녔다.

지금 생각해 보니 하나님 찬스였다.

내 아이들이 대학 입시를 치르는지, 입사 시험을 치르고 면접을 보는지 난 알지도 못하고 내가 할 수 있는 일은 그저 주야장천 버스나 끌면서 짬짬이 기도만 빡쎄게 때리는 것밖에는 없었다. 기적은 노력한 대로 나타나는 것이다.

이름을 바꿔서도 아니요, 팔자가 세서도 아니요, 열심히 노력한 대가라 생각한다.

감나무에서 감이 떨어지기를 기다려서는 절대로 기적은 일어나지 않는다.

남들이 잠잘 때 난 붓을 들었고, 남들이 놀러 다닐 때 난 버스를 끌었다. 벚꽃이 흩날려도 난 꽃구경을 버스 창가로 스쳤다. 눈이 펑펑 내려 환호성을 치면서 스키를 둘러메고 나갈 때 난 눈 사이로 버스를 끌고 나갔다.

나의 모란이 지쳐 쓰러져 누웠어도 난 다시 일어나 나의 모란을 피웠다.

"꿈꾸는 모란"이 대한민국 미술대전에서 특선을 수상했다. 진짜 기적이 일어났다.

홍대 아니라 그보다 더한 스펙으로 디밀어도 미술대전에서 수상하기란 정말이지 하늘의 별 따기보다 어렵다고 다들 이야기한다. 난다 긴다 하는 작가들이 도전해도 다들 뚝뚝 떨어진다.

어떤 사람은 입선만 다섯 번 했다고 풀이 죽어 있다.

난 내 하나님께 기도했다.

"하나님, 나의 모란이 기필코 하나님의 영광을 나타나게 하시옵소서. 나의 꿈이 열리게 도와주시옵소서.

이 몸밖에 드릴 게 없어 이 한 몸 주께 바치오니 주여, 나의 기도를 들어주시옵소서."라고 눈물의 기도를 올렸다.

기적은 절대로 저절로 일어나지 않는다.
노력의 대가라고 생각한다.
물론 운도 따라야 된다고 생각한다.
난 운이 좋은 여자다.
내 등 뒤에서 나의 길을 인도해 주시는 하나님이 함께 해주셨다.
재수 좋은 여자임에 틀림이 없다.
난 느꼈다.
사람이 노력하면 반드시 얻는다는 걸 깨달았다.
죽을 만큼 힘들었어도 난 오뚝이마냥 벌떡벌떡 일어나 나의 꿈을 향해 붓을 들었다.

어느 날 나의 그림이, 나의 글이 실리기 시작했다.
나의 기도가, 나의 울부짖음이 나를 올려놨다.
두렵고 떨려서 가슴이 쿵쿵거렸다.
꿈일까 봐 꿈에서 깨기 싫어 계속 잠만 잤다.
또 자고 또 자도 나의 꿈은 깨지질 않았다.
난 감사를 외쳤다.
기적은 저절로 이루어지질 않는다.
노력의 땀으로 맺힌다는 걸 알았다.

손끝에 관절이 왔다.
얻은 게 있으니 잃는 게 있는 건 당연하다.
다 얻기만 하면 그 교만은 하늘을 찌른다고 했다.
나의 교만이 하늘에 닿을까 봐 고개를 숙이게 만들었다.
낮은 자세로 임해야 또 다른 축복이 온다는 걸 깨닫게 해 주신 나의 하나님께 감사를 드린다.

　난 또 한 번의 기적을 꿈꾸며 오늘도 붓을 들었다. 대한민국 미술대전에 재도전장을 던졌다. 피나는 노력을 해서 더 이상 오를 수 없는 길을 가고자 붓을 들었다.
　이왕에 가는 거, 이왕에 시작한 거, 끝이 있으면 시작도 있어야 한다.
　시작이 없으면, 끝도 없고, 노력이 없으면, 그 상태에서 머물 수밖에 없다.

　난 여기서 멈추고 싶지 않았다.
　나의 결실을, 나의 노력을, 날 위해 시험하려 한다.
　어두운 밤 고독을 외치듯, 질주하듯이 달릴 것이다.
　또 다른 나를 향하여…

미녀가수

노원이 낳은 미녀 가수 고희성 님을 만났다.
꿈을 잘 꿨나?
로또 맞았다고, 고 가수께서 날 보더니 반가워하는 말이다. 하긴 내가 끌고 나오는 버스를 탄다는 건 하늘의 별 따기다.
어떤 사람이 날 기다리느라 계속해서 몇 대의 버스를 보내고 또 보내면서 날 만나려고 했지만 결국 나의 버스를 못 타고 허탕치고 갔다고 한다.
동료 기사님께 기다리다 지쳐 물어보니 쉬는 날이라고 했다.

우리가 만난 건 3년 전쯤으로 올라간다.
버스를 끌고 동대문 정류장에 정차하는데 아주 근사한 여 손님이 날 보더니 반갑다며 여성 운전자라서 더 정감이 간다고 한다.
낯설었지만 어딘가 친밀감이 보였고 몇 마디 주고받으면서 버스를 끌고 들어왔다.
우리 집 근처에 살기에 우린 얼마 후 인사동에서 만나 맛있는 두부 요리를 먹었다.
식사 도중 고 가수의 살아온 날을 이야기 듣는데 눈물이 그렁그렁해졌다.

　오늘 처음 만난 그날이 떠올라 우린 동대문 정류장 정차 중 사진을 한 장 박았다. 오랜 기념으로 간직하고 싶었다.
　서로 비슷한 날들을 살아왔기에 우린 공감대가 형성되었고 바로 친구 이상으로 발전했다.
　서로 안부 걱정해 주고 하루하루 열심히 화이팅 하자는 격려를 주고받으면서 어제도 그제도 오늘도 하루를 맞았다.
　좋은 친구를 새로 얻어 더 기쁨이 넘쳤다.
　학창 시절 친구들과는 또 다른 느낌이다.
　서로의 아픔을 알기에 서로 아껴주는 모습에서 오랜 빛바랜 일기장 같은 그런 애틋한 무언가가 올라왔다.
　사실 동창들은 서로를 잘 알기에 감추고 시기하고 질투했던 그런 어린 시절을 보냈기에 더 솔직하지 못한 건 사실이다.
　그러나 고 가수와 난 감출 것도 내 보일 것도 아무것도 없는 자연 그대로였다.
　서로의 아픔을 알기에 그 아픔을 노래했고 그 아픔을 존중했고 그 아픔을 격려하면서 마냥 씩씩해했다.
　우린 장한 사람들이니까…
　우린 멋진 사람들이니까…
　우린 가식이 필요 없는 사람이니까…
　난 글 쓸거리가 또 생겨 너무 기분이 흥분되었다.
　좋은 사람 글을 쓰려니 손끝이 떨려오면서 가슴이 벅차오른다.

　이렇게 나이가 들어 이젠 편안히 안주하고도 싶을 법도 한데… 고 가수는 끊임없이 도전한다.

영어 공부를 시작했다고 한다.
2015년에는 마인드 스쿨을 수료했다.
버스 운전에 도전하려고 대형면허증도 거머쥐었다고 한다.
무엇이든 끝없이 도전하는 그녀의 참모습에 힘찬 박수를 보낸다. 혼자 사는 외로움에 자기 계발에 열정을 쏟는다는 그녀의 당찬 말 한마디에 난 허공에다 쏟아붓는 나의 무지를 보면서 그녀에게 고개가 숙여진다.

삭막한 세상을 아이를 위해 노력하였고 아이가 다 성장한 후에는 그렇게도 하고 싶었던 가수의 꿈을 위해 발을 내디뎠다.
가수이고 싶었기에 무한 도전했고 넘어지고 쓰러지고 또 넘어지고 쓰러져도 다시 일어나 도전하는 그녀의 도전 정신이 지금 그녀를 반석 위에 우뚝 올려놨는지도 모른다.

소녀 같은 여린 마음의 여자였지만…
엄마이기에 강한 면모를 보여줬고
엄마이기에 남보다 노력을 더 했을 그녀는
상처받는 여린 마음의 소유자였다.

가수로서의 새 삶을 펼쳐 나가는 그녀에게
장미꽃을 뿌려놓은 탄탄대로가 펼쳐지길 기도하고 또 기도한다.

오만과 편견

오만과 편견 영화를 봤다.
얼마 후 서부운수 김성옥 작가님 개인전에 잠깐 들렀다.
난 깜짝 놀랐다.
우리 서울 시내버스 노동자 중에 이렇게 훌륭한 분이 계신다는 걸 "어용노조 타파" 밴드에서 보게 되었다.
난 오만했다. 나뿐인 줄 알았다.
그래서 버스 끄는 화가 있으면 나와 보라고 했다.
나 혼자일 거라는 편견을 가졌었다.

주말에 작가님 식사를 대접하려고 다시 갔다.
일주일 내내 고생하시는 게 눈에 보였다.
나 역시도 2회 갤러리를 인사동 경인에서 하지 않았나?
그땐 천방지축이었다.
무엇인지도 모르고 저질렀다.

인사동 라메르 갤러리는 우리 화가들의 로망이다.
인지도 100%다.

라메르에서 김성옥 작가님의 작품을 감상했다.

나의 하늘 높은 오만이 나를 수그러들게 했다.

그리고 자랑스러웠다. 수많은 일하는 사람 중에서 버스 운전자의 갤러리라!

세상을 넓게 보면 넓게 보인다.

나만 있는 줄 알았다.

오만도 이만저만이 아니다.

서울 시내버스 운전자 중 또 다른 작가가 있다는 사실에 희열을 느꼈다. 서울 시내버스 운전 경력 10년 차 김성옥 작가님께 경의를 표한다.

나보다 한참 후배 운전자였기에 더 애착이 갔다.

힘든 버스 운전에 갤러리까지 개최하였기에 누구보다 난 감격했다. 왜? 누구보다 힘든 걸 알기 때문이다.

나의 일 이였기에…

나의 갤러리였기에…

나의 힘든 작업이었기에…

나의 노력이었기에…

난 눈물이 그렁그렁해졌다.

내가 자랑스러웠고 김성옥 작가가 더더욱 자랑스러웠다.

그래서 축하했다.

18,000천여 명의 서울 시내버스 운수종사자분들께서 아주 많이 축하와 격려를 해주길 바란다. 경력도 빵빵한 작가였다.

"네 나중은 창대하리라"는 하나님의 말씀을 깊이 생각하는 하루였다.

며칠 후면 나의 갤러리가 펼쳐진다.
제3회 박경민 개인전이다.
아직도 어설프고 진땀 나고 떨리기만 하다.
나의 세계로 나를 드러내야 하므로 발가벗겨진 나의 내면을 보여야만 한다. 두렵다.
모든 것이…
손끝이 파르르 떨려온다.

버스 끄는 주제에 고상한 척 그림을 그린다고 한다.
고상, 나의 가슴속 뼈를 후벼팠다.
가슴 한쪽이 아프게 찔려왔다.
버스 끄는 주제가 어때서…!
"이쯤 되면 막가자는 얘기 아닌가!
노무현 대통령 재임 시절 검사들과의 한판 토론에서 나온 명언이다. 고상으로 말한다면 나도 한때는 요조숙녀로 불린 때도 있었다.
직업에 귀천이 있나!
똥지게를 지면 어떻고 물지게를 지면 어떻나?
그림 그리는데 무슨 자격이 주어져야 하나!
꼭 유명 H대를 나와야만 하는 건가!
강원도의 강대가 유명 스펙이라고 떠들어대는 우리 집안 교장 사모님의 이야기다.
콩가루 집안이 된 지 오래다.
그래서 나도 확 질렀다. 괘씸한 생각이 들어서…
나, 강대 실력 없어 못 간 게 아니라 네 남편 대학 가라고 우리 집 돈 없어 포기한 거야…

울 엄마 기지배가 뭔 대학이냐고 해서 기말고사 백지 낸 년이야… 했다.
우리, 강대 스펙 필요 없어요. 그냥 줘도 안 가져요.
교장 사모님 식구들이나 어서 부지런히 훌륭한 강대 스펙 많이 쌓아 가지시라고 했다.
윤리와 도덕이 바닥에 몽땅 떨어져 뭉개졌다.

편견과 오만이 하늘을 찔렀다.
나의 오만도 오를 대로 올랐다.
18,000천여 명의 운수 종사자 중 나만 있는 줄 알았다.
나의 오만이 편견을 낳았다.
우린 더불어 살아가는 것이다.
나의 오만과 편견으로 상처 입은 분들께 진심으로 고개를 숙인다. 나만 고집해선 이룰 수도 없을뿐더러 이루어져도 금방 허물어진다.

다시금 김성옥 작가님의 개인전을 축하드립니다.
또한 귀한 화환으로 전시를 빛나게 해 주신 우리 서울 시내버스 어용노조 타파밴드 운영진 여러분께도 더불어 감사를 드린다.
고맙습니다.

양구군수 서흥원 이야기

　이제 양구는 양구 사람이 양구 군수다.
　내 초중고 동창인 오빠가 군수를 지냈고 우리 언니 오빠 연배인 선배가 군수였다.
　난 양구를 떠나온 뒤론 양구를 아예 잊고 살았다. 내 아버지가 지키고 외쳤던 양구를 난 싫어했다. 공화당 군사정권 시절부터 유신 독재 체제하에서 양구는 양구 사람이 군수가 아니었다. 중앙에서 갖다 꽂으면 양구 군수가 되었다. 살인마 정권이 바톤을 이어받았어도 마찬가지였다.

　소양댐 수몰로 양구가 고립이 되어 안 된다고 발 벗고 나선 내 아버지의 불굴 의지는 메아리로 돌아왔다. 양구는 막다른 골목이 되었고 더 이상 발전이 멈춰 버렸다.
　어쩌다 1년에 한두 번 엄마 생신이거나 아버지 생신일 때 혹은 명절이 되어 양구를 다니러 가면 굽이굽이 오음리 길은 가도 가도 끝이 없었다. 그나마 좀 낫다 싶은 신남 고갯길은 눈이라도 퍼부어 빠지는 날엔 버스가 멈춰 있어야만 했다.

처녀 시절 마음먹고 춘천을 한번 나가려면 차멀미에 비닐봉지를 두세 개는 챙겨야만 했다. 춘천 가는 길은 2시간 이상 걸렸다.

부리나케 볼일을 보고 되돌아와도 땅거미가 올라와야 가까스로 집에 도착할 수 있었다. 소양댐을 가로지르는 뱃길이 있어 배터에서 배 시간을 기다렸다. 타고 가도 춘천 시내까지 진입하려면 그 또한 두 시간 이상 소모되었다.

난 서울 살이를 하면서 양구는 쳐다도 안 봤다. 무심코 페북질을 하면서 양구 사람들과 관계를 트기 시작했다.

양구의 소식을 양구 사람 페북에서 접하게 되었다. 양구 군수가 페북에 떴다.

아버지가 돌아가시자 선배이신 조 군수님은 내 아버지께 조문을 오셨다.

그때부터 난 나를 알리려고 열심히 페북 중독이 되어갔다.

선거가 끝나고 양구군수가 바뀌었다.

난 또 나를 알리려고 또 열심히 들이댔다.

그런데 군수님 성함이 서홍원이었다.

이상하다 했다.

여고 시절 나 때는 교회 학생회 활동을 대대적으로 했었다.

난 학교생활보다 교회 활동에 목숨을 걸었다. 대학은 아들만 보낸다고 해서 난 대학은 개나 가라 하면서 반항아에 가까웠었다.

성애 상고 옆에는 양구 성결교회가 있었다. 지금의 군청 자리가 딱 양구 성결교회 자리였다.

비봉 공원 앞에 자리한 장로교회도 있었다.
중앙시장통을 지나서 5일 장터가 열리는 양구초 후문 앞에는 감리교회가 있었다.
내가 학생회 활동을 적극적으로 참여한 침례교회는 양구종고 건너편인 대로변에 있었다.
학생회 연합회는 체육대회도 함께 진행되어 최우수상에 목숨을 걸곤 했었다. 연말연시에도 연합회 학생회에서 추진해 백두산 부대에 위문 공연을 하러 가기도 했었다.

침례교회 학생회 활동은 타 교회가 다들 부러워할 정도로 학생 수도 많았고 활기가 넘치고 분주했다.
토요일 오후 수업이 끝나면 으레 교회에 모여 떠들고 마룻바닥에 엎드려 성경을 외우곤 했었다. 성경 암송대회가 이 또한 진지했었다. 난 그때 외운 성경 구절을 지금도 기억하고 있다. 내가 침례교회를 다니게 된 동기는 상리로 이사를 와서다.

어느해 농사가 잘되어서 우리 가족은 하리 로터리에서 살다가 내가 초등 5학년이 되면서 상리 동해하숙 옆에 방이 많은 집으로 이사를 왔다. 군인 지역이라 면회객들로 넘쳐나서 엄마는 강남 여인숙을 차렸다.
아버지의 야당 정치활동이 왕성했을 때였다.

난 하리 살면서 양구 성결교회에서 유치부부터 초등학교 때까지 열심히 다녔다.
할머니와 큰아버지가 양구 성결교회 1등 공신이었다. 상리로 이사 오자마자 학군이 나눠지게 되었다.

  양구읍은 손바닥만 해서 비봉초든 양구초든 그냥 다 섞여서 다 녔었다.

  하리, 중리, 승공대는 비봉초,

  상리, 송청리, 정림리, 안대리는 양구초로 결정이 되었다.

  난 5년 가까이 다닌 비봉초를 떠나 양구초에서 졸업을 했다.

  양구여중을 가니 비봉초 양구초 다 섞이게 되어 오히려 난 친구들이 훨씬 많았다.

  여고생이 되자 침례교회에 멋진 남학생들이 많았다.

  홍길이 오빠도 허 권 오빠도 정근이 오빠도 내 동창 우현이도 후배 흥원이도 다들 인물이 빼어났었다.

  흥원이는 축구를 잘했다.

  다른 운동도 잘했다.

  학생회 연합 체육대회가 시작되면 흥원이가 앞장서서 볼을 몰고 가 골문을 열곤 했다. 골이 터질 때마다 난 응원을 목이 터져라 외쳤다.

  흥원인 후배였지만 듬직하고 말없이 교회에 열심히 나왔다.

  여드름도 덕지덕지 났다.

  그때 학생회장인 홍길이 오빠도 여드름이 났다.

  남학생들은 거의 다 여드름 박사였었다.

  고3이 되면서 우현이가 회장이 되고 내가 부회장이 되었다.

  흥원인 학생회 일에 앞장서서 일했다.

  고3은 학력고사로 다들 눈에 불을 켜고 공부하느라 교회 활동이 뜸했다.

하지만 난 예외였다.
내 동생이 대학에 가야 했기에 난 아예 대학은 꿈도 안 꿨다.
그저 교회나 왔다리 갔다리 하면서 세월을 보냈다. 크리스마스 이브날 밤 "밀알의 밤"이란 타이틀로 우리 학생회가 주관이 되어 교회는 그야말로 축제 분위기였다.
홍원이의 시 낭송이 사춘기의 변성된 굵직한 목소리가 고요한 밤하늘에 울려 퍼졌다.

세월이 흘러 난 우연치 않게 그림을 그리면서 글을 쓰는 작가가 되었다.
내가 뒤늦게 늦깎이 작가로 활동하게 될 줄은 나도 몰랐다.
홍원이 역시 양구군수가 될 줄 그 누가 알았겠나,,!! 난 나를 알리려고 열심히 페북에 글을 쓰기 시작했다. 그런데 페북에서 양구군수가 서홍원이었다.
학생회 시절 그 홍원이가 현재 양구 군수 홍원이었던 것이었다.
난 정말 깜짝 놀랐다.

난 다음에 귀향하면 어르신들에게 재능 기부도 하면서 양구에 관한 글을 쓰려고 하니 지금부터라도 군수님께 나를 알리려고 부지런히 들이댔었다.
서홍원 군수님은 나의 처녀작 "엄마 달려" 수필집에 추천서를 써주셨다.
물론 추천서를 받을 때는 홍원이가 군수인 걸 몰랐다.

난 내가 양구 출신이고 책은 양구 이야기가 주를 이르기에 양구 군수님 추천서가 들어가면 내가 좀 더 돋보이고 폼이 날 것 같아서 군수님께 부탁해서 어거지로 추천서를 받아 놨던 것이었다.

아, 진작에 알았으면 납작 엎드리지 않아도 됐을걸. ㅋㅋㅋ

학생회 후배가 군수가 될줄이야...!!
이제 양구 가는 길은 씽씽 고속도로나 마찬가지다. 꼬부랑길은 추억의 숲길로 보존해 낭만과 여유를 되찾아 주는 연인들의 미로가 되었다.
양구군수는 양구를 위해 일하는 군수가 되었다. 양구 사람이 양구 군수가 되었으니, 양구가 뜨기 시작했다.
막다른 골목을 자초했던 양구는 막다른 발전이 쏟아졌다.

작은 땅덩어리의 양구에는 공수리 마을이 있다.
남과 북이 갈라졌듯이 공수리도 화천댐의 공사로 남북으로 갈라져 생뚱같이 섬마을이 되었다. 파로호가 가로막혀 공수리는 그야말로 이산가족이 되고 말았다.
시내를 나오려면 나룻배를 타고 다녀야했다. 오랜 숙원끝에 공수대교가 완공되면서 공수리는 74년 만에 하나가 되었다.

춘천서 양구를 잇는 배후령 터널 또한 좋은 본보기 중 하나이다.
춘천 신북읍에서 화천군 간동면을 잇는 터널이지만 양구가 소양댐 수몰로 44년 만에 공사를 따낸 것이다. 인구 4만이 넘었던 양구는 소양댐 수몰로 막혀 고립되어 현재 양구의 인구는 3만이 채 안된다.

굽이굽이 소양댐을 돌아 나왔던 오음리길은 7개의 터널이 뚫렸다.
완전 경춘 고속도로를 달리는 기분이었다.
민주투사로 4·19에 앞장섰던 내 아버지는 양구의 발전에 발 벗고 나섰지만, 당시 야당 정치인은 빨갱이에 불과하였다.

이제라도 배후령 터널로 양구가 빛이 나길 간절히 바래본다.
배후령 터널로 인해 양구 가는 길이 훨씬 안전하고 빨라졌다.
이제 춘천은 어슬렁어슬렁 다녀도 40분대면 끊는다.
마음먹고 달리면 30분대도 들이민다.
국내 최대 최장 터널이기도 하다.
또한 강원외고가 양구에 유치되면서 양구는 교육의 메커니즘이 되었다.
양구에는 종합 스포츠타운도 들어섰다.
전국에서 온갖 스포츠 대회가 양구에서 개최되었다.
내가 아는 사람의 자녀도 양구에서 시합한다고 갔었다.
체육 하면 홍원 후배 아닌가?
멋진 후배가 양구군수가 되었으니, 양구는 체육의 양구가 될 것이다.

금강산 가는 길 양구로부터 시작이듯이 양구에 오면 10년이나 젊어진다고 했다.
젊음을 발휘하여 금강산을 오르길 속히 희망해 본다.
이 모든 게 양구 사람이 양구 군수가 되었기에 가능한 거 아닌가!

공수리가 하나가 되었듯이 한반도가 하나가 되길 우리 흥원 군수님 재임 시절 보란 듯이 통일되길 기원해 본다.

서흥원 군수님 늦게나마 당선을 축하합니다. 너무 자랑스럽다.
흥원이는 어릴 때부터 남달랐다.
떡잎부터 알아본다고 했던가,,!!! 승부욕이 강해 체육대회에 나가면 꼭 우승을 거머쥐고 왔다.
우리 침례교회의 위상을 살려놓곤 했었다.
선배들에겐 깍듯했고 후배들에겐 모범을 보였다.
예의도 바르고 앞장서서 솔선수범했다.
그러니 양구를 지키는 군수가 되지 않았겠나,,,!!!
이 모든 게 다 하나님 은혜다.
어릴 때부터 반듯하게 하나님을 경외한 흥원 후배는 애초에 하나님께서 점찍어 두셨던 게 분명했다.

나에게 글 제목을 선사해 준 서흥원 양구군수 정말 고맙고 자랑스럽다.
내가 양구군수 서흥원에 대해 글을 쓸 줄은 정말이지 꿈에도 생각 못 했다.
서흥원,,!! 학창시절 그 흥원이가 양구 군수 흥원이였어,,??
17살, 18살 때의 추억이 어느덧 40년이 넘는 공백기를 훌쩍 뛰어넘었다.
날 알아본 흥원이는 양구 축제 때 꼭 놀러 오라고 신신당부했다.
흥원아 양구를 부탁해~~
서흥원 군수님 사랑합니다.^^

이상한 집

양구에는 세 개의 이상한 집이 있었다.

하나는 독재자 박정희 사단장 공관이고 또 하나는 백범 김구 선생을 암살한 안두희 별장이고 나머지 하나는 국회의장까지 지낸 공화당 7선 의원인 김재순 별장이다.

한 번도 집주인을 본 적도 없었고 누가 사는지도 알지도 못했다.

그렇게 으리으리한 저택은 항상 문이 굳게 자물쇠로 채워져 있었다. 양구에 있는 집들은 그 당시 함석지붕이거나 슬레이트 지붕이 거의 다였고 볏짚으로 엮어서 이은 초가지붕도 군데군데 있었다.

비가 오면 함석지붕은 우당탕탕 굉음이 들려서 난 빗소리가 원래 요란한 줄 알았다.

난 비봉국민학교를 입학했다.

비봉국민학교는 하리 비봉산 밑에 아담하게 자리하고 있었다. 비봉학교 후문으로 나가면 비봉산 밑에 울타리가 높은 박정희 사단장 공관이 있었다.

첫 번째 이상한 집이었다.

공관 정문 앞에는 커다란 나무가 있었고 나무 밑에는 넓적한 바위가 있었다.

우린 학교를 마치면 종종 놀러 가 바위 위에 올라앉아 아카시아 꽃을 따다가 소꿉놀이도 하고 아카시아잎 줄기로 머리를 돌돌 말아서 파마도 했다.

줄기가 질기고 빳빳해서 머리를 말아놓고 한참 지나면 곱슬곱슬하니 정말 만화 속 공주처럼 예뻤다.

두 번째 이상한 집은 냉천골을 차지하고 있는 안두희 별장이었다. 지금의 군청 자리가 원래는 양구성결교회 자리였다.

양구성결교회는 내 큰아버지가 초대 장로셨고 내 할머니가 떠받들었던 교회다.

내 할머니는 새벽 3시면 교회에 나가 교회 안팎을 살피셨고 분단된 조국을 위해 기도하셨다. 아들 4형제와 손자·손녀 18명 이름을 불러가며 기도하시고는 새벽종을 덩그렁 덩그렁 치셨.

난 할머니의 새벽 종소리를 들으며 소설책에 빠져 있었다.

교회 건물은 로마 시대의 교회처럼 크고 웅장했고 건물 외벽도 독특했다. 하늘을 찌를듯한 뾰족한 종탑은 우리들의 놀이터였다.

삐그덕거리는 나무계단을 손에 땀을 쥐고 오르면 하늘은 손에 잡힐 듯이 펼쳐져 있었고 양구 시내는 저만치 아래에 내려있었다.

난 가끔 뾰족한 종탑에 올라가 유리성에 갇힌 동화 속 공주를 연상하면서 꿈을 꾸기도 했다.

머리가 굵어지면서 노틀담의 꼽추를 보고는 양구성결교회를 떠올리곤 했다.

성결교회 옆에는 성애상고가 있었고 성애상고를 끼고 올라가면 냉천골 골짜기가 보였고 그곳에 두부 공장이 있었다.

두부 공장에서 나오는 두부는 군납품으로 양구군 부대에 전량 납품하는 안두희 사업장이었다.

두부 공장을 지나면 숲 속에 아름다운 저택이 보였다. 연못도 있고 아치형 다리에 걸터앉아서 사진도 찍었다.

마당엔 잔디가 깔려있었고 나무들도 우거졌다.

정말로 그림 같은 집이었다.

안두희가 누군지 몰랐다.

안두희 별장은 그저 소풍 장소로 사진 찍고 노는 그런 멋진 장소였다. 안두희는 연못에서 배를 띄어 군장성들과 뱃놀이를 하고 놀았다고 한다.

양구여중에 입학했다.

학교는 산밑에 있었고 학교 뒤편엔 공병대가 있었다.

장마로 학교 운동장에 실내천이 만들어지면 공병대에서 대민 지원을 나왔다.

리어카에 모래자갈을 잔뜩 때려 싣고 와 골이져 패인 운동장을 군인장병이 가지런하게 펴놓곤 했다.

서천을 건너서 언덕을 올라가야 학교가 있다.

서천 다리를 건널 때면 강바람이 쌩쌩 불어와 교복 치마 입은 종아리가 새빨갛게 얼어왔다.

손을 호호 불며 언덕을 중간쯤 오르면 왼쪽에 서천이 내려다보이는 언덕에 커다란 별장이 높은 담장 너머로 언뜻언뜻 보였다.

세 번째 이상한 집인 김재순 별장이었다.
내가 다녔던 양구여중은 세월이 흘러 남녀공학인 석천중학교로 바뀌어 있었다.
내가 학교 다닐 때 최고 성적은 3등이었다.
엄만 1등을 하면 시계를 사준다고 했다.
그래서 난 까만 밤을 하얗게 지새우면서 공부했지만 결국 시계를 갖지 못했다.
내 동생이 늘 하위권에서 놀더니 양구종고에 입학하면서는 늦게 머리가 트였는지 상위권에 진입을 해버렸다.
엄만 기지배가 먼 대학이냐며 막내아들만 대학을 보냈다.

난 홧김에 걸스카우트에 입단했다.
걸스카우트는 그 당시 돈 있고 노는 애들이 많이 들어갔다.
엄마한테 욕을 바가지로 먹고 단복비를 받아 단복을 맞추었다.
교복은 하얀 카라에 검정 플레어스커트라 멋대가리가 없었지만, 걸스카우트 단복은 예뻤다.
초록색 에이라인 스커트에 하얀 블라우스에 초록색 타이를 맨 게 너무 입고 싶어 단복 때문에 확 저질렀던 것이다.
난 교복 대신 걸스카우트 단복을 입고 등교를 하기도 했다.
김재순 별장에서 잔디가 깔려있는 마당에 모여 걸스카우트 활동도 했다.

언제부턴가 김재순 별장은 양구여고 생활관으로 쓰게 되었다.
가사 시간이면 한복을 차려입고 김재순 별장에서 예절을 배우기도 했고 걸스카우트 행사도 했다.

그러다가 집이 멀어 학력고사 준비로 야자를 못 하는 방산 오미리, 동면 팔랑리 근방에 사는 공붓벌레들 합숙소로 쓰기도 했다.
공화당 7선 의원인 김재순은 양구 사람도 아닌데 양구 사람들은 표를 무더기로 줬다.
현수막만 걸어놔도 당선이 되었다.

내 아버지 박영석은 학교 운동장에서 농촌부흥을 위해 양구가 떠나가라고 연설을 했다.
양구 사람들은 고개는 끄덕이면서도 정작 내 아버지한테는 표를 찍지 않았다.
소양댐 건설로 양구가 수몰이 되면 양구가 고립되어 안 된다고 내 아버지가 발 벗고 나섰지만 정작 일을 해야 할 국회의원인 김재순은 양구 사람이 아니었다.

아버진 공화당 거물급 김재순한테 연달아 깨질 수밖에 없었다.
민주당은 빨갱이 취급을 받았기 때문이다.
전화는 도청이 되었고 우편물은 다 개봉이 되어서 배달되었다.
항상 우리 집은 사복 입은 경찰이 들락거렸고 곱슬머리 형사는 내 친구 아버지였다.
난 내 친구한테 아무 말도 안 했다.
그 애는 얌전한 공붓벌레였고 난 공부를 때려치운 노는 애였다.
사실 곱슬머리 형사 딸이 내 친구인 걸 난 몰랐다.
시장통에서 곱슬머리 형사와 그 애가 같이 가는 걸 보고 그 애 아버지란 걸 알았다.
그 애도 아버지를 닮아 머리가 곱슬거렸다.

그 애랑은 양구국민학교 6학년 때부터 양구여중, 여고 6년을 같은 반을 했다.

우리 집 전화번호는 541번이었다.

난 내 친구들한테 5-4=1이니까 까먹지 말라고 알려주었다.

전화교환원이 있었던 까마득한 시절이었다.

여고를 졸업한 선배들이나 후배들도 내 동창들도 전화교환원으로 뽑혀 전화국에서 근무했었다.

난 양구가 싫었다.

빨리 양구를 탈출하고 싶었다.

그래서 꿈에 부풀어 서울살이를 했지만, 서울은 눈뜨고 코 베어가는 무시무시한 도시였다.

그런데 이제는 양구가 그립다.

내 아버지가 묻힌 양구에 나도 묻히고 싶다.

내가 서울서 버스를 끌 거라곤 꿈에서조차 1도 생각해 본 적이 없었다.

버스를 끌면서 난 우울했다. 하지만 그만둘 수는 없었다. 두 딸의 엄마였기에 이보다 더한 어떤 것도 했어야만 했다.

내가 버스만 끌다 내 인생을 종칠 수는 없었기에 난 기도했다. 내가 그림을 그리고 글을 쓰는 작가로 살게 될 줄은 나도 몰랐다.

제1막은 부모님 슬하에서 결혼과 출산으로 인생이 시작되었다면 제2막은 20여 년간 버스 기사로 산 내 처절한 인생이었다. 제3막은 화가로 수필가로 등단하면서 시작이 됐다.

인생은 짧다고 하는데 내 인생은 무지 길고 고달프고 막막했다.

양구가 싫어 양구 쪽으로는 고개도 돌리고 싶지 않았지만 이젠 양구가 그립다.

안두희 기사를 봤다.
그 당시 양구 농고 학생들이 안두희 집으로 몰려가 가구 등을 파손했다는 기사가 있다.
암살범이 천수를 누려야 한다는 게 울분이 터져, 버스 기사 박기서라는 사람 손에 안두희는 생을 마감했다.
난 양구의 딸로 태어났지만, 아무것도 아닌 빨갱이 딸이었을 뿐이다. 그래서 난 빨간색을 아주 싫어했다.
양구 사람도 아닌 박정희, 안두희, 김재순, 이 세 사람이 양구에 버젓이 으리으리한 저택을 차지하고 있는 게 나의 첫 번째 분노였다. 7선 의원에 국회의장까지 승승장구한 양구 국회의원 김재순은 양구 사람이 아니었다.
양구는 중앙에서 작대기라도 갖다 꽂으면 다 당선이 되었다.
그런 그가 내 아버지보다 먼저 저승사자한테 끌려갔다.
내 아버진 4번의 고배를 마시고 파란 하늘이 열릴 때 당신이 일군 파아란 배추밭에 묻히셨다.
비록 내 아버지는 금배지는 달지 못했지만, 속이 시뻘건 지금의 민주당 수박들을 보면서 내 아버지가 천배 만배 훌륭하셨다고 이야기하고 싶다.
난 수박을 엄청 좋아한다.
여름만 되면 수박을 사들이기 바쁘게 먹어 치웠고 미처 떨어지기도 전에 또 수박을 사다 놓곤 했다.
갑자기 수박 맛이 뚝 떨어져 꼴도 보기 싫어졌다.

180석을 만들어 준 국민들을 개돼지로 봤는지 세금만 축내며 일을 제대로 안 하는 수박들로 인해 두 번째 분노가 일었다.

버스 기사 박기서의 글 중에서 백범 김구 선생을 살해한 놈이 병사나 자연사 하기 전에 죽여야 한다는 대목이 가슴팍에 와 닿았다.
나도 버스 기사다.
버스 기사 박기서 님의 용기에 늦었지만, 머리 숙여 박수를 쳐 드린다.
난 생업을 위해 버스를 끌면서 해가 갈수록 나를 미워했다.
세 번째 분노는 아무것도 할 줄 아는 게 없는 바로 나 자신 때문이었다.
두 딸을 책임져야 한다는 생각에 나는 나를 접었다.
민주투사 박영석 아버지의 딸로 태어나 난 아무것도 한 게 없기에 나 자신한테 화가 치밀곤 했다.
내가 이대로 버스만 끌다 죽을 수는 없었다.
그래서 어릴 적 동화 속 공주를 꿈꿨던 그 순수함으로 난 나를 학대하고 또 학대하면서 모란을 파기 시작했다.
모란은 꽃의 여왕이다.
나도 여왕이 되자!!!

이상한 변호사 우영우 이야기

장안에 우영우 열풍이 불었다.
나도 우영우에 푹 빠져들고 말았다.
똑바로 읽어도 거꾸로 읽어도 우영우,
기러기, 토마토, 스위스, 인도인, 별똥별, 우영우, 거기다 하나 더 역삼역 추가…
보고 또 보고 어쩌다 잠깐 한눈팔아 표정이나 손짓 말투를 놓치기라도 하면 재시청, 재시청 4번, 5번을 보고 또 봤다.

회전문 통과가 어려워 망설이고 또 망설이다 결국 해내는 우영우를 보면서 박수를 쳐줬다.
천재 우영우가 회전문을 통과하는 데 도움을 준 이준호의 사려 깊은 행동에 또 박수를 보낸다.
무심코 그냥 지나치는 내 모습이 우리 인간들의 모습에서 이준호의 세심한 배려에서 사랑으로 물든 두 사람의 이상한 데이트.
자폐 스펙트럼 장애를 갖고 태어난 우영우의 어눌한 행동을 지켜봐 주고 기다려 주는 동료들, 우리 사회의 또 다른 면을 각인시켜 주는 커다란 거울이었다.

무엇이든 흐트러짐 없이 반듯하게 똑바로 일렬 정렬하게 배치해야 직성이 풀리는 우영우에서 나도 가끔은 우영우를 닮았구나 하는 생각이 든다.
　어렸을 때부터 연필을 깎아도 똑같이 깎아서 키 순서대로 쪼르르 놓고 썼다.
　책도 1mm라도 벗어나면 다시 꽂아놔야 했다. 지금도 빨래를 빨아서 널 때도 반듯하게 펴서 종류대로 속옷은 속옷끼리 수건은 수건끼리 줄 세워 똑바로 널어놔야 직성이 풀려 다른 일도 마음 편히 할 수 있었다.

　다른 사람의 말을 따라 되새김하는 것도 나의 버릇 중 하나였다.
　내 동생은 나의 그런 모습을 보고 따라쟁이라고 했다.
　난 어릴 적 내가 소극적인 아이라고 생각했었다.
　커 가면서 억척 아이로 변했다.
　무엇이든 손에 닿으면 끝을 내야 하는 그런 고집불통이기도 했다. 뿌듯함…^^
　자신이 너무 대견하고 자랑스러웠지만 어떤 표현을 해야 속 깊은 감정을 드러내는지 몰랐다.
　학창 시절 친구들한테 따돌림당하고 수시로 놀림당하면서도 항의 한 번 못하는 영우를 다들 외면하고 무시했다.
　한 아이가 보다 못해 영우 편을 들고 나섰다.
　반에서 껌 좀 씹는 아이였다.
　그렇게 해서 영우는 천군만마보다 더한 귀중한 친구를 얻게 된다. 동그라미는 영우가 새로운 상황에 직면할 때마다 제스처와 문구로 용기와 기를 팍팍 실어주는 좌청룡이자 우백호였다.

처음 재판이 열렸을 때 변화된 환경에 적응이 어려웠기에 영우는 몸이 경직되어 고개도 못 들고 손가락만 움직이고 있었다.

동그라미와 아버진 영우의 첫 재판에 참석해 영우가 멋지게 해낼 거란 기대감 초조감으로 지켜봤다.

마지막 회에서는 영우의 생모가 영우의 재판을 지켜본다.

아버진 영우의 감정을 깨우쳐 주려고 당신 얼굴 사진을 표정을 바꿔가며 나란히 벽에 붙여주었다.

아버지 마음을 헤아려 주지 못한 영우로 인해 아버진 외로운 삶을 살았지만, 영우의 뿌듯함에 당신도 뿌듯해한다.

정규직이 되었다는 영우의 말에 아빠는 그걸 왜 이제 말하냐고 하고 영우는 지금 말하고 있다고 한다.

아빤 너무 기쁘고 좋아서 어쩔 줄을 몰라 영우에게 기쁘지 않냐고 묻는데 기쁘지만 그게 전부는 아닌 것 같다며 이 느낌은 어떤 감정인지 모르겠다고 한다.

영우는 생모 앞에서 자신은 흰고래 무리에 속한 외뿔고래와 같지만, 낯선 바다에서 낯선 흰고래와 함께 살고 있어 적응하기 쉽지 않았고 나를 싫어하는 고래들도 많았지만 그래도 괜찮았다 이게 제 삶이니까요! 그래도 여느 고래들 틈에 섞여 세상을 헤쳐 나가는 모습에서 내 삶은 이상하고 별나지만, 가치 있고 아름답다고 말한다.

이 대목에서 나도 울컥 눈물이 났다.

지금까지 내 삶은 태수민과 아무런 상관도 없었는데 왜 내가 숨어야 하고 미국으로 떠나야 하는지 모르겠다는 말에 아빤 미안하다는 말 밖에 아무 말도 못 한다.

나도 이상하고 별났다.
수많은 버스 기사들 틈에서 난 외뿔고래처럼 외톨이였다.
홍일점이었기에 달랐지만 난 버스 기사들을 이해 못 했다.
서로 헐뜯고 싸움질하는 모습에서 동료애라곤 눈을 씻고 봐도 없었다.
운행이 서툴러 제시간에 못 들어와 밥도 못 먹고 또 운행을 나가야 하는 나의 모습을 즐기는 듯 웃는 무리를 보면서 난 외뿔고래가 되었다. 감정도 느낌도 표정도 모양도 성격도 달랐다.
난 수많은 남자 틈에서 외뿔고래 마냥 퉁겨져 나왔다.
누군가 다가오는 것도 소름이 끼쳤고 말을 거는 것도 듣기 싫었다. 별나고 이상하다고 더 치근거렸을 거다.

자신의 이익을 위해서 나의 엄마는 좋은 사람이라는 자식의 믿음을 저버리지 말아 달라고 한다.
그렇게 되면 그 상처는 무척 아프고 오랫동안 낫지 않는다고 한다. 나에게는 좋은 엄마가 아니었지만, 최상현 군에게는 좋은 엄마가 되어달라고 울먹인다.

나도 내 아이들한테 좋은 엄마가 아니었다.
상처만 준 엄마였다.
그래서 난 아이들과 많이 다퉜다.
나도 내 아이들도 서로 이해를 못 했기 때문에 서로에게 점점 상처가 더해갔다.
내가 별난 나를 인정하고 아이들에게 용서를 구했다.
난 외롭고 슬펐다.

날 감싸주고 이해해 주는 사람이 없었다.
동료들도 잡아먹을 듯이 으르렁거렸고 나 역시 안 잡히려고 더 자존심을 내세웠다.

이상한 우영우를 보면서 가슴이 아려 왔다.
낯선 바다에서 낯선 고래들 틈에서 외뿔을 달고 있으니 같이 어우러져 살기에 버거웠다. 겉돌 수밖에 없는 외뿔고래는 미움도 받고 상처도 받았지만, 가치 있게 아름답게 소화해 나간다.
왼손잡이인 난 버스 기어변속에 직면했다.
남자들한테는 기어변속이 아무것도 아니었지만, 나에겐 커다란 산처럼 느꼈다.
변속이 제때 이루어지지 않아 애도 많이 먹었다.
쇠망치처럼 무딘 기어를 한 손으로 잡기엔 내 힘으론 버거웠다.
2단에서 3단, 4단 심지어 5단이 들어가야 차도 부드럽게 탄력 받아 잘 나가는데 난 그게 그렇게 어려웠다.
그래서 3단으로 털털거리며 끌고 다니니 제시간에 못 들어와 허구한 날 밥도 굶었다.
그래도 괜찮았다.
월급을 탈 수 있어서…
뿌듯했다.
직업병이 되어 어깨도 목도 손목도 다 아프다. 테니스 엘보라는 병도 얻었다.
손가락에 관절염이 와서 치료도 받고 있다.
그래도 다행이다. 오토매틱으로 저상버스로 바뀌어서 일하기가 세상 편해졌다.

우영우가 말했다.

정규직 변호사가 되었다고…

장하고 대견하고 기뻐야 하는데 그 감정으로는 부족하다고 한다. 회전문을 어렵게 통과하고 나서야 비로소 느끼는 감정 "뿌듯함" 나도 그랬다.

감으로 버스를 끌어야 한다고 하는데 난 그 감이 오질 않았다.

도대체 그 감은 어디서 오는 건지 알지 못했다.

아무리 애를 써도 감이 오질 않았다.

답답하고 무섭고 두려워 떨리기까지 했다.

하루가 길어 어깨부터 발끝까지 경직이 되었다.

어느 날 비로소 감이 왔다.

정말 뿌듯했다.

뿌듯함을 느낀 영우의 눈망울이 나를 뿌듯하게 해줬다.

우영우의 불안에 떠는 눈빛이 나를 보는 것 같았다.

난 버스만 올라타면 심장이 멎을 듯이 무서웠고 사시나무 떨듯 덜덜 떨렸다.

그럴 때마다 기도했다. 오늘도 무사히 잘 마치게 해달라고 울먹울먹하면서 버스를 끌고 나갔다.

18년 전 이야기다.

이젠 감으로 끌고 다닌다.

어깨도 목도 손목에도 힘이 들어가지 않는다.

여유롭게 끌고 다닌다.

우영우가 느끼는 뿌듯함이 나의 뿌듯함이었다.

빙상선수 배기태

　겨울이 시작되면 배기태 이름 석 자는 온 언론 매체를 통해 양구 시내가 떠들썩해지곤 했다.
　기태는 양구군 대회는 물론 강원도대회, 전국대회까지 우승을 다 휩쓸었다.
　우린 겨울만 되면 텔레비전 앞에 옹기종기 모여 앉아 얼음 위를 달리는 기태를 목이 터져라 응원을 하곤 했었다.

　기태는 나하고는 초등학교 동창이었고 같은 반 짝을 했었다.
　사실 기태는 내 동생 친구라고 하는 게 맞다.
　취학통지서가 나와서 난 비봉국민학교에 입학했다.
　기태는 맏이라 바로 밑에 여동생과 남동생 두 명이 있었다.
　여동생 선희는 나를 친언니 이상으로 따랐다. 마당 넓은 우리 집 마당에서 호박잎, 백일홍꽃을 따서 소꿉놀이를 하면서 놀았다.
　선희는 여리고 예뻤다. 나비같이 나풀거리는 원피스를 입고는 사뿐사뿐 걷는 모습이 꼭 신데렐라를 닮았었다.

　엄만 우리 5남매 먹여 살리느라 각 동네 오일장을 돌아다니시며 장사를 하셨고 아버진 정치판에 발을 들여놓으셔서 중앙으로 나다니셨다.

어쩌다 집에 오시면 담배 연기 자욱하니 아달이 소리를 내시며 바둑에 빠져 세월을 보내고 계셨다.

내 동생은 항상 내 차지였다.

위에 언니 둘과 오빠는 상급학교에 다니느라 저녁 늦게나 집에 오기 때문에 난 나도 어렸지만 내 동생을 끔찍이도 챙겼다.

나만 졸졸 따라다니던 내 동생은 학교까지 쫓아와 내 옆자리에 앉아 나를 귀찮게 해서 결국 난 학교를 그만두고 이듬해에 내 동생과 같이 국민학교에 재입학했다.

모르는 사람들은 나와 내 동생을 쌍둥이라고 했다.

결국 난 내 동생과 동기가 되었다.

아주 오래전 전도연 주연 내 마음의 풍금 영화를 보면서 나의 어린 시절을 보는 것 같아 코끝이 찡했었다.

그런 내 동생은 지금 양구 관내 초등학교 교장 선생님이다.

기태는 집안이 부유해 스케이트를 어릴 때부터 탔다.

나랑 내 동생은 썰매를 끌고 다녔다.

기태는 본격적으로 빙상부에 들어가 빙상선수가 되었다. 기태 엄마는 화장을 곱게 하시고는 레이스가 달린 긴 롱치마를 입고는 보온병에 우유를 넣어서 생전 보도 못 한 토스트 빵을 가져와서는 기태를 먹이곤 하셨다.

내가 먹고 싶어 쳐다보고 있자 기태 엄마는 나에게도 빵 한 조각을 주면서 기태 좀 잘 보살펴 주라고 하셨다.

  난 대답을 굴뚝같이 하고는 빵을 입안으로 꿀떡 쑤셔 넣었다. 정말 맛있었다.

  세상에서 이렇게 맛있는 빵은 처음 먹어봤다.

  기태는 매일 엄마가 가져온 간식을 시큰둥하게 먹는 둥 마는 둥 했다.

  기태는 빙상선수로 이름이 나자, 서울로 전학을 갔다.

  서울서 중·고등학교를 다니면서도 겨울철이 되면 기태 이름이 오르내리곤 했다.

  대학은 내 아버지가 나온 단국대에 입학을 했다.

  기태는 멈추지 않고 빙상선수로 자리를 우뚝 지키고 있었다.

  어느 해부턴가 기태대신 동명이인인 또 다른 배기태가 나타나서 얼음판을 누볐다.

  기태는 다리를 다쳐 빙상 최고의 길을 접을 수밖에 없었다.

  정말로 안타까운 일이 아닐 수 없었다.

  그리고 난 결혼도 하고 아이도 키우면서 기태를 까마득히 잊어먹었다. 애들 아빠 장례식에 기태가 왔다.

  기태는 사흘 밤낮을 장례식장을 지켰다.

  기태는 세상 장례식장을 다 다녀봤어도 이렇게 많은 사람이 밀물처럼 밀려오듯이 조문객이 끊이지 않고 차고 넘치는 장례식장은 처음 본다면서 네 남편이 살아생전 어떻게 살았는지 한눈에 보인다면서 어린 두 딸 앞에 조의를 표했다.

  정말이지 애들 아빠 장례식은 조문객들로 넘쳐났다.

  노원구에서 젤루 큰 종합병원 장례식장이었다.

처음엔 특실만 예약하고 조문을 받았지만, 제주도부터 강원도에 이르기까지 전국 산악회에서 조문객이 줄을 이었고 한번 조문한 사람들은 떠날 줄을 모르고 계속해서 조문 오는 사람들과 합류하여 장례식장은 발 디딜 틈이 없었다.

장례식장 측은 도대체 고인이 어떤 분이길래 여태껏 이런 예가 없다면서 지하 1층 장례식장을 통째로 다 쓰라고 했다.

통로에다 배낭을 깔고 앉아 술판을 벌일 정도로 조문객이 넘쳐났다. 어떤 분은 지금 부리나케 미국에서 귀국했다면서 안 오면 평생 후회를 할 것 같아 비행기를 타고 왔다며 일어설 기미도 없이 넋을 놓고 앉아 물끄러미 사진만을 응시하며 눈물을 흘리고 있었다.

또 한 에피소드가 있었다.

큰 형부는 내 남편 장례식장에서 옛 친구를 만났다. 형부의 친구는 산악인이어서 늘 산에를 다녔다. 우리 애들 아빠 하고는 일면식도 없었지만, 애 아빠는 산꾼들 사이에서 의리와 순수로 소문이 자자했었다.

형부는 연락이 두절된 동창을 내 남편 장례식장에서 만난 것이다. 기태는 정승 집에 개가 죽으면 조문객이 골목 어귀까지 줄을 서지만 정작 정승이 죽으면 개미 새끼 한 마리 얼씬거리지 않은 게 현실이라며 남편의 짧은 생을 가슴 아파하면서 사흘 내내 장례식장을 지켜줬다.

북한산 백운대에는 몇십 년째 국수와 두부를 만들어 등산객, 산꾼들에게 저렴하게 요깃거리를 만들어 주시는 백운산장 부부가 계셨다. 애들 아빠는 산장 어른을 형님이라 부르면서 인수봉에 오를 때는 콩이며 국수며 술 등등 산장에서 팔 물건을 짊어지고 올라가 곤 했다. 내가 어쩌다 두 딸과 함께 남편을 따라 백운대에 오르면 잘 왔다면서 무척 반기시며 국수도 두부도 한가득 담아 우리를 먹이시곤 하셨다.

우리 아이들도 큰엄마, 큰아빠라 부르며 따르곤 했다.

백운산장 큰아빠는 애들 아빠 비보를 듣고 한달음에 내려와 넋이 나간 것처럼 실신까지 하셨다.

이제 백운산장은 역사의 뒤안길로 남겨졌다.

그렇게 시간이 흐르고 기태는 어느 날 가을비가 철철 내리는 날 버스를 끌고 오는 나를 보려고 아침부터 저녁까지 기다렸다고 한다.

내게 전화하고 오면 재미없을 것 같아 날 깜짝 놀라게 해 주려고 상계동 한 버스 정류장에서 식사도 거른 채 내가 버스를 끌고 오기만을 기다리고 있었다. 하루를 꼬박 기다리다 지쳐 다른 버스 운전자에게 물었더니 그날 하필 내가 쉬는 날이라고 해서 낙심하고 돌아갔다고 한다.

난 그 이야기를 나중에 듣고 멍청이가 따로 없다고 했다.

기태는 언제부턴가 겨울이 오면 서울시청 앞에 있는 아이스링크장을 관리하고 있었다.

난 쉬는 날, 기태 점심을 사주러 시청 앞으로 깜짝 방문을 했다.

기태는 나를 본체만체 아이스링크장을 관리하느라 바쁘게 얼음판 위에서 트랙터 같은 기계를 끌고 있었다.

겨우 짬을 내서 기태에게 국밥 한 그릇을 사주고 왔다.

그리고 세월이 흘러 동계올림픽이 평창에서 열리게 되었다.

뉴스를 틀어놓고 버스를 끌고 가는데 김현정의 뉴스쇼에서 배기태 이야기가 흘러나왔다.

난 깜짝 놀라 볼륨을 높이고 귀를 기울였다.

각 나라에서 온 선수들이 우리 평창 빙질에 감탄을 연발한다고 한다.

이런 빙질은 여태껏 본 적도 없다면서 일약 스타덤에 기태가 올라가 있었다.

그 옛날 양구 촌구석에서 빙상선수로 이름을 날린 배기태가 다리를 다치면서 선수의 길을 접고 빙질의 대가로 우뚝 선 것이다.

난 뉴스를 들으면서 감격해 울컥울컥 눈물을 머금으면서 버스를 끌고 갔다.

한창 평창에서 올림픽이 무르익고 있을 때 난 설 명절 밑이라 부모님을 뵈러 친정 양구를 갔다.

엄마가 이것저것 싸준 것 중에 막장 한 통을 따로 담아서 기태네 집으로 향했다.

기태 엄마는 아프시다고 했다.

어릴 적 그렇게 으리으리했던 기태네 양옥집은 다른 집들에 비해 낡고 초라해 보였다.

다른 집들은 다 새로 짓고 해서 번들번들했는데 기태네 집은 옛날 그대로였다.

난 대문 밖에서 기태야 하고 큰 소리로 불렀다.

그러자 한참 후에 머리가 하얀 할머니가 구부정하니 나오셔서는 기태는 여기 없다고 하셨다.

난 기태 엄마인 줄 몰랐다.

기태 엄마는 그 당시 양구에서 멋쟁이셨기 때문이었다.

그 당시 우리 엄마도 다른 엄마들도 다 허름한 옷을 입고 꾸미지도 않았는데 기태네 엄마는 서울 멋쟁이처럼 화장도 하고 옷도 공주 옷처럼 화사하게 입으셨기에 그 모습만 생각하고는 정말 깜짝 놀랐다. 내가 쉰이 넘어 이순을 향해 달려가는 것은 생각도 못 하고 기태 엄마 늙은 모습에 그만 뒤로 자빠질뻔했다.

난 기태 엄마한테 아줌마 저 경숙이예요,
박영석 씨 막내딸이에요 했더니 아줌마는 깜짝 놀라며 날 알아보셨다.
난 너무 반가워 아줌마를 끌어안고 엉엉 울었다.
아줌마는 내 손을 잡아끌고 거실로 안내했다.
그렇게 크고 으리으리했던 거실은 작고 초라해져 있었다.
기태가 이번 평창 올림픽에서 떴다고 하니까 기태 부모님도 TV를 통해 봤다면서 엄청 좋아하셨다.
기태는 빙상 선수에서 빙질의 대가로 평창 올림픽 내내 이름이 자자했다.
우리 양구는 비록 우리나라에서 가장 작은 군 소재지이지만 훌륭한 인재가 알고 보면 많다.
전 세계가 부러워할 양구의 자랑 국민화가 박수근 화백이 있다.
이해인 수녀님도 양구 출신이고, 양현석 엔터테인먼트 가수도 알고 보면 양구 출신이다.
나 박경민이도 양구 출신이고!
민주투사 박영석 내 아버지도 있지 않은가!

그리고 훌륭하신 내 작은아버지 박영률 시인도 있다.

내가 3회 개인전을 치렀을 때도 기태는 꽃이 화사하게 핀 난을 보내왔었다.

내가 기특하고 자랑스럽다고 하면서…

기태는 초등 동창 중에서 가장 고맙고 든든한 친구 아닌 친구다.

지금도 열심히 얼음판을 닦고 있을 기태를 생각하니 절로 힘이 솟는다.

4년 후 베이징 올림픽을 치르면서 우리의 평창 빙질을 접했던 전 세계 선수들로 인하여 또 한 번 평창의 빙질이 재조명되었다.

배기태, 네가 있어 평창이 빛나고 돋보였다.

대한의 아들 배기태…!!!

고맙다. 그리고 장하다.

양구 명동하숙 외동딸 영수기

영수긴 나의 유일한 소꿉동무다.
영수긴 외동딸로 태어나 남 부러움 없이 곱게 공주처럼 자랐다.
비가 오는 날이면 영수기 아버진 우산을 받쳐 들고 또 다른 손엔 빈 우산을 들고 교실 밖에서 수업이 끝나길 기다리셨다.
난 비를 맞으며 골목골목 처마 밑으로 뛰어서 집에 오곤 했다.
영수기와 난 하리 로터리에 나란히 살았다.
길 건너편엔 빙상선수 배기태가 살고 있었고, 우리 옆집은 물건이 가득한 김천상회가 있고 그 옆에 영수기네 명동 하숙이 있었다.
무더운 여름날 하드 통을 둘러메고 다니면서 아이스케키라고 소리를 치면 영수기 엄만 하드 장사를 불러 영수기에게 아이스케키를 사주시곤 했다.
영수긴 하드를 입에 물고는 우리 집 마당에서 자랑을 하듯 쪽쪽 빨아먹곤 했다.
난 한 입만 달라고 해서 겨우 혓바닥으로 핥아서 먹어보곤 했다.

영수긴 매일매일 새록새록 노랑, 분홍, 연두색에 꽃이 새겨진 팬티를 입고 와서는 치마를 걷으며 팬티 자랑을 했다.

어떤 날은 바지 고무줄을 내려 팬티를 갈아입은 걸 또 보여주며 자랑했다.

난 팬티라는 게 없었다.

바지만 덜렁 입고 다녔고 내복 속에도 팬티는 안 입었다.

어쩌다 치마를 입을 때도 타이즈만 신었다.

난 영수기가 무척 부러웠다.

다음날 영수기가 또 아이스케키를 들고는 자랑질하러 우리 집에 왔다.

난, 너랑 안 놀 거니까 우리 집에 오지 말라고 했다.

영수긴 한 입 줄 테니 놀자고 애교를 떨었다.

난 들은 체도 안 하고 인형을 그려서 인형 놀이를 하고 있었다.

영수기가 아이스케키를 내 앞에 디밀자, 난 크게 한입을 확 깨물어 먹어버렸다.

아이스케키는 손잡이 끝에만 조금 남아있었다.

영수긴 왕하고 울면서 엄마한테 이른다며 가버렸다.

하루는 영수기랑 소꿉놀이를 했다.

내가 엄마고 기태 여동생 선희가 딸이고 영수긴 고모 역할을 했다. 한참 재밌게 놀면 영수긴 내 머리끄덩이를 잡아당기고는 냅다 자기 집으로 도망을 가곤 했다.

난 화딱지가 나서 쫓아가면 영수기 엄마는 영수기 없다고 영수기 편을 드셨다.

난 씩씩거리면서 그 많은 하숙방마다 다 열어 확인해 보고는 못 찾자 약이 올라 와 버렸다.

영수기랑은 초등학교, 여중, 여고를 함께 한 단짝 친구이자 하나뿐인 소꿉친구다.

영수긴 범생이였다.

난 아침이면 꼭 영수기네 집에 들러 영수기랑 같이 학교를 갔다.

영수긴 아버지가 반찬을 밥숟갈 위에 올려 주면 제비처럼 퍼먹곤 했다. 내가 기다려야 그제서 밥을 먹고 옷도 아버지가 입혀주었다.

아버지가 가방을 들고 나와서 손에 쥐어줘야 그제서 터벅터벅 들고 갔다.

도시락 반찬도 어묵과 계란 반찬이었다.

난 영수기가 한눈을 파는 사이 영수기 반찬을 다 먹어 치우고는 내가 싸 온 무장아찌와 고추장을 비벼 먹으라고 했더니 영수긴 또 왕 하고 울어버렸다.

어느 날 비가 억세게 퍼부었다.

영수기 아버진 우산을 들고 오셔서는 담임 선생님께 맡기고 가셨다. 수업이 끝나고 나는 영수기랑 같이 우산을 쓰고 왔다.

내가 반 이상을 차지해서 영수기 옷이 다 젖어버렸다.

영수긴 옷이 다 젖었다면서 또 왕 하고 울어버렸다.

영수긴 열심히 공부해서 강원대에 입학을 했고, 난 내 동생 때문에 학업을 포기했다.

내 동생은 돈 적게 드는 춘천 교대에 입학하고 난 고졸로 내 인생을 접었다.

엄마가 밭에 감자를 심는다고 해서 감자밭에 따라가 시다발이를 하면서 1년을 허송세월을 보냈다.

그러다가 춘천교대에서 단기 유아교육 과정을 수료하고 유치원

자격시험을 치고 교원 자격증을 따서는 내 동생보다 먼저 국민학교에 있는 병설 유치원 교사가 되었다.

영수긴 춘천서 강대를 다니면서 주말엔 양구 집으로 오곤 해서 우린 만나면 밤을 새워 시끌시끌 떠들곤 했다.
영수긴 나랑 같이 교회를 열심히 다녔다.
성탄절 이브 날엔 촛불을 들고 고요한 밤 거룩한 밤 무용도 함께 했다. 영수기 위에 오빠가 한 명 있었다. 양근이 오빤 그 당시 서울 정릉에 있는 서라벌 고등학교를 다녔다.
영수기 오빤 양구 동면 한 마을에서 현재 목사님으로 재직하고 계신다. 영수긴 청년회를 나가면서 군인 장교와 연애하더니 졸업도 하지 않고 결혼을 해버렸다.

그렇게 각자의 인생을 살면서 영수긴 학원을 차려 학원 원장이 되었고 난 버스 운전자가 되었다.
애들 아빠 장례식에도 와서 내 옆을 지켜주었고 우리 애들도 챙겨주곤 했다.
사실 난 영수기한테 좀 서운한 감정이 있었다.
애들 아빠가 죽고 나니 은행에서는 압력이 들어오고 아이들 적금을 깨고 반지란 반지는 다 팔아 써도 그 더러운 돈은 다 어디로 갔는지 내 주머니는 빈털터리로 먼지만 가득했다.
그래서 죽을 만큼 힘들어 정말 죽고 싶었다.
버스 운전 초보라 툭하면 백미러 깨 먹지, 범퍼 찌그러트리지, 적은 월급에 이것저것 처리하고 나면 생활비도 빠듯했다.
그래서 31평 아파트를 은행에 헐값에 넘기고 죽으려고 뛰어내리려고 했었다. 그런데 그 더러운 돈 때문에 죽을 수는 없었다.

두 딸의 눈망울을 보면서 나까지 죽어버리면 내 두 아이는 누가 거두어 줄지 무서움이 솟구쳤다.

그래서 죽을 만큼 힘들어도 돈 얘기는 친구한테 죽는 한이 있더라도 안 했다.

영수기한테 가벼운 마음으로 전화했다.

두 애들 급식비를 못 내서 그러니 미안하지만, 다음달에 줄 테니 보내 달라고 했다.

난 솔직히 영수기가 흔쾌히 보내줄 거라고 생각했다.

그런데 수화기 너머 영수기 대답은 남편한테 물어본다고 했다.

난 전화한 내가 너무 수치스럽고 자존심에 내가 싫어 확 죽고 싶었다. 정말이지 확 죽어버리고 싶었다.

그래서 각 학교로 달려가 사정을 했다.

다행히도 서무 선생님은 흔쾌히 다음달에 내라고 했다.

영수긴 결혼을 일찍 해 아들딸이 다 출가했고 손자, 손녀도 봤다. 서울 사는 동창들끼리 모여 돌아가면서 밥도 사고 모임도 가졌다. 모임에 올 때마다 영수긴 명품 가방을 번갈아들고 와서는 자랑질을 했다.

어릴 때부터 자랑질을 해서인지 난 영수기의 행동에 아무런 감정이 없었다. 귀엽고 순진한 그런 모습으로 비쳐줬다.

영수기가 국민의힘 당 비례로 구의원 공천을 받았다.

공주 같던 그 애가 유세차에서 유세하는 걸 보고 난 깜짝 놀랐다. 어디서 그런 패기가 나왔는지 모르겠다.

역시 양구의 딸이다.

더불어민주당이든 국짐당이든 무슨 상관이 있나!

아무 당이든 지역을 위해 공정과 상식에 위배되지 않고 열심히 일하면 되는 거 아닌가!

정치는 흐름을 잘 타야 한다.

세상일은 아무도 모른다.

내가 서울서 버스를 끌고 서울 시내를 누빌 줄 그 누가 알았겠는가! 내가 화가가 되고 수필을 쓰는 작가가 될 줄 그 누가 알았겠는가! 영수긴 내가 2회 개인전을 인사동 경인미술관에서 개최했을 때도 축하하러 와서는 거하게 밥을 쏘고 갔다.

새침데기 영수기가, 공주병인 영수기가 그 험한 정치판에 뛰어들 줄 누가 알았겠는가!

암튼 장하다 차영숙..!!!

역시 양구의 딸이다.

중랑구, 아니 우리 대한민국을 말로만 떠드는 공정과 상식이 아닌 진정 국민을 위해 한 발 더 내딛는 훌륭한 정치인이 되길 기도할게…

영수가, 네가 내 친구라서 더 자랑스럽다.

나의 꿈

　내 꿈은 버스 기사도 아니고 화가도 아니고 글을 쓰는 작가는 더더구나 아니었다.
　난 서울서 학교를 다니는 게 내 꿈이었다.
　그래서 부잣집에 맏며느리로 시집가서 시부모님 사랑받으며 부유하게 사는 게 꿈이라면 꿈이었다.
　내 최종 학력은 여고 졸업이 다였다.
　난 빨리 독립해 이 지긋지긋한 촌구석 양구를 벗어나길 갈망했다. 서울서 학교에 다니면서 여대생이 되는 게 꿈이었지만 서울에서 먹고 자고 있을 곳도 없을뿐더러 집안 형편이 어려운 부모님께서 허락하실 리가 없었다.
　청바지에 체크 남방을 입고 소매는 두 번 정도 접어 올리고 긴 머리를 흩날리며 끈이 긴 가방을 어깨에 둘러메고 대학 캠퍼스를 당당하게 걸어가는 그 모습이 나의 꿈이었다.

　내 양구 친구들은 서울로 전학을 많이 갔다.
　그 당시 있는 집 애들은 거의 다 춘천이나 서울로 유학을 떠났다. 신광서점 딸 숙자도, 영진라사 첫째 딸 수근이도 동인당약국 수경이도 군인 가족 아무개도 서울로 유학을 가서는 방학이면 양구 시장통 골목이 아이들로 북적북적했다.

난 급한 마음에 양말도 못 신고 엄마 슬리퍼를 질질 끌고 시장통으로 냅다 달려 나가 서울 이야기를 들으려고 하면 친구들은 아무도 서울 이야기를 하지 않았다.

난 서울이 궁금해서 서울 애들은 수돗물을 먹고 살아서 얼굴도 뽀얗고 예쁘냐고 물으면 다들 시큰둥하게 속 시원히 말해주는 애들이 없었다.

난 서울만 갈 수 있다면 내 모든 원하는 게 다 이루어질 것만 같았다. 하지만 서울은 그야말로 꿈에 그치고 말았다.

어찌어찌하여 춘천교대에서 단기 유아교육 과정을 이수하고 유치원 교원자격증을 거머쥐고 난 또 양구의 한 초등학교 병설 유치원에서 근무했다.

아, 이 지겨운 양구에서 직장까지 다니려니 정말이지 내가 한심하고 그렇게 멍청할 수가 없었다.

우연히 설악산 적벽에 붙어있는 한 남자를 만나 나는 결혼을 했다. 아무것도 안 봤다. 그가 서울 산다고 해서 서울이라는 그 한마디에 나보다 연하인 그를 쫓아다녀서 결혼에 골인했다.

난 비록 양구 촌구석에서 태어나 양구서 생을 마칠지언정 앞으로 태어날 내 새끼들만큼은 서울서 학교에 다니게 하는 게 나의 꿈이 되어 버렸다.

뜻하지 않게 남편을 떠나보내고 난 과부가 되었다.

슬펐지만 두 딸을 데리고 양구로 갈 수는 없었다.

내가 그리워하고 내가 원한 서울은 결코 만만한 곳이 아니었다.

시골은 땡전 한 푼 없어도 그냥저냥 풀 뜯어먹으면서 살 수 있었다. 하지만 서울은 땡전 한 푼 없이 단 1시간도 살 수가 없었다.

난 두 아이 급식비가 없어서 학교 서무과로 달려가 사정사정해서 두 아이 급식을 먹이고 두 달 치를 밀려서 내기도 했다.

서울은 내가 들어가기엔 너무나 크고 웅장하고 무시무시한 곳이었다. 내가 서울서 학교를 못 나온 게 한이 맺혀 내 두 딸은 꼭 서울서 학교를 보내야겠다고 다짐했다.

난 학창 시절 서울의 여대생을 꿈꿨다.

정말로 미치도록 서울서 대학을 다니고 싶었다.

하지만 그 꿈은 나에겐 사치고 이룰 수 없는 딴 세상이었다.

양구 산골 처녀가 언감생심 먼 서울서 학교에 다닐 수 있겠나!

그렇게 내 꿈은 물거품이 되어버리고 난 내 두 딸을 기필코 서울에서 공부시켰다.

이 악물고 서울서 끝을 보자고 결심했다.

서울 사람들은 내가 볼 때 잠도 안 자고 사는 것 같았다.

늦은 밤거리는 대낮보다도 더 휘황찬란했고 버스며 지하철은 도대체 어디를 그렇게 바쁘게 가는지 사람들로 가득 찼다.

거리마다 사람들로 넘쳐나 부딪치지 않고는 걸을 수가 없었다.

집에 와서 보면 군데군데 시퍼렇게 멍이 들어있었다.

깎아지를 듯이 하늘 높이 솟아있는 빌딩은 나를 더욱더 초라하게 만들었다.

내가 과연 저렇게 번쩍번쩍한 빌딩을 들어가 볼 수나 있으려나 하는 생각에 위축이 들었다.

그 높은 빌딩에 난 발 한번 못 디밀어 봤지만 내 큰아이가 국회의

사당이 보이는 여의도의 한 빌딩에서 근무하기에 난 그걸로 흡족했다. 그런데 내가 서울서 그것도 대학원에 가리라곤 정말 꿈에도 생각 못 했다.

그림을 그리면서 경희대 교육대학원에 입학했다.

정말 꿈만 같았다.

긴 머리 흩날리는 청춘은 비록 아니었지만 그래도 서울서 대학원을 다닌다는 게 있을 수 있는 일인가!

꿈도 못 꿨었다.

내 큰딸이 버버리 체크 남방을 사주면서 엄마 소원 이루라고 청바지에 끈이 긴 가방 대신 30호 캔버스 가방을 어깨에 메고 대학원에 갔다. 뛸 듯이 기뻤다.

정말이지 세상을 다 얻은 기분이었다.

이 기분은 수억만의 갑부가 된 것보다 백배 천배는 더 기뻤다.

무슨 말로 표현해야 나의 이 기쁜 마음을 전할지 내가 아는 단어로는 부족했다. 정말로 뿌듯했다.

이상한 변호사 우영우에서 영우는 정규직으로 변호사가 된 것을 기쁘다는 그 기분은 아니라고 했다. 나도 그랬다. 기쁘지만 그걸로는 부족했다.

그저 감사해서 주르륵 눈물만 흘렸다.

큰아이 엄마 등록금을 대주었고 인터넷 강의도 알려주었다.

살기 위해 버스를 끌면서 두 딸의 학교생활을 지켜보면서 대리만족을 했다.

그런 내가 서울서 대학원을 다니다니? 정말 꿈은 이루어진다는 말이 사실이었다.

한강에 흐르는 물의 반은 내가 흘린 눈물이었다.

이젠 서울이 지겨워졌다.

어릴 적 양구가 지겨워 양구를 탈출하자고 골백번은 더 다짐했건만 이젠 서울이 지겹다.

매일 바빠야 하고 뭘 위해 이렇게 바쁘게 사는지 도대체 알 수가 없었다.

머잖아 두 딸이 시집을 간다.
작은딸이 먼저 결혼 날을 잡았다.
큰딸도 내년 5월에 결혼식을 한다.
순서가 바뀌긴 했어도 감사하다.
나의 하나님께서 다 이루게 해주셨다.
내가 갑자기 자랑스러워졌다.
키 153센티미터에 몸무게 54킬로인 내가 천하장사보다 더 힘이 세다. 내 두 딸은 엄마인 날 천하장사라고 한다.
난 그 말이 엄마가 있어 든든하다는 뜻으로 알고 있다.

큰아이는 결혼 날을 받아놓고 고등학교 때 선생님을 찾아뵌다고 했다. 이 얼마나 기특한 아이인가!

정말로 기도한 대로 훌륭한 스승을 만나서 인사를 드린다는 게 요즘 그리 흔한 일은 아니다.

작은애 역시 중고등학교 학생부 담당이었던 교회 전도사님을 백석예술대학교에서 같은 교직원으로 만났다.

또한 고등학교 시절 엄마 선생님이신 음악 선생님께서는 둘째 딸 아이의 재능을 미리 아셨는지 휴일이든 방학 때든 아무 때고 와서 피아노를 치라고 음악실 열쇠를 내주셨었다.

이 모든 게 좋은 선생님을 만났기에 내 아이들이 잘 성장할 수 있었던 거 아닌가!
이 얼마나 감개무량한 일인가!
있을 수 없는 기적 같은 일이 존재하고 있다.
그리하여 난 내 교수 딸에게 좋은 선생님을 만나서 이렇게 잘 컸으니, 학생들에게 좋은 스승이 되라고 일장 연설을 했다.

엄마의 기도를 붙여놓고 30년을 넘게 기도했다.
1. 좋은 친구를 달라고,
2. 좋은 선생님을 달라고,
3. 좋은 학교를 보내 달라고,
4. 좋은 직장을 달라고,
5. 좋은 배필을 달라고,
난 매일매일 울부짖었다.
내 하나님께서 다, 이루게 해 주셨다.
판검사, 의사는 안되었지만, 큰딸은 여의도 금융권에 있고, 작은 딸은 유명 대학의 교수다.
더 이상 무엇을 바라겠나!
판검사가 되면 뭐 하나!
인간이 되어야지….
넷플릭스에서 전도연 주연 인간 실격을 봤다.
요즘은 진짜로 인간 실격이 많은 세상이 되었다.
비록 쓰레기를 줍고 똥차를 끌지언정 인성이 바로 돼야 진정한 인간이 아닌가!
내 아버지는 당신의 막내딸이 서울서 시내버스를 끈다고 자랑하셨다. 난 창피하게 그게 무슨 자랑거리냐고 했다.
　아버진 남 피해 안 주고 사기 안 치고 열심히 사는 게 승리라고 하셨다. 딸의 기를 팍팍 살려준 내 아버지께 감사한다.
　기집애가 먼 버스 운전이냐고 타박하지 않고 나를 인정해 주신 아버지가 그저 고맙고 죄송할 따름이다.

　난 승리가 무엇인지 몰랐다.
　돈 많이 벌고 높은 자리에 앉아 떵떵거리는 게 승리라고 생각했었다.
　이제 깨달았다.
　인간 실격이 아니면 우린 다 승리자인 것을…
　나를 사랑하고 나를 아끼기로 마음먹었다.
　오늘도 난 버스를 끌고 난 후 캔버스 가방을 둘러메고 인사동을 헤맨다.
　힘차게 잘 달려온 게 승리였다.

6여 전도회

전업주부였을 때 난 창동에 있는 창동제일교회를 다녔다.
난 두 딸을 대동하고 주일이면 아침부터 교회로 향했다.
주일날 찬양 예배를 드려야 하므로 미리 가서 성가 연습을 해야 했기 때문이었다. 평일보다 사실 주일이 더 바빴다.

두 아이가 유년부 시절부터 중고등학교에 다닐 때까지 우리 세 모녀는 주일이면 교회 식당에서 권사님들이 해주시는 밥을 먹고 난 또 성가 연습을 하곤 했다.
교회 앞에 창동 1단지에 살 때였다.
큰 딸아이가 사실은 신창초등학교에 배정받았었다.
그땐 신창동 대우 아파트 앞에 있는 개인 주택에 살았었다.
집주인 여자는 시부모를 모시면서 두 아들을 키우고 있었다.
공교롭게도 주인집 두 아들과 내 두 딸이 같은 또래였다.
넷은 매일 마당에서 뛰놀면서 태권도도 같이 다녔다.
난 여자아이들이라 무서운 서울에서 혹여라도 위험한 일이 생길까 봐 일찌감치 태권도를 가르쳤다.
신창초등학교는 버스가 다니는 큰길을 건너서 골목 안으로 한참을 들어가야 골목 끝에 하천이 보이는 그런 곳에 자리하고 있었다. 8살 아이한테는 위험하고 버거운 거리였다.

현재 내가 버스를 끌고 다니는 북적북적한 시장통이 있는 그 도로였다.

그래서 난 맹모삼천지교를 발휘해서 창동제일교회 앞에 있는 주공 1단지로 이사를 왔다.

맹자의 모가 3번 이사를 했듯이 나도 3번 이사를 했다.

노곡중학교에 두 딸이 들어가면서 창동 1단지에서 19단지로 이사를 했고 큰아이가 용화여고로 배정받자, 난 또 학교 앞 바로 7단지로 이사를 했었다.

학교 이름은 창원초등학교였고 아파트 단지 옆이라 등하교를 신경 쓰지 않아도 되어서 안심하고 학교를 보냈다.

그래서 이사를 하고는 바로 코앞에 있는 창동제일교회를 다니게 되었다.

교회는 아담하고 가족 같은 분위기였다. 아이들을 학교에 보내면 난 권사님들과 전도도 나갔고 교회 식당 봉사도 하면서 2부 성가대를 열심히 했다.

큰아인 태권도를 때려치우고 피아노 학원으로 옮기고 둘째는 아들처럼 태권도를 계속해서 보냈다.

태권도 3단을 딴 둘째는 고등학생이 되고부터는 태권도를 안 간다며 피아노를 치겠다고 나에게 반기를 들었다.

난 김장철이 되면 교회 김장을 하러 고무장갑을 새로 사서 끼고는 교회로 달려가곤 했다.

권사님들은 우리 박 집사가 오면 분위기가 좋아진다며 모두 날 예뻐해 주셨다.

지금은 작고하신 이익래 장로님께서는 우리 박 집사 권사 추대 받으면 꼭 찬성 도장을 찍어주신다면서 나만 보면 흐뭇해하셨다.

6여 전도회 회장을 맡으면서 1년간 여전도회를 끌고 나가며 교회 일에 앞장을 섰다.

여승희 집사가 여전도 회장을 맡았을 때 애들 아빠가 세상을 떠났다. 6여 전도회 회원들이 조를 짜서는 애들 아빠 장례식에 조문 오는 사람들 식사를 일일이 챙겨주었다.

회장인 여집사는 아예 사흘 밤낮을 주방에서 살다시피 음식을 준비해 주었다.

난 남편을 잃은 데다 믿고 따랐던 목사님의 또 다른 면을 보고는 가슴이 아파 꺽꺽 울었다.

얼떨결에 서울 시내버스 운전자가 되면서 난 교회를 떠났다.

집도 회사 근처로 옮기고 아예 교회를 잊고 살았다.

둘째는 중고등부 피아노 반주를 했고 학생회 수련회에 가도 꼭 따라가 피아노 반주를 했다.

김병운 학생부 전도사님께서는 아이들 아빠 장례식에 와서는 내 두 아이를 위로해 주셨고 지금은 미션스쿨인 백석예술대학교에서 목사님으로 근무하신다.

공교롭게도 둘째 딸아이가 백석예술대 실용음악 학부에 강의를 맡았는데 김병운 목사님께서 엄청 좋아라 하신다.

두 아이가 성인이 되어서 직장을 다녔다.

어느 날 이영자 권사님께 전화가 왔다.

난 너무 반가워 얼른 받았더니 교회로 돌아오라고 하셨다.

목사님이 새로 오셨는데 말씀이 너무 좋다면서 박 집사가 꼭 와야 한다며 신신당부를 하셨다.

그래서 난 교회로 달려갔다.

새로 오신 이진희 목사님은 날 보더니 잘 오셨다면서 눈시울이 붉어지셨고 난 마음이 북받쳐 주르륵 비가 되어 눈물을 흘렸다.

난 돌아온 탕자가 되었다.

이진희 목사님과 사모님은 나의 2회 개인전, 3회 개인전을 축하하러 인사동까지 오셨다.

난 경황이 없어 목사님 내외분 식사도 대접을 못 했었다.

6여 전도회 야유회를 끝으로 난 모든 걸 잊었었다.

오늘 3여 전도회 야유회를 간다고 해서 나도 함께 참석했다.

교회 카페에 집결해서 목사님의 기도로 야유회를 떠났다.

어느새 난 3여 전도회가 되어 있었다. 깜짝 놀랐다. 언제 이렇게 늙어버렸는지 너무나 황망했다. 6여 전도회는 40대였고, 3여 전도회는 60대이다.

장소는 광릉 수목원이었다.

권순례 집사와 박혜경 집사가 차를 끌고 왔다. 난 버스 끄는 게 지겨워 쉬는 날은 될 수 있으면 핸들을 잡지 않는다.

회계 집사는 동전을 준비해 1호차, 2호차 탑승 순서를 정했다.

8명이 참석했다. 4명씩 나눠서 승차를 했다.

풀냄새, 나무 잎새 냄새를 맡으며 두어 시간 수목원 둘레를 걸었다.

회장인 나미숙 집사님은 펄펄 끓는 물까지 준비해 가지고 왔다. 간식거리도 준비했다.

난 털레털레 따라만 왔다.

사진도 찍고 수다도 떨면서 6여 전도회로 돌아간 느낌이었다.

몸은 누가 봐도 분명 할머니임에 틀림이 없건마는 마음은 6여 전도회였다.

맛집에 가서 점심도 풍성하게 먹고 카페에서 우아하게 차도 마시면서 우린 60대를 논했다.

박혜경 집사님이 지금 오늘이 가장 젊은 날이라면서 오늘을 만끽하자고 했다.

해가 도봉산에 걸려있었다.

그래도 우린 누구 하나 저녁을 걱정하지 않았다.

3식이 남편도 아이들도 이젠 우리가 치다꺼리할 나이 지났으니 단 하루라도 자유를 되찾자면서 어둑해질 때까지 자연을 노래했다. 그동안 코로나 이놈 때문에 숲이며 공원이며 모든 자연이 출입이 통제되었었다.

유채꽃으로 유명한 제주도도 사람들을 통제하느라 아예 유채꽃밭을 갈아엎어 버리는 기사를 봤었다.

하늘도 우리를 위해 만반의 준비를 했는지 양탄자보다 백배는 황홀한 하늘을 펼쳐놨다.

6여 전도회 야유회 갔을 때가 생각나서 앨범을 꺼내놓고 보니 그땐 젊었고 지금은 잔잔하게 익어가고 있었다.

고모리 저수지 둘레를 걸었다. 호수의 빛깔과 높다란 하늘이 아주 찰떡궁합이었다.

좋은 날 좋은 사람들과 함께 할 수 있어서 얼마나 감사한지 나의 하나님께 기도를 올렸다.

내 동생 서비

내 동생 서비는 조용한 아이였다.
성격도 온화하고 말수도 없는 그런 아이였다.
아버진 피난과 결혼으로 나이를 먹고 양구종고를 월반으로 졸업하셨다. 오빠와 두 언니를 출산하고 아버진 서울로 대학을 가셨다.
그래서 나는 위에 언니와 터울이 좀 졌다.
그리고 바로 내 남동생을 달고 나왔다.
엄만 내 동생 서비를 막둥이라 불렀고 난 서열 네 번째로 딸 중에 막내라 막내딸로 불리었다.
내 동생 서비도 막내였고 나도 막내였다.

집안에서 난 골칫덩어리였다.
덤벙거리고 시끄럽고 찬찬하질 못했다.
내 동생 서비는 날 경수기라 불렀다.
난 한 번도 누나 소리를 들어보지 못했다.
내가 위에 두 언니를 큰언니 작은언니라 불렀더니 내 동생 서비도 날 따라 언니라고 불렀다.
위에 맏이인 오빠도 우리 세 자매가 오빠라고 불렀더니 내 동생 서비도 오빠라고 또 따라 불렀다.

아버진 사법고시 1차를 패스하시고는 박정희 군사독재와 대응을 하면서 판검사는 물 건너갔다.
그리하여 양구 고향으로 내려와 정치와 농사를 겸했다.
내 동생은 내 차지가 되었다.
위에 오빠와 언니 둘은 다 국민학교에 가느라 나와 내 동생 서비만 집에 남았다.
엄마는 농사일을 하며 아버지 공부 뒷바라지를 하다가는 각 지방 오일장으로 다니며 더덕과 도라지 장사를 하시곤 해가 넘어가 깜깜해져야 들어오셔서 잠만 주무시고는 다음 날 새벽에 또 나가시곤 했다.
나와 내 동생 서비는 엄마 얼굴도 잊은 채 잠이 들었고 아침에 깨서 보면 아무도 없었다.
내 동생 서비는 나만 졸졸 따라다니면서 경수기라 불렀다. 내 어릴 때 이름은 경수기였다.
오빠도 언니 둘도 엄마도 아버지도 집안 식구들 몽땅 날 경수기라 불러서 내 동생도 날 경수기라 했다.
난 부뚜막에 올라앉아 솥에서 밥을 꺼내어 장독대에서 고추장을 퍼다 비벼서 내 동생 서비랑 퍼먹곤 했다.
내 동생 서비는 골목에 나가 딱지를 다 잃고 들어와서는 울다 잠이 들면 난 달력을 북 뜯어 딱지를 접어서는 골목으로 냅다 뛰어나가 내 동생이 잃은 딱지를 다 따서는 동생 머리맡에 놔주곤 했다.
아버진 음력을 찾는다고 달력을 넘기려다가 달력이 달랑 한 장 남아있자 고함을 치셨고 난 쥐 죽은 듯 모른척하고 있었다.

새해가 되어 새 달력이 걸렸다.

남정님, 문희, 정윤희 배우가 수영복을 입고 포즈를 취한 사진을 보고 난 달력을 북 뜯어 뒷면에다 똑같이 그려 놓곤 했다.

윤정희, 고은아 배우는 한복을 곱게 차려입고 있어서 또 뒷면에다 똑같이 그렸다.

두 언니 밑에서 무릎이 해지거나 팔꿈치가 다 나간 옷을 입고 다녔다.

그래서 난 매일 달력 뒷면에다 드레스를 예쁘게 입은 공주를 그려서는 경수기라고 써놓곤 했다.

난 왼손잡이에다 덤벙거리고 차분하지 못했다.

엄만 내가 밥숟가락을 왼손으로 쥐면 내 손등을 찰싹 때리면서 오른손으로 쥐라고 했다.

난 엄마가 안보는 찰나에 잽싸게 왼손으로 숟가락을 바꿔 쥐고는 1초 만에 밥을 다 퍼먹곤 했다.

우리 형제들은 다 쌍꺼풀이 있고 혈액형도 다 O형이었다. 나만 외꺼풀에 AB형이었다.

중학교에 가서 생물을 배우면서 알게 되었다.

난 허구한 날 다리 밑에서 주워 왔다고 해서 진짜 난 주워 온 앤 줄 알았다. 바로 위 언니와도 터울이지고 내 동생과 연년생이라 난 주워 왔다고 생각했다.

내 동생 서비는 무슨 날 때는 꼭 새 옷을 입었다.

난 그냥 언니들이 입던 옷을 물려 입었다.

난 사춘기에 접어들면서 내가 주워 온 아이라고 생각했다.

엄만 내가? 콧구멍도 걷는 모습도 아버지를 빼 박았다고 날 구박하셨다.

옷도 다 떨어진 옷만 입고 두 언니는 김자옥처럼 예쁜데 난 선도 안 보고 데려간다는 셋째딸임에도 불구하고 젤루 못생겼다.
왼손잡이에다 혈액형도 다르고 난 정말 죽고 싶었다.
내가 국민학교에 입학을 하자 내동생 서비는 날 따라 학교까지 쫓아왔다.
오빠와 언니들은 상급생이라 학교를 일찍 가고 혼자 남은 내 동생 서비는 날 따라 등교했다.
내 옆에 바닥에 쭈그리고 앉아 나만 괴롭혔다.
선생님께서는 경수기가 동생 때문에 공부를 못 하니 내년에 동생하고 같이 입학시키라고 엄마와 상의했다.
난 내 동생 서비를 데리고 다니면서 학교 교정에서 애들이 공부하는 걸 물끄러미 쳐다보다가 집에 오곤 했다.
내 마음의 풍금이란 영화를 보면서 어릴 적 나의 모습을 보는 것 같았다.
그리하여 난 다음 해에 내 동생 서비랑 같이 입학했다.
내 동생은 숫자도 못 쓰고 공부를 못했다.
난 100까지 숫자를 다 쓰고 내 동생 서비 꺼도 써줬다.
일기도 숙제도 다 내가 해줬다.
내 동생 서비가 양구종고를 입학하고 난 양구여고에 입학했다.
그때부터 내 동생 서비는 오빠를 오빠라 부르지 않고 언니도 언니라고 부르지 않았다.
형, 누나 소리가 어색하고 쑥스러웠는지 아예 입을 닫았다.
나한테도 경수기라 부르지 않았다.
그렇게 고등학교를 졸업하고 내 동생 서비는 춘천교대에 입학을 했다.

엄만 기지배가 먼 대학이냐며 눈을 흘겼고 난 엄마 따라 감자밭에 가서 감자 눈을 따서 감자 씨를 심었다.

다음 해 난 춘천교대 유아교육 단기과정을 이수하고 교원자격증을 따서 병설 유치원 교사로 들어갔다.

내 동생보다 먼저 교사가 되었다.

막 유아교육이 시작되는 시점에 난 1호 병설 유치원 교사로 근무했다. 내 동생 서비도 춘천교대를 졸업하고 강원도의 한 초등학교로 발령받았다.

몇 년 세월이 흐르고 내 동생 서비는 모교인 양구국민학교로 전근을 왔고 난 양구 관내 국민학교 병설 유치원에서 근무를 하면서 그때부터 내 동생 서비가 날 누나라고 불렀다.

난 눈물이 왈칵 쏟아졌다.

어느 날 양구 관내 교사들 친선 게임이 있었다.

나도 참석하고 내 동생 서비는 행사 진행을 맡았다.

각 국민학교 교장들과 양구군 교육장이 천막 안에 쭉 앉아있자 내 동생은 나를 누나라고 소개했다.

그러자 여기저기서 아, 교육자 집안이라고 했다

오빠와 언니 둘은 일찍 결혼해서 외지로 나갔고 나와 내 동생 서비하고만 양구서 근무를 했다.

내가 늦은 나이에 애들 아빠와 결혼하고 두 딸을 출산하면서 난 직장을 접었다.

지금은 서른도 빠른 나이지만 내 언니나 내 친구들은 스물대여섯에 다들 결혼했다.

난 노처녀 소리를 들을까 서른이 오는 게 두려워 가까스로 스물아홉에 부랴부랴 결혼식을 했다.

내 남편은 나보다 2살 연하였다.

난 서울살이를 했고 내 동생 서비도 한 학교에서 눈이 맞아 결혼해 아들과 딸을 두었다.

여름이면 난 두 딸을 대동하고 양구 부모님께 가서 서비네 두 애들과 내 두 딸들이 만나 사이좋게 지냈다.

내 큰딸이 내 동생 서비의 아들을 챙겨주는 걸 보고 어릴 적 나의 모습이 떠올라 눈시울을 붉히곤 했다.

애들 아빠가 히말라야 눈보라에 세상을 떠나자, 내 동생 서비는 서울에 와서는 장례 절차며 모든 일 처리를 다 해주었다.

내가 결혼식을 할 때도 내 동생 서비는 내 옆에 와서 날 살펴주고 진행을 도와줬다.

내 동생 서비는 어릴 적 누나인 내가 저로 인하여 희생해서인지 내 일엔 발 벗고 나섰다.

내가 혼자서 두 딸을 키우며 버스 운전을 하자 내 동생 서비는 쉬는 날 서울에 와서 내가 버스를 끌고 가는 모습을 지켜보았다.

버스 중앙차로가 2005년도에 생기면서 난 중앙차로 최초 여성 운전자가 되었다.

집을 다 청산하고 전세로 이사 다닐 때도 내 동생 서비는 우리 집에 와서는 냉장고도 사주고 애들 대학 갈 때는 학비도 보태주었다.

세월이 흐르고 내 동생 서비는 교장으로 승진해서 양구 한 초등학교 교장으로 내정 받았다.

아버진 내 막내아들이 교장이고 내 막내딸이 서울서 버스 운전을 한다며 사람들께 자랑을 하셨다.

50~60년대 법대를 나온 내 아버지께서 자식들이 아버지 발뒤꿈치도 못 따라갔는데도 불구하고 떠들고 다니셨다. 난 아버지께

버스 끄는 게 무슨 벼슬이라도 한 거냐며 창피하다고 푸념했더니 아버지는 직업에 귀천이 없다면서 남 못하는 일을 하는 게 벼슬보다 더 훌륭한 거라고 하셨다.

  나도 요즘은 내 아버지가 하셨던 거처럼 어떤 놈이 나에게 다가오려고 하면 내 딸이 교수야, 니들 버스 끌면서 새끼 교수 만든 사람 있으면 나와 보라고 질렀다.

  아버지가 돌아가시면서 내 동생 서비와는 남남이 되었다.

  착하고 말수도 적었던 내 동생 서비가 나에게 덤볐다.

  난 할 말을 잃었다.

  내 두 딸이 결혼을 앞두고 있다.

  작은애가 먼저 결혼을 한다.

  큰애는 내년 5월로 잡혔다.

  두 딸이 추석 연휴에 외가집에 다녀왔다.

  난 아버지가 돌아가신 다음부터는 친정을 잃어버렸다.

  어디서부터 무엇이 잘못되었는지 아버지를 떠나보내 놓고는 우리 집안은 콩가루 집안으로 전락이 되었다.

  내가 슬프듯이 내 동생 서비도 슬플까?

통영가는 길

동향의 나폴리라 불리는 통영에 갔다.
오늘은 사실 양구로 가는 날이었다.
열흘 전 작은아버지와 건축에 능하고 다방면으로 재능이 많으신 작은아버지 지인이 대표님과 함께 양구를 방문했었다.
작은아버지와 난 양구로 귀향해 박경민 미술관과 박영률 문학관을 지으려고 준비하고 있었다.

작은아버지는 시인이시고 교육학 박사로 교수를 역임하셨다. 그리고 철학박사이며 목사님이시다.
때마침 파라호가 보이는 언덕에 한 펜션을 매매한다길래 둘러보고는 가격을 절충하고 가계약을 하고 올라왔다.
오늘 양구로 내려가 펜션 계약을 정식으로 하기로 약속한 날이었다. 그런데 엊그제 주인한테 연락이 왔다.
펜션을 다른 사람이 산다고 해서 계약이 되었다며 죄송하다고 했다. 난 배차를 빼놓고 작은아버지 역시 바쁜 일정을 뒤로 미루고 이 대표님과 함께 내려가기로 계획을 세웠었는데 모든 게 물거품이 되고 말았다.

허탈한 기분에 강릉 고속도로를 타고 대관령을 넘어 동해바다를 끼고 통영으로 달렸다.
엄청 멀었다. 영덕까지오니 날이 저물었다.
기사식당에서 도루묵찌개를 시켰다.
그 옛날 어릴 적 먹었던 바로 그 맛이었다.
동해 바다가 출렁이는 곳으로 숙소를 잡았다. 파도 소리를 들으며 잠이 들었고 일찍 눈이 뜨여 창밖을 보니 바다가 펼쳐져 있는 게 장관이었다.

해가 올라오려고 몸부림을 치는지 수평선 밑이 붉게 물들었다.
잉태하려는 바로 그 순간이었다.
난 가슴이 뭉클했다.
1~2초도 안 되는 잠깐 사이에 눈 깜박이는 찰나에 반달의 해가 비집고 올라왔다.
심장이 멎는 듯했다.
부디 해가 잘 올라오길 바라는 순간 해는 둥실 떠올랐다.
눈이 부셔 바라볼 수가 없었다.
해는 나를 보면서 구름 사이로 스며들었다.
이런 연출을 보여주신 내 하나님께 감사 기도를 올렸다.
가슴이 뛰고 북받쳐 올랐다.
새벽 6시 씻지도 않고 짐을 부랴부랴 챙겨 또 동해를 끼고 달렸다. 오전 이른 시간에 포항에 다다랐다.
호미곶으로 차를 돌렸다.
파도는 치고 바다는 출렁거렸다.
바다 냄새가 내 코를 자극했다.

어릴 적 상상한 바다는 나만의 캔버스였다.
아무도 없었다. 난 소리쳤다.
"야, 바다야 너 그렇게 잘난 체 하지마"라고.
그리고 나를 향해 나에게 또 소리쳤다.
경민아, 너 교만하지 말고 감사해~ 라고.
호미곶에서 나를 내려놓고 눈물을 흘리며 또 달렸다.
아직도 멀었다. 마산, 부산 이정표를 보면서 통영에 도착했다.
600킬로를 달려왔다.
배가 고파 꼬막 비빔밥을 먹었다. 새콤하니 입에 맞았다.

남해대교를 건너 통영에 왔다.
남해대교는 여고 시절 수학여행 때 건넜던 다리였다. 42년 만에 건너는데 감회가 새로 왔다.
박경리 기념관에 왔다.
오고 싶었다. 그러나 너무 멀어 바빠서 일에 치여 삶에 지쳐 오질 못했었다.
나에게 이런 여유를 만끽할 수 있어 잠시 고단한 삶을 잊었다.
박경리는 진주여고를 나왔고 난 양구여고를 나왔다.
박경리 어릴 적 이름은 박 금이었다.
나의 어릴 적 이름은 박경숙이었다.
난 '토지'를 읽었고 '김 약국의 딸'도 읽었다.
'김 약국의 딸'은 세 번 읽었다.

전시관을 돌아보니 작가 삶의 흔적이 그대로 살아 숨 쉬고 있었다.

자료도 차고 넘쳤다.

원고지에 쓰던 흔적들이 고스란히 남아있었다.

나의 남은 자료들도 남겨야겠다는 생각이 들었다.

난 데생하다 안되면 다 구겨버렸다.

그래야 속이 후련해 더 데생에 몰입이 되었기 때문이다.

낙서 하나하나가 다 역사였다.

김춘수 기념관에 갔다.

통영은 유명 작가들이 작품 활동하기에 좋은 곳이었다.

얼마나 좋으면, 얼마나 멋있으면 동양의 나폴리라고 했겠나!

사실 난 5년 전쯤인가 이탈리아를 여행하면서 나폴리 항구를 잠시 구경했었다.

그때는 나폴리 항구가 그렇게 아름다운지 잘 몰랐다.

통영을 보고 나니 비로소 멋진 곳이라는 생각이 들었다.

난 여고 시절 김춘수의 꽃을 외우고 또 외웠다.

"내가 그의 이름을 불러 주었을 때

그는 나에게로 와서 꽃이 되었다.

내가 그의 이름을 불러준 것처럼

나의 이 빛깔과 향기에 알맞은

누가 나의 이름을 불러다오

그에게로 가서 나도 그의 꽃이 되고 싶다.

현대미술의 거장인 전혁림 미술관에 갔다. 가보고 싶었던 곳이었다. 미술관은 아담하니 동네 한복판에 있었다.

책방도 눈에 띄었다.

'모란의 눈물 박경민 미술관을 짓자'라고 마음이 솟구쳤다.
윤이상 기념관을 갔다.
한국이 낳은 작곡가 아닌가!
항일운동으로 체포되어 구금되기도 했다.
베를린 음악대학의 교수를 역임한 대한민국의 인재가 아니었던가! 나의 딸 최유림 작곡가가 세계적인 작곡가가 되길 내 하나님께 기도했다.

해저터널을 지나 동피랑 벽화마을에 올랐다.
여유를 느끼며 사진을 한 장 박았다.
삼도 수군 통제영을 지나는 길에 들렸다.
조선 후기 경상도 전라도 충청도 3군을 통솔하는 총사령부로 임진왜란 당시 이순신 장군의 한산 진영이 최초의 통제사였다.
하루를 돌아다니며 나를 돌아보니 하루가 저물었다.
배들이 정착되어 있는 부둣가에서 잠을 청했다.
장승포 유람선을 타려고 다음 날 새벽 거제도로 이동했다.
유람선 앞에서 아침을 먹었다.
우럭매운탕을 시켰다.
30년 동안 식당을 하신 주인아주머니는 코로나로 장사를 할 수도 접을 수도 없고 해서 인건비도 안 나오지만 내 집이라 그냥 버티고 있다면서 펄쩍펄쩍 뛰는 우럭을 그물채로 잡아서 상에 올려주셨다. 식감이 쫄깃하니, 맛이 감미로웠다.
장승포 선착장에서 외도 가는 유람선을 탔다.
바닷길로 유람선이 달리는데 상큼한 바람과 망망대해가 펼쳐졌다. 속이 뻥 터졌다.

하늘은 바다와 맞닿아 있었고 구름은 나를 안정시켰다.

기암절벽은 신의 또 다른 작품이었다.

그래, 바다에다 모든 걸 쏟아버리자 그리고 나만의 바다 캔버스에 나만의 그림을 그리자.

열심히 나를 위해 그리고 또 그렸다.

외도에 오르니 별천지처럼 조각공원에 가위손 영화에 나오는 그런 장식된 나무들이 뽐내듯 돋보이려고 뻗어있었다.

2시간 산책하면서 머리를 식혔다.

작은아버지 문학관과 박경민 미술관을 일단 뒤로하고 마음을 접었다.

사실은 20일에 양구 가서 펜션 계약하고 다음 날 서류를 준비해 양구군청과 축협을 방문하기로 예정되었던 일이 무산되면서 통영으로 발길을 돌렸다.

마음은 쓰렸지만 홀가분한 마음으로 열심히 또 버스를 끌기로 날 다독였다.

부산으로 왔다. 서울로 올라가려면 부산서 경부고속도로를 타야 했다. 거제대교를 건너 해저터널로 들어갔다.

잔뜩 기대하고 터널로 진입하니 그냥 터널하고 똑같았다.

예정에 없던 부산을 왔으니 이왕에 온 거 태종대를 돌아봐야 하지 않겠나!

오륙도를 건너다보면서 한 바퀴 돌았다.

다섯 개로 보였다 여섯 개로 보였다 해서 오륙도라고 불린다고 했다. "오륙도 돌아가는 연락선마다 목메어 불러봐도 대답 없는 내 형제여~"

바다는 출렁이고 내 마음은 여러 갈래로 나뉘어졌다.
나를 달래고 또 달래면서 서울로 향했다.
대구에 다다랐다.

대구서 대전을 향했고 바람도 쉬어 넘는 추풍령 고개를 단숨에 넘어 세종시로 머리를 틀었다.
작은집 둘째 딸 계수기가 세종에서 식당을 몇 년 전에 오픈했는데 한 번도 가보질 못했다.
그래서 마음먹은 김에 여기까지 왔다가 그냥 가는 건 도리가 아닌 것 같아 들려서 저녁도 먹고 그동안 못다 한 이야기도 나누었다.
아주 오래전에 사촌 동생 계수기랑 작은엄마, 작은아버지, 내 딸 유림이랑 베이징 여행을 다녀온 이후 오랜만에 만난 것이다.
계수긴 날 보자 언니 어서 오라며 식당 주인답게 앞치마를 두르고 주방에서 막 뛰어나왔다.
배불리 대접 잘 받고 서울로 내빼왔다.

chapter 5
축하의 글

축하의 글 1

《 옛 지인 》

선(線)을 넘어 행복한 선생님

내 삶에서 박경숙(박경민) 선생님을 만난 것은 축복이고, 수필집 발간 격려의 글을 쓴다는 것은 더한 영광입니다.

내가 그녀를 만난 것은 1987년 양구 해안 초등학교에서였습니다. 박경숙 선생님은 유치원 교사, 나는 초등학교 교사로 만났습니다. 그녀는 강원도 양구에 살면서도 촌스럽지 않고 도시적 매력을 지닌 멋진 선생님이었습니다.

늘, 서울로 시집을 가고 싶다더니 히말라야를 넘나드는 산 사나이 서울 남자를 만나 결혼해서 서울 여자가 되었습니다.

그녀는 두 딸을 선물로 받고 행복한 신혼생활 중에, 사랑하는 남편을 영원히 돌아오지 않는 히말라야 품에 묻었습니다. 두 딸을 키우기 위해 여자로서 넘기 어려운 선(線)을 넘습니다.

대형 시내버스 운전기사가 된 것입니다.

그 혹독한 그리움, 서러움을 이기기 위해 밤이면 그림을 그렸습니다.

그녀의 첫 개인전에 가서 모란꽃에 어디엔가 그려진 시내버스를 발견하곤 많이 울었던 기억이 납니다.

2020년 3월 한국회화의 위상전 우수상을 시작으로 대한민국 미술대전 특선 등 큰상을 많이 받았습니다.

그녀는 화가 박경민으로 하나의 선(線)이 확실히 각인 되었습니다.
그러더니
어느 날 큰 소포를 받았는데,
그녀가 수필가로 신인상을 받은 사상과 문학책이었습니다.
난 그녀의 그리움과 큰아버지 두 작품을 읽고 또 읽으면서,
또 하나의 선(線)을 넘어 수필가로 등단한 그녀는 그리움과 아픔을 승화시킨 참 행복한 사람이란 생각이 들었습니다.
이제 또 행복하게 당당하게 용기 있게 수필집을 발간합니다.

박경민 선생님,,!!
선생님은…

유치원 교사,

아내,

엄마,

대형 시내버스 운전기사,

화가,

수필가,

선(線)이 참 많네요.

그중에 제일은 큰딸 지우를 유능한 경영인으로, 둘째 유림이를 작곡가 교수로 키운 것이지요.
박경민 선생님!
참
대단하네요!
이제 막내딸 수필집이 탄생한다니…
참으로
자랑스럽습니다.
언제나 격려하고, 응원합니다.
많이 많이 사랑해요.

2022년 12월 30일 금요일
《 前 강원도 철원 교육지원청 교육장 오흥금 》

축하의 글 2

《 창동제일교회 》

"엄마 달려" 출간을 축하하며…

시인 김남주는 "부르다가 내가 죽을 이름이여!" 하며 자유를 외쳤지만, 진정 우리가 부르다 죽을 이름은 엄마가 아닐까?

인생을 마무리하는 시점에 반드시 생각나는 이름이 엄마가 아닐까? 우리를 진정으로 나 되게 하고, 진정으로 자유롭게 만들고, 진정으로 가치 있게 만드는 것도 엄마가 아닐까? 그런 의미에서 엄마 달려!가 인생의 끝자락을 간신히 붙잡고 있는 이들에게 희망의 동아줄이 되기를 기대해 본다.

박경민 집사의 『엄마 달려』는 일찍 남편을 여의고, 홀로 자녀들을 키우며, 직장에서는 버스 기사로, 가정에서는 엄마이자 딸로, 개인적으로는 화가와 작가로 치열하게 고군분투한 집사님의 고난 속에서 만들어 낸 진주 같은 작품이다. 일전 집사님이 중앙회화 대전에서 대상을 받고, 보내온 문자 메시지에 "작가는 하루를 쪼개고, 나를 쪼개면서, 집채만 한 버스를 끌면서, 오늘도 붓을 들고, 또 다른 나를 향하여 달립니다."라는 고백이 고스란히 이 작품 속에 담겨있다.

차가운 겨울 텅 빈 정거장, 얼음장보다 더 차갑게 식어버린 버스에 올라, 금방이라도 들러붙을 것 같은 핸들에 손바닥을 대고, 악어 등껍질처럼 딱딱하게 식어버린 운전석에 앉아, 하루를 시동 거는 박 집사님의 모습을 떠올리며, 이 글을 읽다 보면, 때로는 배꼽 빠지게 웃기도 하고, 눈시울이 찡하여 한참 멍하니 있기도 하고, 주먹을 불끈 쥐고 함께 화내기도 하고, 따스한 온기로 가슴이 가득 채워짐을 느끼기도 한다. 집사님은 사람의 마음을 들었나 놨다 하는 특별한 재능이 있는 것 같다.

일상 속에서 흔하게 일어나는 일들을 특별한 이야기로 만드는 작가의 재능은, 평생 도사리는 위험들과 싸우며 살았음에도 소녀 같은 감성이 그대로 남아 있다. 무더위와 혹한, 거칠고 난폭한 승객들, 이해하기 힘든 동료들, 그 사이에서 작고 가녀린 몸으로 버티고 견디고 이겨내는 것이 결코 쉽지 않았을 텐데, 그럼에도 불구하고 작은 것을 소중하게 여길 줄 아는 마음의 질량을 그대로 간직하고 있는 소중한 집사님이다.

"운전할 때는 멀리 보셔야 합니다." 운전면허 감독관의 말이 생각난다. 먼 운행을 마무리하고, 인생 삼모작을 시작하셔야 하는 작가가 또 다른 먼 곳을 바라보며 달려가기를 기대하며, 추천의 말을 가늠해 본다.

《 창동제일교회 이진희 담임목사 》

맑고 따듯한 그림 앞에 서서
문득 떠오르는 동시가 있네요.
하얀 꽃 핀 건 하얀 감자,
파 보나 마나 하얀 감자,
자주 꽃 핀 건 자주감자,

파 보나 마나 자주감자,
힘겨운 세월 헤쳐가면서도
아름다운 자기 꽃밭을 가꾸시는 모습,
뵙게 되어 기쁩니다.
늘 하늘의 평화를 누리세요.

《 창동제일교회 전영자 권사 》

박경민 집사님의 산문집 출간을 진심으로 축하드립니다.

혼자의 몸으로 버스 운전을 하시면서 두 딸을 훌륭히 키우시고 화가로서도 대단한 성과를 이루시더니 이제는 책도 쓰셨네요.

보통 사람은 감히 도전도 하지 못할 일들을 해내시는 집사님을 보면서 큰 감동과 도전도 받습니다.

부디 이 책을 읽는 많은 분이 힘과 용기를 얻고 희망을 가질 수 있는 책이 될 수 있기를 바라고 기도합니다.

다시 한번 출간을 축하드립니다.

《 창동제일교회 김흥진 장로 》

참으로 억척같이 살아내신 울 경민 언니~~

의지하던 애들 아빠 머나먼 길 가시고 어린 두 딸을 참으로 지극정성으로 키워서 기둥같이 만드셨고~~

주께서 주신 재능을 맘껏 토해 내시는 귀한 분~

화가로 작가로 분하시는 귀한 분의 산문을 통해 어린 시절이 다시금 새록새록 기억나네요~~

어릴 적을 회상하고픈 분들은 많이 많이 읽어주세요~

《 구미화 권사 》

집사님
축하합니다.
제목 보니까
엄마로 열심히 살아가는
모습이 느껴집니다.~~
박경민 집사의 삶으로 떠나는 종점 없는 책 속
버스 여행 중 함께하는 아름다운 꽃과 풍경 그림

《 3여전도회장 양안자 권사 》

박 집사님 코로나 위기 속에서 화가로 작가로서 책까지 내시고 추운 겨울을 따뜻하게 녹여주네요.
대단하십니다.
축하드립니다.~~

《 최명자 집사 》

두 딸을 훌륭하게 키우며 버스 운전사로 화가로 수필가로 열심히 앞을 보고 사신 박경민 집사님 등 뒤에서 하나님 함께 하셨음을 믿어요. 집사님 화이팅~이예요.

《 박영주 권사 》

축하의 글 3

《 흥안운수 노조원 》

그녀는 버스에서 모란을 피웠습니다.

버스 운전사 박경민에 머물지 않고, "꿈꾸는 모란"으로 대한민국 미술대전에서 특선을 수상한 화가로 거듭났으니 말입니다.

고단한 운행을 마치고 붓을 들었던 박 작가가 틈틈이 글을 써서 출간을 했다니 이 소식 또한 반가웠습니다.

엄마로서, 기사로서, 인간 박경민으로서 부단히 노력해 온 삶의 기록일 것입니다. 직선으로만 주행할 수 없는 도로처럼 곡선도 유턴도 있었던 인생에서 열정을 잃지 않고 노력해 온 작가의 이야기에 많은 독자분들이 공감과 위안을 얻길 바랍니다.

《 흥안운수 노조위원장 고재훈 》

우리의 홍일점, 흥안의 꽃 박경민 축하한다.
"엄마 달려" 끝까지 달리길…

《 인용 》

박경민 작가님 아니 작가가 되기 이전에 남자도 힘든 버스기사님으로 또 화가로 자신의 자아실현에 진심인 경민 님에 앞날을 진심으로 응원합니다.

수필집도 대박 나시길 바랍니다.

화이팅하시고 항상 당신에 앞날을 응원합니다.

《 박형모 》

딱따구리 마녀에서 미녀로… 점 하나를 빼버렸더니,
축하드립니다. 마녀의 하이톤이 그리운 건 왜일까요?

《 광재 》

뒷차좀 델꾸가… 경민아 이 오빠 죽겠다. ㅋㅋㅋㅋ
축하한다. 대박 나길…

《 치백 》

누님 요즘 조용 합니다. 쭉~~~ 조용하시길…
책 발간 대박 나세요.

《 영맨 》

경민 누나 뒤에서 헉헉 벌어져도 쫄따구라 아무말 못 하고 다닌
세월 ㅠㅠ 이젠 내가 누나를 벌려드립니다. ㅋㅋㅋ

《 재오기 》

누나 짝으로 세차도, 검차도 무엇이든
착착착 해주는 건 누나의 빽 ㅋㅋㅋ
책 출간 축하드립니다.

《 짝꿍 진우 》

누나 책 출간 축하드립니다.
컴컴한 출근길에 오토바이 납치범이라고 안 탄다고 했던 겁많은
누나… 나, 납치범 아니거든 ㅋㅋㅋ

《 계열 》

오뚜기처럼 벌떡 일어나는 박경민 축하축하…

《 상선 》

마녀, 책 출간 축하한다. 용가리 별명 고맙다. ㅋㅋㅋㅋ

《 용가리 》

누이 책 출간 축하축하…
우리 홍안에 사랑스런 누이가 있어요.
보면 볼수록 매력이 넘치는… ㅋㅋㅋㅋ

《 날탱이 》

엄마 회갑, 내 결혼, 아들 돌까지 챙겨준 쑤기 누나.
책 출간 대박 나길…

《 중선 》

쑤기 누나… 나 미워하지 말고 ㅠㅠ
"엄마 달려" 축하드립니다.

《 용한 》

따다다다닥 딱따구리,
"엄마 달려" 축하한다. 구리 구리 딱따구리…

《 종현 》

마녀..!! 달려, 달려, 끝까지 달려…~

《 광섭 》

345

축하의 글 4

《 직선제 추진단 단장 》

첫 수필집을 발간하면서 보잘것없는 시내버스 기사인 내게 추천사를 써달라는 박경민 작가의 부탁에 농담이려니 하면서도 한편으로 무척 당황스러웠다.

내가 박경민이라는 친구를 다시 만난 것은 불과 2년 정도밖에 되지 않는다.

서울이라는 복잡한 도시에서 그것도 양구라는 아주 조그만 시골의 같은 초등학교를 다녔던 동창을 40여 년이 지나서 우연치 않게 만나게 된 것이다.

서울에서 시내버스 운전을 하고 있는 당찬 모습의 그녀를 보며 남자들이 하기에도 다소 버거운 일을 그것도 아주 조그만 여성의 몸으로 큰 버스를 끌고 다닌다는 것이 결코 쉽지만은 않은 일임에도 20년 가까운 세월을 거스르지 않고 새벽 별을 보며 하루의 일과를 시작하기도 하고, 때로는 밤늦은 시간에 퇴근하여 지친 몸을 다독이기에도 빠듯한 시간을 보내야만 한다.

그럼에도 불구하고 그는 어린 두 딸을 키우는 엄마의 역할 뿐만 아니라 각종 미술대전을 휩쓸며 세 번의 개인전을 열었던 화가로, 또한 수필가의 역할까지도 거뜬하게 해나가는 모습에 존경과 찬사를 보낼 수밖에 없었다.

그와의 인연은 버스 노동자들의 눈과 귀가 되어 올바른 말을 뱉어내야 할 노동조합이 오히려 억지에 가까운 논리로 노동자들의 눈을 가리고 입을 틀어막고 있는 노동조합의 직선제 개정을 요구하는

밴드 활동을 하면서부터이다.

　세상일이라는 것이 한 치 앞을 내다볼 수 없다고 한다. 지금 눈앞에 벌어지는 일들이 단순하게 내 일이 아니기 때문에 바르지 못하다는 것을 알면서도 모른 채 지나가게 된다면 다가올 미래에는 더 큰 상처로 남게 될 것이기에 지금 바로 잡아야 할 것을 바로 잡지 못하고 "이번만 참고 넘어가면 되겠지"라는 생각으로 넘어가게 되면 다음을 기약하기가 어렵다는 것이며, 또다시 반복되는 악순환이 계속 이어질 뿐이다.

　부당함과 불합리에 맞서 싸운다는 것이 처음이 어려울 뿐이지 한번 도전해 보면 그다음은 쉬워진다고 한다.

　누군가 "도전하는 삶은 아름답다"고 하였다.

　그러나 그것은 살아가는 데 별 어려움 없이 여유로운 삶을 살아가는 사람들의 듣기 좋은 말이라고 넘겨버리고 치열한 생존경쟁의 현장에서 오늘도 땀 흘리는 우리 노동자들에게는 도전하는 자체가 자칫 삶의 터전을 잃어버릴 수도 있는 커다란 모험일 수도 있다고 생각한다.

　그러한 위험에도 불구하고 노동자들이 진정 인격 대접을 받고, 고용이 안정되고, 삶의 질이 나아지려면 우리 의식부터 바뀌어야 하고, 그래서 노동조합이 바로 서야만 이루어진다고 그렇게 생각하는데… 가끔 이런 생각을 해본다.

　대부분 사람들의 사고나 가치관에는 "나"를 중심에 두고 판단하고 행동하게 되고, 그러다 보니 일상적으로 "설마 내가?" "나는 괜찮겠지?" 또는 "나만 괜찮으면 돼"라는 생각들이 강해지게 되고 그럴수록 본인도 모르는 사이에 개인주의, 이기주의적인 성향으로 변해간다는 것, 가뜩이나 각박해져가는 현실 속에서 그나마 같은 직장 동료 관계마저 이해타산적이며 배타적으로 빠져들 수 있다는 것이다.

"나를 위한 것이 아닌 우리를 위하는 일들… 그 속에 내가 포함되어 있듯이 우리가 함께 살아야 하는 이유가 아닐까?"

버스 노동자는 사회적 약자로 항상 시민의 민원과 서울시의 암행, 그리고 회사의 부당징계, 어용노동조합의 갑질에서 자유롭지 못한 채 살아가야만 한다는 사실에 사회적 상실감이나 뭔가 모를 허무한 존재감을 느낄 수밖에 없다는 것이며, 그렇다고 그저 살아온 대로 현실에 순응하며 살아갈 수는 없을 것이다.

여기서 박경민은 불의를 보면 참지 못하며, 타인의 어려움을 보듬어 주려 한다. 누구나 자신의 이익을 추구하기에 바쁜 세상 안에서 함께하는 동료들의 권익을 위해 헌신할 줄 아는 사람으로 살아가기 위해 발버둥을 친다.

그 현실 속에서 박경민 작가의 고뇌와 그간의 삶이 그녀의 수필을 통해 그대로 나타나고 있음을 보았고, 또한 공감하고 있었던 것은 아니었을까?

"오늘도 무사히"라는 말을 되뇌이며 커다란 버스 운전석에 앉아 또 하루를 시작하는 자랑스런 버스 기사 박경민 작가의 첫 번째 수필집을 많은 사람이 공감할 수 있게 되기를 기원한다.

《 서울 시내버스 노동조합 직선제 추진단 단장 장화용 》

축하의 글 5

《 신우회 》

    우리가 세상에 살면서 가장 행복한 순간이 본인에게 주어진 일을 하면서 시간을 쪼개어 자신을 드러내는 순간이라고 생각합니다.
    그리고 모르긴 해도 글을 쓰는 일이 세상에 참 힘든 일 중의 하나일 것입니다.
    하물며 뒤늦게 문단에 등단한 사람이라면 얼마나 두렵겠습니까?
    그런데 운전을 하며 생업에 종사하는 두 딸을 둔 여자 기사분인 박경민 집사님을 통해 그런 일이 벌어지고 말았습니다.
    더구나 그분은 틈틈이 그림을 그려 국전을 통해 등단한 늦깎이 화가로도 현재 활약하는 분입니다.
    금번 쓴 책 "엄마 달려"는 읽을 만한 가치 있는 내용을 포함하고 있기에 기쁘게 추천하는 바입니다.
    이 책을 읽는 동안 여러분 모두에게 하나님의 은혜가 함께 하셔서 어렵고 힘든 일상생활들을 담대히 이겨내기를 소망합니다.
    ※ 성경 말씀 (시편 23:4)

《 홍광의 (한우리교회 담임목사) 》

    샬롬!!
    주님 주신 달란트로, 작년 그림 대상 수상에 이어 수필 발간을 축하합니다.
    진실을 알아보기 어려운 때에, 자신에 지난 삶을 솔직하게 서술함이 예수님처럼 사랑을 전하는 예수님의 영향력을 끼치고 전하여 많은 사람에게 선한 영향력으로 전파되길 바랍니다.
　이 시대에 한 번쯤으로 읽는 양서로 적극 추천합니다.
　축하드립니다.~^^

《 흥안 / 삼화 신우회 회장 박영기 》

　축하합니다. 바쁜 중에도 글 쓰시고, 대단하네요. 추카추카 합니다.

《 김용국 안수집사 》

　박경민 집사님께 축하 글을 올립니다.
　여자로서 버스 하시는 것도 대단한 일이라고 생각되는데, 그림을 그리더니 나아가 글을 쓰신다 하니 참으로 대단하시며 할 수 있거든이 무슨말이냐 하나님 아버지께서 능력 주시는 자 주님께서는 말씀하시기를 주안에서 능치 못할 일이 없으리라.
　참으로 여자로서 아니 한 가정의 혼자의 몸으로 버스 운전하시며 두 딸을 잘 키우시고 결혼시켜 보내시고 미술작품도 대상을 받으시고 축하드립니다.

《 김종운 안수집사 》

　책 출간 축하드립니다. 　　　　　　　　　　　　　《 광수 》

　"엄마 달려" 축하드립니다. 　　　　　　　　　　　《 중원 》

　박경민 집사 책 출간 축하드립니다. 　　《 지득후 안수집사 》

　집사님 축하드립니다. 　　　　　　　　　　　　《 강성두 》

축하의 글 6

《 노원구 지인들 》

　박경민 작가는 주변으로부터 존경받으며 열심히 사시는 분입니다. 훌륭한 직장인으로, 어머니로 타의 모범이 되고 있습니다. 시간이 없으면서도 글을 쓰고, 그림을 그리고 놀라울 뿐입니다. 실력도 출중해 큰 상을 여러 번 받아 같이 기쁨을 나누기도 했습니다. 앞으로도 모든 사람의 귀감이 되는 큰 인물이 되길 바랍니다. 책 출간을 축하드립니다.
《 노원구 초대 인권위원장 김재창 》

　박경민 선생님의 진실하시고 눈물 어린 감동의 삶이 담긴 수필집 발간하신다니 축하드립니다.
　낮에는 버스로 달리시고 밤에는 캔버스 붓 길로 명작 출산으로 연이은 큰상 수상하셨는데요.
　문학가로 장편의 드라마 같은 인생 이야기 수필집 발간 축하드리며 큰 박수 드립니다.! ~~^^
《 한국문학 예술인협회 사무국장 신희자 》

　박경민 작가님!
　정말 축하드립니다.
　너무 기뻐요.
　사랑과 열정 그리고 배움에 도전하며 살아오신 선생님이 너무너무 예쁘고 사랑스럽네요.~~

가슴 한가운데에는 짠하고 아팠던 선생님의 과거 삶이 떠올라 안쓰럽기도 하지만, 삶의 굴곡을 오뚜기처럼 우뚝 선 모습이 대견하고 자랑스럽고 감사합니다.~

작가님!!

인간승리 박경민 선생님~

바쁘신 와중에서도 틈틈이 화가길과 작가길을 묵묵히 걸어오시면서 도전한 길이 헛되지 않고 결실을 맺어 주변 사람들에게 뜨거운 감동과 힘과 용기를 만들어 주신 선생님께 존경을 표하고 싶습니다.

아프고 슬픈 과거는 잊으시고, 앞으로는 행복한 삶만 영위하시기를 기도드립니다.

선생님~

정말 다시 한번 축하드리고 파이팅입니다.^^

《 깨숨환경단체 대표 김경자 》

작은 체구에 어디서 그런 힘과 용기가~~

엄마의 힘이 대단합니다.

그림 작품은 물론이고

책까지 출간하신다니 축하드립니다.

많은 사랑 받으시길 응원합니다.~♡

《 팬 1호 부천 순덕 씨 》

어찌 보면 인생은 다 짜여진 주제로 또 정답만 가지고 태어나는 않는 것 같습니다.

소중한 인연도 하늘에서 뚝!! 하고 떨어지는 것도 아닌 것만 같구요.

여고 동창이라는 소중한 인연을 오랫동안 품고 지낸 작가님이 간직한 세월의 흔적들로 지금껏 퇴비가 쌓여 양질 좋은 추억이 되었나 봅니다.

저 또한 일한다는 이유 하나로 웃음이 매력인 버스 기사님(작가님)과 소중한 인연이 되기 위해 승객으로 근 8년 가까이 인사를 하고 그 인사가 안부를 묻고 이렇게 소중한 사람이 되었나 봅니다.
생각해 보니 모든 것들이 순리대로 돌아가지는 않더라도 약간의 마법의 지름길을 안내받은 게 아닐까요?
버스 경로에 없는 '인연'이라는 정류장에 말이죠.
추억과 인연과 마주하는 순간 또 하나의 스토리로 살아가는 동안 그 이야기로 하루하루 또 다른 나만의 일기장이 되어 마음의 글로 한 페이지를 완성 해 봅니다.
인연을 소중히 생각하고 정을 나눌 줄 아는 여기사님과 각별한 승객처럼 말이죠~
오늘도 안전 운전하시고~
미옥한 저의 글이 너무 길면 편집해서 올려주셔도 됩니다.
글솜씨 없는 제가 기사님의 수필집에 실린다니…
로또 5등이라도 맞은 기분이 드네요~
소중한 인연이라 생각해 주셔서 감사합니다.~~
어제 늦게 들어와 늦은 시간 주무실까 방해 되지 싶어 지금에서야 글 남겨봅니다.^^

《 승객에서 이웃으로 "이니" 》

양구의 딸이자 재능 많은 그녀
두 딸의 엄마라는 이름으로
오늘도 그녀는 차가운 아스팔트 위를
승객을 싣고 달리며
자신의 꿈을 그려 나가고 있는
당당하고 멋진 그녀!
그런 그녀가 친구라서 좋다!
그리움과 그리움으로 맺어진 특별한 인연
자네는 그림을 그리고
난 꾀꼬리가 되어 노래를 부르리.
《 승객에서 친구로 이어진 노원이 낳은 가수 고희성 》

축하의 글 7

《 원로 작가님 》

"엄마 달려" 박경민의 글 세계

언어 창작의 영역에서 수필은 좀 난해한 분야에 속한다. 회화적 요소와 감성을 잘 버무려 이야기꾼이 되어야 하기 때문이다.

박경민 작가는 이 같은 요소들을 이미 지니고 습작에 매진했다. 발표하는 신작들이 다 양구라는 고향의 자연 친화적 낭만적 요소가 묻어있다.

자랄 때 형제 이야기, 꿈 이야기, 친구들의 이야기, 부모님 이야기 모두 다 산과 들의 친화적 낭만적 향수가 묻어있다.

작가의 작품세계는 낭만주의적 서정성을 되찾는 리듬 속에 출발한다. 재미있고 때로는 예리한 독백을 제시하고 있다는 것이 특징이라 하겠다.

독백 속에 언어는 산문적 가공과 함께 정신 영역의 수련을 보게 된다.

〈 그랬다.
내 딸은 수업 시간 내내 잠만 잔다.
그러니 꼴등이 될 수밖에 없다.
난, 열흘이 멀다하고 학교에 불려 다녔다.
가서 빌고 또 빌고… 〉

글의 표현과 비유만으로 충분히 아프다.

솔직하게 아픈 이야기를 글로 담담히 풀어낸다.
참담하고 쓸쓸하게 다가온다. 글 표현의 솔직함과 진솔함이 드러난 작품이다. 마음으로 올립니다.
《 22년 12월에 탄야 정낙희 (시인이며 화가) 》

수필로 등단한 박경민 작가는 화가로서 먼저 입문한 예술가여서 우연히 그녀의 그림, 모란의 눈물을 보게 되는 기회가 있었다. 그 후로도 문학지에 매번 소개되는 그림을 통해 모란꽃을 줄곧 그려왔다는 것을 알 수 있었는데 모란 하면 떠오르는
영랑 김윤식 시인의 모란이 피기까지는/
시 한 구절이 있다.

나는 아즉 나의 봄을 기둘리고 있을테요 라는,

시대적으로 순수문학과 서정적 시를 품은 독립운동가였던 영랑 시인과는 존재론적으로는 닿지 않지만, 감히 그분의 시 한 구절을 빌려와 박경민 작가에게 찾아든 봄을 축하해 주고 싶다.
암울한 시대 속에서 순수문학과 나라를 지켜낸 님들로 하여 오늘 우리가 자유로운 문학의 장을 펼칠 수 있는 것에 더는, 슬픔이 없는 찬란한 봄을 선물로 받은 것이니 이제부터 행복을 향해 달릴 것에 주님께 감사드리며 거듭 격려와 축하를 보낸다.
《 김무하 시인 》

진솔한 삶의 글들이 사람들의 맘을 움직이며, 살아가는 방향키가 되어 공감대를 형성할 거예요.

따뜻한 글귀가 2023년 새해와 더불어 따뜻한 봄날의 만개한 꽃처럼 모든 이들의 가슴을 감동의 물결로 새해를 시작하게 하네요.

멋집니다.

대박나세요.

화이팅입니다.

《 경희대 교육대학원 동문 김호연 》

내 친구 박경민 작가님

"엄마 달려"

책 출간을 축하해요.

내게 보내준 몇 편의 단편집을 읽었습니다.

글맛이 어찌나 순박하고 구수 한지요~

잠깐 나의 유년 시절을 떠올리며 킥킥거리고 웃다가 교복 살 돈이 없어 언니 거 물려받아 입고 좋아서 행복해했던 그 시절이 떠올라 가슴이 먹먹해지기도 했습니다.

작가의 삶을 고스란히 담아낸 이 책을 읽고 독자분들께서도 많은 공감을 하시지 않을까 싶네요.

팍팍한 세상살이에 꾸밈없는 이 한 권의 책이 사람들의 마음에 따뜻한 위로가 되기를 바랍니다.

많은 독자분들께 사랑 받기를 기원하며.

첫 출간을 다시 한번 축하합니다.~♡

《 경희대 교육대학원 동문 이종희 》

축하의 글 8

《 양구여중고 동문 》

가끔 후배 경민이의 페북을 보면서
어떤 날은 코끝이 찡하게 가슴을 울리고
또 어떤 날은 박장대소하며 무릎을 치기도 하는 그런 후배의 글을 보면서 학창 시절을 떠올려 본다.
가슴이 먹먹해 오다가도 또 가슴이 뻥 뚫리는
재주를 가진 그녀는 진정 글쟁이가 맞는 것 같다.
우리 양구여고의 자랑스런 후배다.
동문회 회장직을 맡으면서 책임과 소신으로 이끌고 싶었으나 코로나로 인해 모든 것이 멈추었을 때 박경민 후배의 글은 지친 내게 위로가 되어주었다.
그 복잡한 서울 시내 한복판에서 집채만 한 버스를 끌면서, 거기서 멈추지 않고 무언가 도전한 후배 경민이가 자랑스럽다.
그림으로, 글로 우리의 마음을 움직일 수 있다는 것에 깊은 감명을 받는다.
양구를 빛내줘서 더욱이 자랑스럽다.
남편을 졸지에 떠나보내고 두 딸을 용감히 키워낸 양구의 딸 박경민,,!!
"엄마 달려"의 출간을 진심으로 축하하며 앞으로도 더 발전하는 후배 박경민이가 되길 믿어 의심치 않는다.

《 양구여중고 총 동문회장 홍혜숙 》

경민아… 그림 그린다며 인사동에서
전시회 열던 너의 모습이 떠오른다.
ㅎㅎ카스에서 글 써서 올릴 때 감이 왔어
이러다가 수필가 되는 거 아냐?
농담삼아 내뱉었는데 결국 수필집을 냈구나?
축하한다.
너의 글을 읽다 보면 어린 시절 그 시간 속 너의 모습을 회상하며 우리들의 여고 시절 추억까지 끄집어낸 너의 기억력이 감탄스럽다.

책을 통해 지난 모진 세월 어떻게 살아왔는지 끝없는 도전과 열정을 안고 에미로써 악착같이 살아오며 이쁜 두 딸을 어떻게 잘 키워 냈는지,

이제는 너의 인생을 위해 아픔, 설움 다 잊고 남은 시간 더 멋지게 살아가길 옆에서 지켜본 친구로서 격려의 박수를 보낸다.

《 인수기 》

대단한 친구~
숨은 재능을 이제서야 보는구나~
더 높이 더 멀리 더~~깊이~~
마음은 더 넓게~~^^

《 수노기 》

열심히 달리더니 좋은 결과를 가져왔구나.
두 아이의 엄마로, 버스 운전으로, 붓을 든 화가로, 이제 펜을 든 수필가로…
너무 멋지고 자랑스러워 책 나오게 되기까지 얼마나 힘들었을까?

부럽다 나는…ㅋㅋ 축하해
책 구입해서 읽어볼게. 화이팅!
새해에는 더욱 힘차고 좋은 일이 더 많아지길…

《 정순희 》

일낼 줄 알았다.
초등, 여중, 여고 동창 박경숙(경민),!!
얼마 전부터 이 친구를 생각할 때마다 들었던
나의 머릿속 생각, 시대를 잘못 타고 태어난 친구라고,
요즘처럼 중·고등 때 될성부른 나무와 떡잎을 알아봐서
천부적 재능을 키워줬더라면,
손흥민, BTS, 천경자 화백, 박완서 쯤은 됐을 거라
나는 생각해 봤다.

그뿐인가, 여고 시절엔 동양 서양자수에, 한국형 뜨개질에 레이스 뜨기도 수준급, 친구들 웃기는 건 개그우먼 뺨치고, 먹어도 먹어도 배고픈 우리 성장기 친구들에게 엄마한테 혼날 걸 각오하면서도 밥솥 밥을 통째 내주던 통 큰, 넉넉한 마음을 가진 친구, - 그게 바로 내가 아는 경숙이였다.

하지만 나는 요즘 두 가지 사실을 깨닫고 당황스럽고 바램도 생겼다.
첫째, 시대를 잘못 타고 태어났다는 것은 나만의 생각,
인생은 60부터라는 상투적 어구가 없어도 50대부터 시작된 우리 친구의 능력은 무궁무진할 것이며 후배성 재능기부의 꿈을 품은

경숙의 폭넓은 마음 씀은 아직도 20대, 30대의 역량을 가진 풋풋한 새내기일 수도 있다는 것.

둘째, 우리가 알았던 여고 시절 그 품 넓었던 경숙이는
능력이 많아져서 친구들, 친척들, 동급들을 안아줄 공간이 반비례해 한 오라기밖에 안 되는 것 같아 몹시 안타깝다.
그림을 잘 그려서 〈카이로스〉를 보고 마음이 추상적이 되었나,,!!
글을 잘 써서 다른 이의 마음을 후벼파는 독소 필체를 가졌나,,!!
순전히 이건 내 생각일 뿐이지만, 요즘 들어 공자님의
군자 3락중 세 번째 명언이 자꾸 생각나는 건 왜일까,,??
人不知不溫이면 不亦君子乎아, 남이 나를 알아주지 않아도 성내지 아니하면 이 또한 군자가 아니겠는가! 라는 말씀.
가끔은 인생을, 주변을, 옛날처럼 되돌아볼 여유와 넉넉한 품이 환갑을 맞은 나이에 네게 다시 돌아왔으면 하는 게 나의 바램이야.
몸이 바쁜 이유가, 마음도 머리도 바쁘게 만들었나,,!!
모쪼록 처녀작 "엄마 달려"가 많이 읽혀서 행간에 경숙이가 하려는 얘기를, 마음을, 모두가 이해해 주길 바라며.

22. 12. 31. 12 AM. 《 친구 빵셈 》

축하한다.!!
열심히 한 보람이 있구나 양구의 자랑이네.~~^^
새해 복 많이 받고 건강 잘 챙기며 살자.

《 양구군 여성단체 협의회장 양금자 》

축하의 글 9

《 서울 시내버스 노동조합 직선제 추진단 》

인동초.
그녀를 보면 이 이름이 먼저 떠오른다.
아이들 아빠가 히말라야이던가,,!!
등반을 하다 사고로 불귀의 객이 되고
아이 둘을 키워야 하는 무거운 책임을
어깨에 지어야 했다.
누구 하나 내 편이 없는 냉혹한 사회 속에서
아이들과 살아남아야만 했다.

한숨과 눈물로 보내는 그 시기에
길을 걷다 어떤 광경이 클로즈업되어
그녀의 눈동자에 들어왔다.
여자기사가 버스를 운전하고 있었다.

저거다.
저 여자도 하는데
내 아이들을 위해서라면
큰 버스도 두렵지 않았다.
그녀는 그렇게 버스 기사가 되었다.

처음에는

사고도 많았고 동료들과
적응하는 데 많은 시련이 있었을 거다.

마음속의 서러움들을
글로 표현하기 시작했고
그림도 그렸다.
넋두리하듯 글을 쓰면 마음이 시원해지고
그림을 그리면
그녀 안을 숨죽이듯 참고 있었던
그 무엇인가가 그녀를
달래주었을 것이다.

그렇게 세월은 흘러
딸들도 장성하고 사회에 이바지하는
직업들을 가졌다.
22년도에 딸을 시집보내며
만감이 교차했으리라.
23년도는 큰딸을 시집보낸다.

금년에는 큰 대회에서 그림으로 대상을 받더니
내년에는 "엄마 달려"라는 제목으로 책을 낸단다.
우리 남자 버스 기사들이 숙연해지는 대목이다.
그녀의 식지 않는 뜨거운 열정에
박수를 보낸다.

《 진아 혁이오빠 》

거칠고 무지한 잡초 사이에서
고난과 역경의 바람 꿋꿋이
이겨내고 모란꽃을 피웠네.

가시는 걸음 걸음 모란꽃
가득한 꽃길만 걸으시길 바라며…

《 흥안 동순 》

3행시
박 : 박카스처럼 우리들의 피로를 풀어주시고
경 : 경기민요처럼 우리에게 흥을 주시는
민 : 민첩하고 날카롭지만 부드러운 여자!
그 여자를 추진단 모두가 좋아하는 박경민 누님^^! ㅋㅋㅋ
새해 복 많이 받으세요. ~~♡

《 김포 명훈 》

"엄마 달려!"
거친 세상에 맞서 다지고 다지고 다짐했을~
나는 엄마다~
치열한 투쟁 같은 삶 속에
피어난 꽃 경민 누님의 따스한 사람 향기에
취하고야 만다.

《 중부 영걸 》

사막의 오아시스처럼
대지를 촉촉이 적시는
가뭄의 단비처럼
한결같은 마음으로
모두를 살피고 보듬는 당신
늘~~ 축복과 영광이
함께 하소서~~
죄송합니다.
글솜씨가 없어서^^

《 송파 승춘 》

김수영 시인의 작품 폭포를 일부 발췌합니다.
곧은 소리는 곧은 소리이다.
곧은 소리는 곧은
소리를 부른다.

《 대진 국환 》

박경민
작가님의 역작
"엄마 달려"!!!!
출간되었습니다.^^
소중한 책을 위해 애쓰신
작가님의 노력하심에
많은 축하를 보냅니다.^^

《 대진 현우 》

진짜 하고 싶은 일을 꿈꾸며
그날을 준비하는…
준비된 어른이 되는 대박 작가를 상상해 봅니다.
늘 바지런함과 긍정의 힘, 선한 영향력을 널리 널리…
그럼에도 또 제대로 된 어른을 꿈꾸며,
또 내가 진정 꿈꾸는 게 무엇인가를 생각하는
대박 작가 박경민 작가님…
첫 번째 출간을 진심으로 축하합니다.

《 선일 윤수 》

노가다가 땀을 흘리는 노동이라면 버스 운전은 피가 마르는 노동입니다.
가슴을 졸이며 운전대를 잡으면서도 시간을 쪼개어 보석을 캐는 삶을 사시는 경민 누님의 삶이 부러워 보이고 존경스럽습니다.
이번 첫 번째 출간이 두 번째 세 번째로 이어지기를 기원해 드립니다.

《 다모아 순길 》

자녀 양육에 누구보다 열심이던 엄마로
억센 남자들 사이에 커다란 시내버스를 운전하는
서울 시내버스 기사로…
예수님의 사랑 안에서 그 사랑을 세상에 전파하는 교인으로…
불의를 보면 참지 않고 외치는 투사로…
그림으로 세상 사람들에게 말하는 화가로 활동하시던 다재다능하신 박경민 작가님.

이제는 "엄마 달려"라는 수필집을 출간하신다고 합니다.

같은 업종에 종사하는 동료이지만 근무 후 없는 시간을 쪼개가며 열정적으로 작품활동을 하시는 박경민 작가님의 수필집 좋은 작품이 탄생되리라 기대해 봅니다.

《 보영 소윤호 》

작은 거인

경민 누님의 열정과 당당함에 항상 응원하며 경의를 표합니다.

2022년 한 해 동안 고생 많이 하셨고, 새해에는 바라는 일들이 이루어지는 희망찬 한 해가 되시기 바랍니다.

《 북부 병호 》

힘들고 모질게 살아오신 삶에 흐름이 출간하신 글에 표현되어 모두의 가슴으로 받아들여질 겁니다.

축하드립니다.

《 한남 광진 》

사랑하는 박경민 누님을 서울시 버스노동조합 위원장 선거의 직선제 개정을 위한 노동운동을 하면서 알게 되었습니다.

남자들도 힘든 시내버스 운전을 하면서 미술 작품 활동으로 마음을 치유하신다는 것을 알고 "대단하시다"라는 생각을 했습니다.

이제는 수필집까지 출간하시네요.

존경합니다.

서울 시내버스 노동자들을 위해 노력해 주심에 감사합니다.

《 영인 경수 》

작은 체구에서 커다란 버스를 움직이는 당신의 삶에 열정을 느낍니다. 누구나 쉽게 이야기할 수 없는 부당함을 표현하는 누님의 글에 경의를 표합니다. 우리들의 이야기를 아름다운 글로 표현하여 주심에 감사드립니다. 더 많은 작품 활동 부탁드립니다.
《 한성여객 이훈 》

모든 일에 최선을 다하는 최고의 엄마 최고의 화가
최고의 수필가 최고의 버스 기사 존경합니다.
《 서부운수 김성옥화가 》

축하의 글 10

《 어용노조 타파 》

참 부럽네요.
축하합니다. 세상은 뜻대로 되지는 않지만, 능력껏 노력하다 보면 좋은 결과가 있을 것입니다.

《 구름처럼 》

"엄마 달려"~ 꼭 구입해서 읽겠습니다.
수고 많으셨습니다. 응원합니다.

《 김진구 》

존경합니다.~! 멋지십니다.~!^^

《 정지운 》

대단하시네요.^^

《 시라소니 》

여성으로 버스 운전이라는 직업에 애환이 담긴 장문의 글 지루하지 않게 읽었습니다. 참 장하십니다. 정년 때까지 안전 운행하시길 빕니다. 우리 이야기라고 하시니 내용이 궁금합니다.
구매하겠습니다.

《 푸른 소나무 》

가늘고 길게 잘해오셨습니다.
앞으로도 안전 운행하시길…

《 회사다운 회사 좀! 》

글이 길지만 다~ 읽었습니다.
수고하셨네요. 항상 안전 운행하세요.~

《 단결 》

같은 글을 두 번 읽었지만
누님 글은 솔직 담백해요.^^
건강하게 오래오래 작품 활동하시길 기원하겠습니다.

《 영인 경수 》

버스 인생사 시련을 잘 다스리고, 감동입니다.
멋지셔요, 사연 글 감사합니다.
남은 근무 정년까지 건강하게 무사히 마치시고
즐기시길 바랍니다.

《 이정 광주 》

뒤돌아보니 남는 게 없다.
위에 언급하신 분들을 만나셨으니 많이 남기셨네요.
 우여곡절도 많으셨지만, 추억도 많으셨고, 정년 때까지 안전 운행하시고 건강 잘 챙기세요.

《 성위 》

모르는 누님 글 잘 읽었습니다.
새해 복 많이 받으시고 건강하세요.
근데 홍안 점곤이는 싫어요.^^

《 유비관우짱깨 》

정년을 넘어
정년 이후의 삶에도 뜨거운 응원을 보냅니다.

《 노동자 연대 》

우리들의 삶을 진솔하며 정답게 글로 올려 누군가가 나를 알아주고 있구나 싶어 삶이 힘들고 어려웠던 지나온 시간이 정말 고마웠던 시간이었구나 생각하며 다시 한번 감사드립니다.

《 김진구 》

하나로 선
-사상과 문학선-

엄마 달려

초판발행 2023년 5월 20일

지 은 이 박경민

펴 낸 이 박영률
펴 낸 곳 하나로 선 사상과 문학사
인쇄기획 엔크

출판등록 제2012-000301호
주　　소 서울시 마포구 토정로198 영풍@ 101동 상가 204호
전　　화 02) 326-3627
팩　　스 02) 717-4536

메일주소 holyhill091@hanmail.net
입금계좌 우리은행 1002-430-487040 박경민

I S B N 979-11-88374-46-5 03810
정　　가 20,000원

*인지는 저자와 합의하에 생략하며 잘못된 책(파본)은 교환해 드립니다.